LOHN & GEHALT: PRAXIS AM PC

Sage Classic Line 2009 Lohn & Gehalt

© Neue Welt Verlag GmbH, Januar 2009

Gedruckt in Deutschland

Autor: Jörg Merk

info@neueweltverlag.de
www.neueweltverlag.de

ISBN 978-3-937957-49-4
EAN 9783937957494

Dieses Schulungshandbuch zeigt dem Anwender der Classic Line 2009 (Interne Bezeichnung Classic Line 4.1) auf anschauliche Weise mit praxisnahen Übungen, wie die tägliche Arbeit einer Lohnbuchhaltung in der Classic Line umgesetzt werden kann.

Es geht darum, einen Überblick über die wichtigsten Funktionen der Software zu bekommen, eine eigene Firma anzulegen und möglichst schnell den Echtbetrieb aufzunehmen. Da es sich hier um ein Schulungshandbuch zu einer Software handelt, werden die theoretischen Kenntnisse einer Lohnabrechnung vorausgesetzt. D.h. dieses Handbuch setzt Vorkenntnisse einer "Lohn- und Gehaltsabrechnung" voraus.

Dieses Schulungsbuch hat nicht die Absicht, ein Handbuch zu ersetzen oder die Bedienung eines PC`s zu erklären. Hier geht es rein um Fragen der Lohn- und Gehaltsabrechnung und deren praktische Umsetzung im Programm. Das Ganze wird illustriert mit Screenshots, Aufgaben, Belegen, praktischen Übungen und Fragen zur Selbstkontrolle. Da in diesem Buch systematisch der komplette Aufbau eines Lohnmandanten in der Classic Line erarbeitet wird, setzen wir die im jeweiligen Kapitel erklärten Funktionen in der Folge voraus und gehen nur noch auf Änderungen und neue Funktionalitäten ein. Dadurch wird es möglich, auf laufende Wiederholungen zu verzichten und die Lektüre spannender zu gestalten. Insbesondere stellen wir die Neuerungen im Programm im Vergleich zur Classic Line 2009 heraus.

Für die Übungen haben wir uns für die Firma Musikladen GmbH entschieden, eine Firma, die Stereoanlagen und Boxen baut und Musik CDs und Videos anbietet. Das ist eine Materie, mit der sich jeder sehr leicht identifizieren kann und mit umso mehr Freude an die Arbeit geht.

Um eine bessere Kontrolle zu bieten, gibt es optional zu den Aufgaben jeweils auch einen Datenbestand mit den erfassten Stammdaten und Belegen, der es Ihnen ermöglicht, Ihre Ergebnisse abzugleichen.

Zu Beginn geht es erst einmal darum, die eigene Firma als Mandant anzulegen und sich mit der grundlegenden Funktionalität des Programms vertraut zu machen. Anschließend wird eine einfache Lohn- und Gehaltsabrechnung eingerichtet und der komplette Ablauf durchgespielt.

Im nächsten Teil des Handbuches zeigen wir Ihnen alle erforderlichen Auswertungen und die Möglichkeiten der Abstimmung und Korrektur und dem neu eingeführten Periodenabschluss.

Nach den monatlichen Meldungen werden wir uns mit dem Jahresabschluss und allen erforderlichen Auswertungen auseinandersetzen.

Abschließend nutzen wir die Schnittstelle zur Finanzbuchhaltung für die Übergabe des Buchungsbeleges.

Zielsetzung dieses Buches ist eine einfache, praxisnahe Lohn- und Gehaltsabrechnung mit der Classic Line aufzubauen und mit Leben zu füllen. Auf Grund der unzähligen Möglichkeiten und Besonderheiten im Lohn (Kurzarbeitergeld, BAT, Altersteilzeit) weisen wir darauf hin, dass wir nur einen kleinen Teilbereich der Möglichkeiten ausführlich behandeln können. Es geht uns auch nicht um die Behandlung von Spezialfällen, sondern um das Grundgerüst und den roten Faden für die Abrechnung und das laufende Geschäft im Personalbüro.

Viel Spaß bei der Lektüre.

hhaltsverzeichnis

Vorbereitende Arbeiten

Bevor Sie in der Classic Line eine neue Firma anlegen, sollten Sie einige nützliche Vorarbeiten erledigen.

Erstellen Sie eine Checkliste mit den Unterlagen und Informationen, die Sie für die Einrichtung Ihrer Lohn- und Gehaltsabrechnung benötigen. Die folgende Übersicht mag dabei als Vorlage zur Orientierung dienen, wird aber sicherlich im Einzelfall um weitere Punkte zu ergänzen sein.

Mit welchem Kontenrahmen soll gearbeitet werden (SKR 03 oder SKR 04)? Fragen Sie im Zweifel Ihren Steuerberater. Sie haben die Möglichkeit, den Buchungsbeleg automatisch in die Finanzbuchhaltung zu übergeben. Deshalb ist es sinnvoll, gleich den richtigen Kontenrahmen zu hinterlegen.

Wie viele Betriebsstätten möchten Sie abrechnen?

Bei Neugründungen: gibt es bereits eine Betriebsnummer?

Welche ist die für Ihren Betrieb zuständige AOK?

Welche Berufsgenossenschaft ist zuständig?

In welchem Bundesland liegt der abzurechnende Betrieb?

Ist der Betrieb umlagepflichtig nach der U1 (Umlage 1)?

Gibt es Direktversicherungen und wenn ja, wie werden Sie abgerechnet (monatlich, jährlich)? Wer zahlt die pauschale Lohnsteuer? Handelt es sich um eine reine Arbeitgeberleistung oder um eine Gehaltsumwandlung?

Wie wollen Sie automatisch aus der Classic Line Daten per Elster oder Dakota versenden?

Gibt es eine Zeiterfassung?

Wird die Urlaubskartei im Lohnprogramm mitgeführt?

Welche Tarifverträge sind zu berücksichtigen?

Gibt es für die Lohnabrechnung relevante Tatbestände, wie z.B. Kurzarbeit, Baulohn, BAT?

Gibt es Schnittstellen zu anderen Programmen (z.B. Import von Reisekosten oder Vertreterprovisionen) oder Arbeitszeiten aus der Produktion?

Eine gute Struktur und Vorbereitung im Vorfeld ist sehr wichtig, weil manche Daten zwingend erforderlich sind, um später die Mitarbeiter zu erfassen. So ist es z.B. nicht möglich, einen Mitarbeiter anzulegen, solange die Krankenkassen nicht eingepflegt sind. Oft ist es deshalb am sinnvollsten, zu Beginn eine kleine Musterfirma anzulegen und mit einigen Datensätzen einmal den kompletten Ablauf durchzuspielen, dann sehen Sie leichter, wo Änderungen/Ergänzungen erforderlich sind.

Wichtig

Datensicherung: Gibt es ein Sicherungskonzept? Eine regelmäßige Datensicherung auf ein externes Medium ist zwingend erforderlich; eine Sicherung auf der Festplatte ist keinesfalls ausreichend. Denken Sie bei der Datensicherung auch daran, dass im Lohn & Gehalt immer nur 2 Jahre gespeichert werden (Laufendes Jahr und Vorjahr), Sie aber für die Betriebsprüfung 10 Jahre archivieren müssen.

Praxistipp

Je besser Sie im Vorfeld Ihre Daten strukturieren und Ihre Besonderheiten berücksichtigen, desto leichter ist es, alle Erfordernisse gleich zu Beginn zu berücksichtigen. Nachträgliche Änderungen in der Struktur sind aufwendiger und bringen immer einen Bruch in den Auswertungen mit sich.

Wenn Sie schon eine Software im Einsatz haben und umsteigen: Vergessen Sie Ihr bisheriges System; jedes Programm arbeitet anders, d.h. setzen Sie bitte keine Funktionen voraus, die Sie von Ihrem bisherigen Programm kennen. Gehen Sie Ihren Arbeitsablauf durch und prüfen Sie, wo die Unterschiede liegen. Bevor Sie dann Änderungen am Programm vornehmen, prüfen Sie bitte, ob es im Einzelfall nicht sinnvoller ist, die Arbeitsabläufe zu ändern und sich am Programm zu orientieren. Nur wenn die Abläufe und die Software aufeinander abgestimmt werden, ergibt sich am Ende eine optimale Integration.

Wenn Sie die Daten aus einer bestehenden Lösung oder vom Steuerberater übernehmen: Haben Sie Lohnsteuerkarten, Jahreslohnkonten, Bankverbindungen und Anschriften aller Mitarbeiter?

Haben Sie eine Liste aller verwendeten Lohnarten mit allen Details?

Ist ein Internetzugang für die elektronische Meldung der Lohnsteuer an das Finanzamt (Elster) und der SV-Meldungen an die Krankenkasse (Dakota) vorhanden?

Wenn Sie bereits mit der Classic Line arbeiten: Lassen Sie nach der Datenkonvertierung die Datenanalyse und die Datenprüfung laufen. Lesen Sie die Updatedokumentation und machen Sie sich mit den Neuerungen im Programm vertraut.

Einleitung

Für die Classic Line 2009 zieht sich vor allem ein Thema durch alle Bereiche und Module: **SEPA** (**S**ingle **E**uro **P**ayment **A**rea)[1]. Durch die Umstellung im Zahlungsverkehr mit einheitlichen Vorgaben für alle Länder, die sich SEPA angeschlossen haben, werden zukünftig alle Zahlungen, also auch die Inlandszahlungen, nur noch mit **IBAN**[2] und **BIC**[3] ausgeführt. Das führt zu zahlreichen Änderungen in den Stammdaten, im Zahlungsverkehr und bei den Formularen.

Diese Änderungen betreffen neben der Lohn- und Gehaltsabrechnung auch die Module Finanzbuchhaltung, Auftragsbearbeitung und Bestellwesen.

Um Sie bei der Umsetzung im Programm zu unterstützen, gibt es in der Classic Line 2009 ein eigenes Hilfsprogramm zur IBAN-Ermittlung. Das liefert laut Programmhinweis allerdings nur Vorschlagswerte, so dass die Prüfung der Daten beim Anwender liegt. Tipp vom Autor: Pflegen Sie Ihre Daten manuell.

Ausführliche Informationen zu SEPA finden Sie auch unter www.bundesbank.de oder mit einer Stichwortsuche im Internet mit dem Suchbegriff SEPA.

Bereits bei der Installation ist der Aufwand diesmal ein wenig größer, als bei früheren Upgrades, da die Classic Line 2009 auch ein neues Servicepack von Microsoft erfordert, so dass Sie vor allem bei Netzwerkinstallationen mehr Zeit einplanen müssen[4]. Weitere Neuerungen werden wir im passenden Kontext erläutern.

Im Lohn ergeben sich für den Anwender vor allem folgende Änderungen:

- Für den elektronischen Versand der Lohnsteueranmeldungen und –bescheinigungen ist seit dem 01.01.2009 eine elektronische Signatur erforderlich.

- Es gibt bundesweit einen einheitlichen Beitragssatz zur Krankenversicherung in Höhe von aktuelle 15,5% (14,6 + Sonderbeitrag 0,9).

- Die Berufsgenossenschaften werden ab sofort, wie bereits die Krankenkassen, elektronisch importiert; die Meldung zur BG erfolgt automatisch über die DEÜV. Im Rahmen dieser Umstellung haben sich bei vielen BGs die Gefahrenklassen geändert.

---

[1] Der Begriff **S**ingle **E**uro **P**ayments **A**rea (Einheitlicher Euro-Zahlungsverkehrsraum, abgekürzt SEPA) (fälschlicherweise auch Single European Payments Area) bezeichnet im Bankwesen das Projekt eines europaweit einheitlichen Zahlungsraums. In diesem Zahlungsraum sollen für Kunden keine Unterschiede mehr zwischen nationalen und grenzüberschreitenden Zahlungen bestehen. Voraussichtlich werden 31 Länder an SEPA teilnehmen. Hierzu gehören die 27 Mitglieder der Europäischen Union und die vier Mitglieder der Europäischen Freihandelszone (EFTA). Unabhängig vom teilnehmenden Land und seiner Währung werden SEPA-Zahlungen nur in Euro ausgeführt. (Quelle: www.wikipedia.de)

[2] International **B**ank **A**ccount **N**umber; weitere Infos dazu unter www.iban.de.

[3] **BIC** **B**ank **I**dentifier **C**ode, siehe auch www.zahlungsverkehrsfragen.de/swift.html.

[4] Das gibt dem Thema Terminalserver für die Arbeit im Netz wieder neue Nahrung, da hier gerade bei größeren Netzwerken der administrative Aufwand für die laufende Aktualisierung der einzelnen Arbeitsplätze mit zunehmender Anzahl von Benutzern deutlich abnimmt.

- Ab 01.09.2009 sind die Bezüge sämtlicher Mitarbeiter monatlich an ELE-NA[5] zu melden.

- Prüfen Sie vor Beginn der Abrechnung in den Lohnkonstanten die neuen Beitragsbemessungsgrenzen und die neuen Beitragssätze.

Sofort ins Auge sticht die Änderung der Farbe der Masken und die Veränderung einiger Symbole.

Alle weiteren Neuerungen, die auch den Bereich der Lohnbuchhaltung betreffen, werden im Verlauf der einzelnen Kapitel mit erklärt. Dabei gibt es im Lohn teilweise so gravierende Änderungen, insbesondere im Bereich Meldewesen, dass der Autor schon meinte: „Dieses Jahr haben sie es mal wieder geschafft, den Lohn neu zu erfinden."

Aus Sicht des Autors wurde das Storybord aktualisiert. Teilweise in Reaktion auf Kundenwünsche, teilweise aus anderen Notwendigkeiten heraus, wie z.B. der Problematik, dass vereinzelt Kunden mit den im Schulungshandbuch verwendeten Steuerdaten Ihre Steuermeldungen abgegeben haben. Die neue Steuernummer wurde mit dem Finanzamt Dachau abgestimmt und fällt in einen Bereich, der die nächsten hundert Jahre nicht vergeben wird.

Sollten Sie weitere Änderungs- und Verbesserungswünsche haben, freuen wir uns über jede konstruktive Kritik, die uns die Möglichkeit bietet, noch besser zu werden.

---

[5] *Elena* - für "elektronischer Entgeltnachweis" (ELENA-Verfahren)

Allgemeines zur Classic Line

*Vorab einige grundlegende Informationen zur
Bedienung der Classic Line, der Einrichtung
von Druckern und zur Datensicherung.*

Zum Start der Classic Line machen Sie einen Doppelklick auf das entsprechende Symbol auf Ihrem Arbeitsplatz. Bei einer Standardinstallation müssen Sie in der jetzt geöffneten Maske nur auf OK klicken und schon geht's los. Bei einer individuellen Installation müssen Sie Ihre Benutzerkennung und Ihr Passwort eingeben.

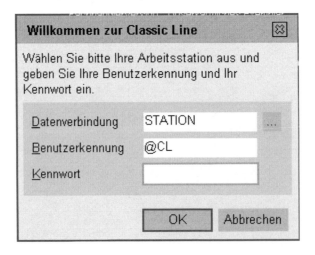

STARTBILD DER CLASSIC LINE. Wählen Sie die Datenverbindung für Ihren Arbeitsplatz aus und geben Sie Ihre Benutzerkennung und Ihr Kennwort ein.

Bevor Sie jetzt mit der Arbeit beginnen, wollen wir gemeinsam einen Mandanten auswählen, einen Drucker einrichten und Sie mit den wichtigsten Einstellungen und Funktionstasten vertraut machen.

 Praxistipp

Selbstverständlich finden Sie auf der Classic Line CD auch alle Handbücher als PDF-Datei und können hier bei Bedarf nachlesen oder einzelne Kapitel ausdrucken. Die Handbücher und die Doku über die Neuerungen im Programm finden Sie nach der Installation im Verzeichnis sage\cl\bs\41\doc.

Nach einer Neuinstallation der Classic Line finden Sie sich beim ersten Start des Programms im Mandant 000 wieder. Dabei fällt sofort auf, dass die Farben im Programm geändert wurden von blau auf hellgrün.

Wichtig

Der Mandant 000 enthält keine vollständigen Daten und ist zum Arbeiten nicht geeignet. Er dient lediglich zum Start des Programms und zur Installation von Updates. Er darf keinesfalls gelöscht werden, weil ein Programmstart sonst nicht mehr möglich ist.

Beim ersten Start der Classic Line befinden Sie sich automatisch im Mandant 000, Grundmandant Deutschland.

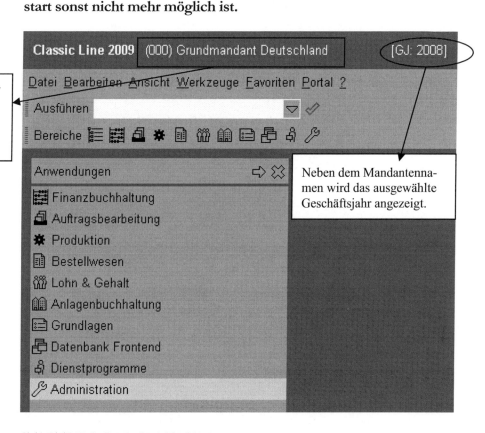

Neben dem Mandantennamen wird das ausgewählte Geschäftsjahr angezeigt.

STARTBILD DER CLASSIC LINE. Prüfen Sie, in welchem Mandanten und in welchem Geschäftsjahr Sie sich befinden.

Wenn Sie nach dem Start der Classic Line **Datei → Geschäftsdaten** auswählen, haben Sie im Standard nur noch den Mandanten 0. Die Einrichtung der Vorlagen- und Demomandanten funktioniert seit der Classic Line 3.4 nicht mehr über die Installation. In der Classic Line 2008 müssen Sie einen neuen Mandanten anlegen, um einen Demomandanten oder eine Vorlage zu verwenden.

Wenn Sie als Händler beim Kunden installieren, sollten Sie Ihre Kunden unbedingt darauf hinweisen und die Installation des Demomandanten gleich mit erledigen.[6] Dasselbe gilt für die Vorlagenmandanten mit den Kontenrahmen (z.B. SKR03 oder SKR04). Das hat den Vorteil, dass Sie im System wirklich nur die Mandanten haben, die Sie auch selbst angelegt haben.

Praxistipp

Starten Sie unmittelbar nach der Installation das Liveupdate und aktualisieren Sie Ihr Programm auf den neuesten Stand. Oft kommen schon wenige Tage/Wochen nach der Auslieferung die ersten Aktualisierungen. So gibt es auch für die Classic Line 2009 (4.1) bereits ein erstes Liveupdate. Nähere Infos zum Liveupdate finden Sie im Kapitel Tipps und Tricks am Ende dieses Buches.

---

[6] Viele sagen, Sie brauchen keinen Demomandanten. In der Praxis können Sie sich aber an Hand des Demomandanten mit neuen Funktionen vertraut zu machen (z.B. die Arbeit mit Arbeitszeitmodellen oder Fehlzeiten). Interessant ist auch die Möglichkeit, im Demomandanten die Verwendung neuer Steuerschlüssel oder Programmfunktionen zu testen.

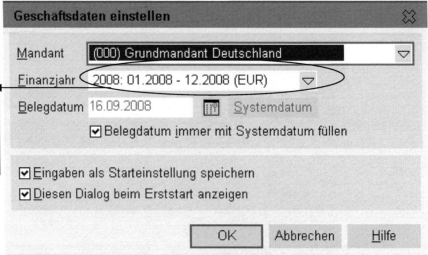

Nach der Installation ist nur der Grundmandant vorhanden. Neu ist die Jahreszahl vor dem Zeitraum. Das macht die Sache vor allem bei Mandanten mit abweichendem Geschäftsjahr übersichtlicher.

GESCHÄFTSDATEN EINSTELLEN. Die Auswahl beschränkt sich nach der Installation auf den Grundmandanten.

Unter **Administration → Mandantenverwaltung → Mandanten** anlegen haben Sie seit der Version 3.4 die Möglichkeit, Demomandanten anzulegen oder auf Vorlagenmandanten zuzugreifen. Das hat den großen Vorteil, dass Sie den Demomandanten jetzt jederzeit wieder neu einspielen können, ohne, dass Sie dazu eine Installations-CD benötigen.

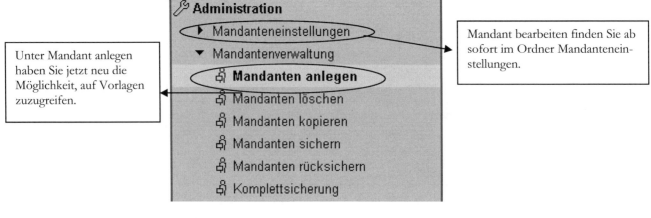

Unter Mandant anlegen haben Sie jetzt neu die Möglichkeit, auf Vorlagen zuzugreifen.

Mandant bearbeiten finden Sie ab sofort im Ordner Mandanteneinstellungen.

MANDANTEN ANLEGEN. Hier legen Sie auch den Demomandanten an.

📁 **Wichtig**

Bitte spielen Sie den Demomandanten neu ein und übernehmen Sie Ihn nicht aus der alten Version. Im neuen Demomandanten gibt es Beispiele für die Anlage der Arbeitszeitmodelle, neuer Lohnarten, Krankenkassen und Berufsgenossenschaften.

Der Demomandant und die Vorlagenmandanten wurden für die Classic Line 2009 komplett überarbeitet.

👓 **Neu**

Neben dem Demomandanten gibt es in der Classic Line 2009 auch noch eine neue Testfirma: die ProKaMa GmbH. Diese Testfirma dient dazu, bestimmte neue Funktionen in der Classic Line 2009 zu zeigen, ist aber nicht als Ersatz für den Demomandanten gedacht.

Über **Datei → Geschäftsdaten wählen** können Sie jetzt den Mandanten 991, Demomandant Deutschland, auswählen (sofern bereits installiert). Hier finden Sie neben einem Kontenrahmen (**SKR03**) auch für alle Bereiche der Classic Line Stammdaten, um sich vor der Arbeit mit dem eigenen Mandanten schon einmal mit dem Programm vertraut zu machen.

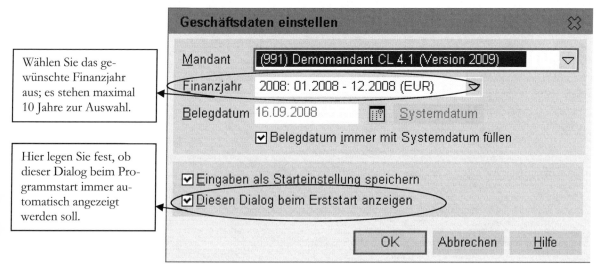

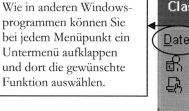

Wählen Sie das gewünschte Finanzjahr aus; es stehen maximal 10 Jahre zur Auswahl.

Hier legen Sie fest, ob dieser Dialog beim Programmstart immer automatisch angezeigt werden soll.

GESCHÄFTSDATEN AUSWÄHLEN. Wählen Sie hier mit **F2** oder der Maus den gewünschten Mandanten und das Geschäftsjahr aus.

Bevor wir jetzt in der Classic Line einen Drucker einrichten, ein paar kurze Worte zur Navigation im Programm. Wir haben im Programm, wie im MS Windows üblich, überall sog. Pulldown Menüs, die man durch Anklicken mit der Maus nach unten aufklappen kann.

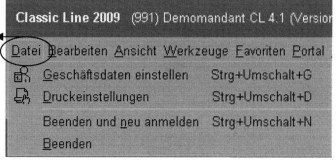

Wie in anderen Windowsprogrammen können Sie bei jedem Menüpunkt ein Untermenü aufklappen und dort die gewünschte Funktion auswählen.

AUFGEKLAPPTES MENUE. Hinter vielen Menüpunkten finden Sie Tastenkombinationen zum Aufruf der gewünschten Funktion. Das ermöglicht ein schnelleres Arbeiten ohne Maus.

Die Symbole

Um Ihnen den Einstieg zu erleichtern, werden wir in der folgenden Übersicht die Funktionen aller neuen Symbole auflisten. Dabei gehen wir von oben nach unten und von links nach rechts durch das Menü und anschließend in die einzelne Anwendung.

Im Menü:

 Finanzbuchhaltung

 Auftragsbearbeitung

 Produktion

 Bestellwesen

 Lohn & Gehalt

 Anlagenbuchhaltung

 Grundlagen

 Datenbank Frontend

 Dienstprogramme

 Administration

 Menübaum verschieben (rechts – links)

 ESC →Verlassen, schließen

 F2 → Datum auswählen

 Geschäftsdaten auswählen

 Druckeinstellungen

 Ausschneiden

 **STRG+C** → Kopieren

 **STRG+V** → Einfügen

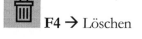 **F4** → Löschen

 **STRG+Umschalt+F** → Anwendung suchen

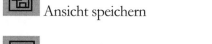 Ansicht speichern

 STRG+Umschalt+K → Kalender

 **STRG+Umschalt+R** → Taschenrechner

 **STRG+Umschalt+T** → Telefon (setzt voraus, dass die Tapischnittstelle zur Telefonanlage eingerichtet ist).

 **F1** → Hilfe, oder **STRG+F1** → Inhalt

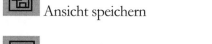 Programm zur Stammdatenerfassung

 Programm zur Vorgangserfassung

 Programm zum Listendruck

In der Eingabemaske (z.B. im Personalstamm):

 **F2** → Suche; **Umschalt+F2** → erweiterte Suche

---

F12 → Eingabehistorie

Bild nach oben → Blättern (zurück)

Bild nach unten → Blättern (vorwärts)

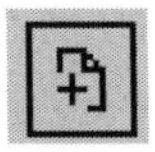

F10 → Neue Nummer, neuer Vorgang

ENTER → Bestätigen, speichern

F9 → Details

F2 → Suche; **F11 →** Optionen auswählen

F7 → E-Mail schreiben

F7 → Website öffnen

J+ENTER → Datensatz speichern (in der OK-Abfrage)

N+ENTER → nicht speichern, Änderungen verwerfen (in der OK-Abfrage)

Statt **J** können Sie auch **+** eingeben und statt **N** ein **-**, das ermöglicht Ihnen an dieser Stelle in der OK-Abfrage die Arbeit mit dem Ziffernblock.

Wie bisher, werden in der Fußzeile jeweils im gerade geöffneten Programm unterstützte Funktionstasten angezeigt.

F2=Suche Kunde, Umschalt+F2=Erweiterte Suche Kunde, F12=Eingabehistorie, F10=Neuer Kunde

In der Bewegungserfassung:

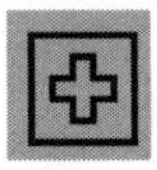

F3 → Position einfügen (an der aktiven Position)

F10 → Position anfügen (am Ende)

Auf die ein oder andere wichtige Funktion werden wir im Rahmen unserer Übungen noch genauer eingehen. Jetzt noch schnell einen Drucker mit Druckvorschau einrichten und schon geht's los mit der eigenen Firma.

Praxistipp

Bereits in der Classic Line 2008 wurde die Hilfe (**F1**) komplett überarbeitet. Neben zahlreichen Ergänzungen und Verbesserungen gibt es neu in der Hilfe einen E-Mail Button, damit der Anwender unmittelbar zu einem bestehenden Eintrag Verbesserungsvorschläge machen kann. Das ist zeigt, dass wieder vermehrt auf Kundenwünsche und –forderungen eingegangen wird. In der heutigen Zeit ein wichtiger Ansatz, um ein praxisnahes Programm zu liefern.

Die Druckereinrichtung

Unter dem Menüpunkt **Administration → Druckeinstellungen → Druckerzuweisung** können Sie in der Classic Line einen Drucker zuweisen. Wichtig dabei: Sie können nur Drucker einrichten, die auf Ihrem Arbeitsplatz im Windows bereits installiert sind.

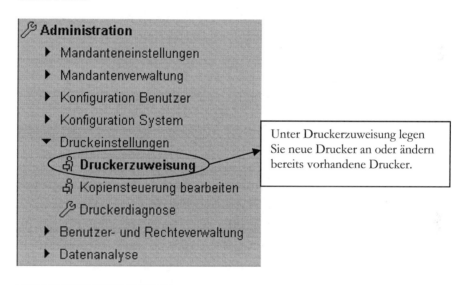

DRUCKERZUWEISUNG. Hier können Sie für die Classic Line beliebige Drucker zuordnen.

Dabei können Sie die Drucker lokal einrichten oder auch im Netz für andere Benutzer in der Classic Line freigeben. Das funktioniert allerdings nur, wenn der ausgewählte Drucker an jedem Arbeitsplatz identisch eingerichtet ist und die Einrichtung durch den Benutzer **@CL** erfolgt.

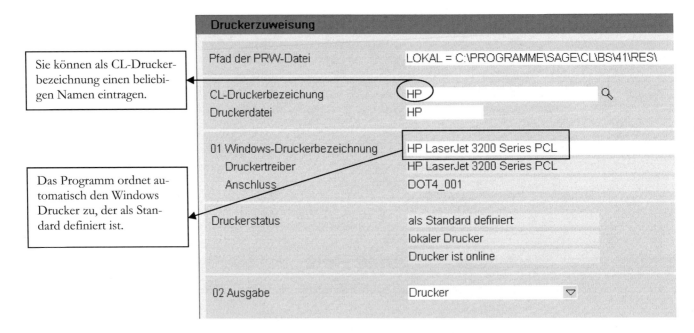

Sie können als CL-Drucker-bezeichnung einen beliebigen Namen eintragen.

Das Programm ordnet automatisch den Windows Drucker zu, der als Standard definiert ist.

DRUCKERZUWEISUNG. Vergeben Sie im Feld CL-Druckerbezeichnung einen beliebigen Namen. Das System bindet automatisch den Standarddrucker ein. Wenn Sie in der Classic Line einen anderen Drucker verwenden möchten, dann geben Sie in der OK-Abfrage ein E für Drucker einrichten ein. Es werden dann alle an diesem Arbeitsplatz installierten Drucker zur Auswahl angeboten.

Darüber hinaus haben Sie in der OK-Abfrage noch die Möglichkeit über **F2** die Randeinstellungen zu verändern oder eigene Schriften für diesen Druckertreiber zu hinterlegen. Im **Feld 02** Ausgabe ist es auch möglich, einen Faxdrucker einzurichten. Voraussetzung dafür ist allerdings, dass der Faxdrucker (z.B. Tobit Faxware) unter Windows bereits verfügbar ist.

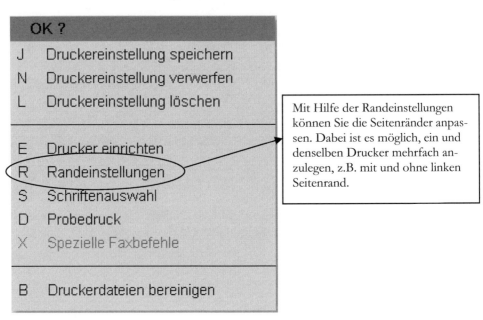

Mit Hilfe der Randeinstellungen können Sie die Seitenränder anpassen. Dabei ist es möglich, ein und denselben Drucker mehrfach anzulegen, z.B. mit und ohne linken Seitenrand.

OK-ABFRAGE. Hier können Sie für den ausgewählten Drucker noch individuelle Einstellungen vornehmen.

Sobald Sie alle gewünschten Anpassungen vorgenommen haben, wählen Sie **J** und speichern Ihre Druckeinstellung. Unter **Datei → Druckeinstellungen** können Sie den soeben angelegten Drucker jetzt auswählen.

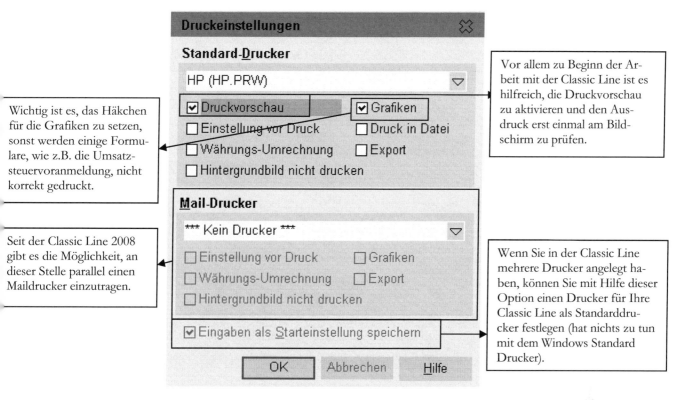

Wichtig ist es, das Häkchen für die Grafiken zu setzen, sonst werden einige Formulare, wie z.B. die Umsatzsteuervoranmeldung, nicht korrekt gedruckt.

Vor allem zu Beginn der Arbeit mit der Classic Line ist es hilfreich, die Druckvorschau zu aktivieren und den Ausdruck erst einmal am Bildschirm zu prüfen.

Seit der Classic Line 2008 gibt es die Möglichkeit, an dieser Stelle parallel einen Maildrucker einzutragen.

Wenn Sie in der Classic Line mehrere Drucker angelegt haben, können Sie mit Hilfe dieser Option einen Drucker für Ihre Classic Line als Standarddrucker festlegen (hat nichts zu tun mit dem Windows Standard Drucker).

DRUCKEINSTELLUNGEN. Hier können Sie einen Classic Line Drucker für den aktuellen Ausdruck auswählen oder als Starteinstellung speichern.

In der Druckauswahl stehen Ihnen weitere Optionen für den aktuellen Druck zur Verfügung. Diese sind in der Hilfe (**F1**) recht ausführlich erklärt.

Lernzielkontrolle:

Testen Sie Ihr

Wissen

1) Wie installieren Sie in der Classic Line 2008 einen Demomandanten?

2) Wie legen Sie einen neuen Drucker an?

3) Welche Funktion hat die **F1**-Taste?

4) Wie legen Sie einen neuen Mandanten an?

5) Mit welcher Tastenkombination können Sie einen Feldinhalt kopieren?

6) Mit welcher Tastenkombination fügen Sie die Daten aus der Zwischenablage in ein Feld ein?

7) Welche Funktion hat die **F10**-Taste?

8) Wie können Sie mit dem Ziffernblock **ja** oder **nein** eingeben?

9) Wie können Sie den Druck eines Hintergrundbildes unterdrücken?

10) Wie speichern Sie in der Classic Line einen Drucker als Standarddrucker?

Praktische Übungen:

Tastaturübungen

1) Installieren Sie den neuen Demomandanten auf der Nummer 990.

2) Legen Sie einen neuen Drucker HP-List an; geben Sie für den linken Seitenrand 7mm ein.

So sieht die Druckerauswahl mit dem 2. Drucker, HP-List, aus.

DRUCKEINSTELLUNGEN. So sieht die Auswahl nach der Anlage eines 2. Druckers aus.

Über das Häkchen im Feld Eingaben als Starteinstellung speichern können Sie festlegen, welcher der beiden verfügbaren Drucker standardmäßig beim Programmstart verwendet werden soll. Eine Änderung dieser Auswahl ist jederzeit möglich.

Wichtig

Es gibt im Lohn eine Reihe von Auswertungen, die nur druckbar sind, wenn im Druckertreiber keinerlei Seitenränder eingestellt sind. Wenn Sie einen Druckertreiber mit Randeinstellungen benötigen, sollten deshalb im Lohn immer einen 2. Drucker einrichten.

Anlage eines eigenen Mandanten

Hier richten wir unseren eigenen Mandanten ein, mit allen für die Lohnabrechnung wichtigen Grundlagen.

Z ur Neuanlage eines Mandanten[7] in der Classic Line wählen Sie bitte einen leeren Kontenrahmen als Vorlage (z.B. SKR03 Kontenrahmen für Kapitalgesellschaften) und bauen in diesem Mandanten Ihre Firma auf.

Wählen Sie im Menü unter **Administration → Mandantenverwaltung → Mandanten anlegen.** Geben Sie die von Ihnen gewünschte Nummer ein (in unserem Beispiel die Nummer 500) und wählen Sie als Vorlage den SKR03 (Kap.-Ges.).

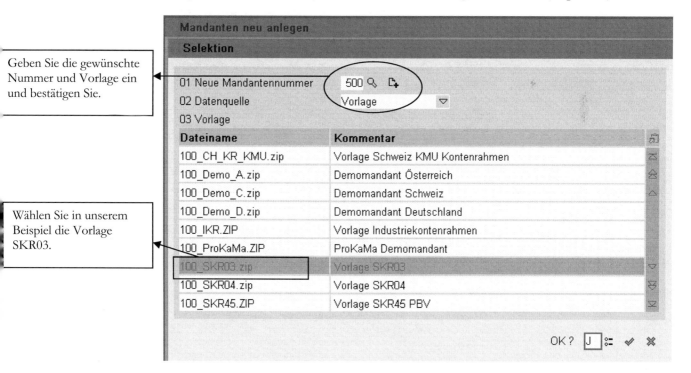

Geben Sie die gewünschte Nummer und Vorlage ein und bestätigen Sie.

Wählen Sie in unserem Beispiel die Vorlage SKR03.

MANDANTEN ANLEGEN. Geben Sie jetzt ein, welchen Mandanten Sie als Vorlage (Quellmandant) nehmen wollen.

---

[7] Der Mandant ist unsere eigene Firma. Der Begriff kommt von dem Wort Mandat. Ihr Steuerberater bekommt von Ihnen das Mandat (den Auftrag) Ihre Buchhaltung und Ihre Steuererklärungen zu machen. Aus seiner Sicht ist Ihre Firma ein Mandant, eine in sich abgeschlossene Firma mit eigenem Kontenrahmen, Kunden und Lieferanten.

Achtung: wenn Sie als Vorlage einen bereits bestehenden Mandanten wählen, werden nur die Grundeinstellungen des Mandanten übernommen, nicht aber der Kontenrahmen. D.h. Sie haben eine leere Hülle, mit der Sie nicht arbeiten können. Wenn Sie in einer bereits bestehenden Classic Line Installation neu einen Lohnmandanten einrichten, dann verwenden Sie bitte unbedingt die neuen mit dem Jahresupdate 2008/2009 ausgelieferten Mandantenvorlagen.

Hier sehen Sie noch einmal die Nummer des Mandanten, den Sie gerade angelegt haben.

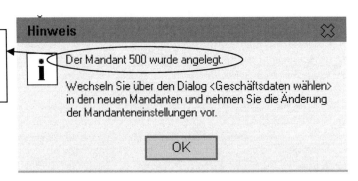

HINWEIS. Die Meldung zeigt Ihnen, dass der neue Mandant korrekt angelegt wurde.

Für einige von Ihnen stellt sich hier sicherlich die Frage: wofür brauche ich einen Kontenrahmen, wenn ich nur in der Lohnbuchhaltung arbeiten möchte und die Buchhaltung z.B. bei meinem Steuerberater gemacht wird.[8] Mit dem Kontenrahmen werden auch eine Reihe von Grundlagen vorbelegt, die für eine spätere Erweiterung der Programme z.B. um die Finanzbuchhaltung zwingend erforderlich sind. Wir nehmen für dieses Handbuch den SKR03 als Vorlage.

Um Ihnen unsere Auswahl zu erläutern, vorab ein Portrait der Firma, mit der wir diesen Kurs bestreiten werden:

Die Firma Musikladen GmbH ist ein Unternehmen mit 5 Mitarbeitern, das HiFi-Boxen produziert. Daneben werden komplette Stereoanlagen und CDs und Videos verkauft. Die Buchhaltung und die Lohnabrechnung machen wir im Haus. Wir starten mit der Lohnabrechnung im Oktober 2007. Da es sich also um eine Kapitalgesellschaft handelt, wählen wir als Basis für unseren Mandanten die Vorlage SKR03 (Kapitalgesellschaften).

Wichtig bei der Anlage oder Kopie eines Mandanten:

Im Quellmandant darf keine Datei geöffnet sein und der Zielmandant darf noch nicht vorhanden sein. Sie können mit der Funktion "Mandant anlegen" oder "Mandant kopieren" also nicht einen bereits bestehenden Mandanten überschreiben.

Als nächstes wählen Sie unter **Datei → Geschäftsdaten einstellen** Ihren neu angelegten Mandanten 500 aus. Öffnen Sie das Geschäftsjahr 2008.

---

[8] Es sei an dieser Stelle der Hinweis erlaubt: In aller Regel wird im System nicht nur isoliert die Lohnbuchhaltung eingesetzt sondern vielmehr wird die Lohnbuchhaltung in Verbindung mit der Finanzbuchhaltung und ev. weiteren Modulen eingesetzt. Auch wenn Sie nur mit dem Lohn arbeiten, so wollen Sie doch zumindest für die Finanzbuchhaltung einen Buchungsbeleg drucken und das ist am übersichtlichsten, wenn auch die richtigen Kontonummern mit gedruckt werden.

Hier wird vom System immer das aktuellste Geschäftsjahr des ausgewählten Mandanten angezeigt; das Geschäftsjahr in den Vorlagen ist abhängig vom Zeitpunkt der Installation.

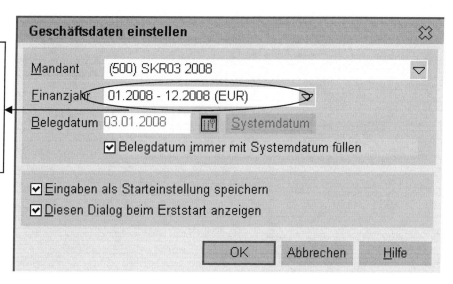

MANDANTEN AUSWAHL. Über **Datei → Geschäftsdaten einstellen** können Sie jetzt in der Zeile Mandant Ihren Mandant 500 auswählen.

In dieser Maske können Sie zum ausgewählten Mandanten auch das Geschäftsjahr auswählen. Das Geschäftsjahr ist in der Classic Line nur für die Finanzbuchhaltung wichtig und wird auch nur bei einem **Jahresabschluss in der Buchhaltung** aktualisiert. Mit der Möglichkeit, Belegdatum immer mit Systemdatum füllen, schlägt das System generell für alle Vorgänge das Tagesdatum vor. Die Option "Diesen Dialog beim Erststart anzeigen" ist nur sinnvoll, wenn Sie mit unterschiedlichen Mandanten arbeiten, sprich z.B. die Buchhaltung für mehrere Firmen machen.

Nachdem Sie Ihren gewünschten Kontenrahmen auf der von Ihnen ausgewählten Nummer angelegt haben, werden als Erstes unter **Administration → Mandanteneinstellungen → Mandant bearbeiten**, alle für diesen Mandanten wichtigen Grundlagen eingestellt.

Der Mandantenstamm

Im Mandantenstamm werden allgemein für die Firma gültige Grundeinstellungen vorgenommen, die auf verschiedene Programmteile Einfluss haben. Manche dieser Einstellungen können später im laufenden Betrieb nicht mehr geändert werden.

Daher ist es wichtig, diese Eingaben systematisch und mit großer Sorgfalt vorzunehmen. Bei Unsicherheit über die Bedeutung oder die Auswirkung einzelner Eingaben empfiehlt es sich, mit **F1** die Hilfe zu Rate zu ziehen und das Ein oder Andere in Ruhe nachzulesen.

Änderungen im Mandantenstamm sollten nur gemacht werden, wenn sonst niemand im Programm arbeitet und die Classic Line kein weiteres Mal geöffnet ist. Später im Echtbetrieb ist es empfehlenswert, vor solchen Änderungen eine Datensicherung zu erstellen.

Wenn Sie den Mandantenstamm zur Bearbeitung öffnen, kommt immer vorab ein Sicherheitshinweis. Bitte mit ja beantworten, wenn alle geforderten Voraussetzungen erfüllt sind.

Wichtig

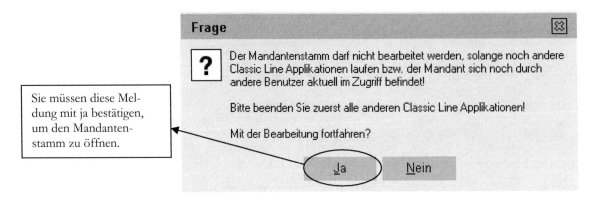

Sie müssen diese Meldung mit ja bestätigen, um den Mandantenstamm zu öffnen.

HINWEIS .Hier kommt der Hinweis, alle anderen Classic Line Applikationen zu beenden.

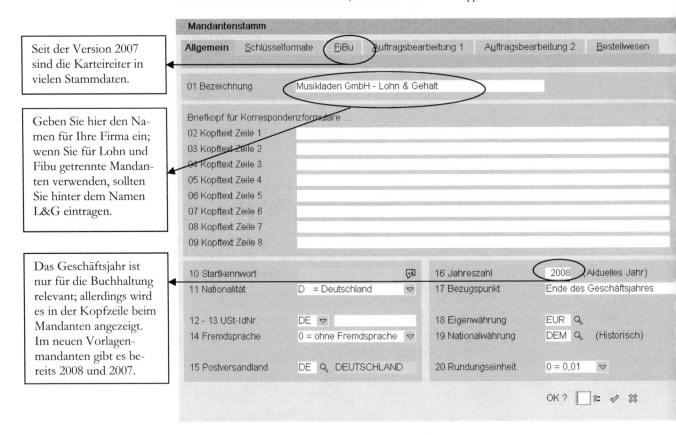

Seit der Version 2007 sind die Karteireiter in vielen Stammdaten.

Geben Sie hier den Namen für Ihre Firma ein; wenn Sie für Lohn und Fibu getrennte Mandanten verwenden, sollten Sie hinter dem Namen L&G eintragen.

Das Geschäftsjahr ist nur für die Buchhaltung relevant; allerdings wird es in der Kopfzeile beim Mandanten angezeigt. Im neuen Vorlagenmandanten gibt es bereits 2008 und 2007.

MANDANTENSTAMM .Wie in allen Masken der Classic Line kann man aus der OK-Abfrage heraus jedes Feld durch Eingabe der **Feldnummer** und drücken der **ENTER-Taste** erreichen. Natürlich könnte man auch die Maus benutzen, aber mit der Tastatur bzw. dem Ziffernblock geht's einfach schneller.

Der Name des Mandanten erscheint nicht nur am Bildschirm, wenn man den Mandanten aufgerufen hat, er wird auch in den meisten Listen und Auswertungen mit angedruckt. Hier geben wir unsere Musikladen GmbH ein und dahinter Lohn & Gehalt.

Das Geschäftsjahr hat auf die Lohnabrechnung keinen direkten Einfluss; es wird nur beim Jahresabschluss in der Finanzbuchhaltung aktualisiert. Im Gegensatz zur Finanzbuchhaltung wird im Lohn niemals in mehreren Perioden gleichzeitig gearbeitet. Alle weiteren Felder sind für unsere Lohnabrechnung nicht von Bedeutung und können einfach bestätigt werden.

Mit **J** für **Ja** in der OK-Abfrage oder **+** und **ENTER** speichern Sie Ihre Eingabe.

Jetzt haben Sie einen leeren Mandanten nur mit Kontenrahmen, aber ohne Lohn-grundlagen und ohne Lohnarten. Sie können jetzt alle Daten manuell anlegen, oder aber bestimmte Daten aus dem Demomandanten kopieren und nach Ihren Wün-schen anpassen. Um Ihnen die Arbeit zu erleichtern, haben wir Ihnen die wichtigs-ten Dateien, die Sie kopieren können, mit Namen und Bezeichnung zusammenge-stellt:

020200   Lohnartenstamm Periodenwerte

Seit dem Jahresupdate 2006/2007 werden die Lohnarten mit Gültigkeitszeitraum gespeichert. Der Lohnartenstamm befindet sich in der Datei 020201.

020201   Lohnartenstamm
020201.VDT   Lohnarten zusätzliche Texte

Die Lohnarten bilden die Grundlage für die Lohnabrechnung. In der Lohnart wird unter anderem festgelegt, wie diese Lohnart steuerlich und sozialversicherungsrecht-lich zu behandeln ist.

020905   Buchungszeilen
In den Buchungszeilen erfolgt die Kontierung für die Finanzbuchhaltung, d.h. jeder Buchungszeile wird ein Konto aus der Finanzbuchhaltung zugeordnet. Im Lohnar-tenstamm wird dann jeder Lohnart eine Buchungszeile zugeordnet.

020920   Feiertagestamm
Der Feiertagestamm ist für die Fehlzeitenerfassung erforderlich und ist für jedes Bundesland zu überarbeiten; Basis ist in unserem Beispiel das Bundesland Hessen (weil der Demomandant in Hessen ist). Bitte für Ihr Bundesland anpassen.

020930   Fehlzeitenstamm
Der Fehlzeitenstamm enthält Kennzeichen für alle möglichen Fehlzeiten und deren Schlüsselung für die Lohnabrechnung.

020960   Ausfallkennzeichen Kalender

Die Ausfallkennzeichen dienen der Pflege des Kalenders für die Eintragung von Fehlzeiten.

020970   Speichersummen
Die Speichersummen bieten die Möglichkeit, verschiedene Lohnarten zusammenzu-fassen und die Werte für andere Lohnarten zur Verfügung zu stellen (z.B. Geldwer-ter Vorteil mit 2 Lohnarten, der KFZ-Nutzung und den Kilometern Wohnung / Arbeit, und dem Abzug Geldwerter Vorteil, mit einer Lohnart, die aber aus der Summe der einzelnen geldwerten Vorteile besteht).

020974   Lohnformeln
Die Lohnformeln bieten die Möglichkeit, einzelne Lohnarten in Abhängigkeit von anderen Lohnarten oder Feldern aus den Stammdaten automatisch mit Werten zu füllen.

Selbstverständlich können Sie auch alle Daten selbst anlegen, aber das ist sehr viel Arbeit und es schleichen sich schnell mal Fehler ein, daher ist diese Methode die einfachere. Weitere Daten sollten nicht kopiert werden. Bitte vermeiden Sie es, den Demomandanten als Vorlage zu benutzten, weil Sie dort erst einmal alle Bewegungsdaten und alle Stammdaten löschen müssten und oft Dinge übersehen werden, die später zu Fehlern führen.

Der Demomandant arbeitet mit dem DATEV SKR03, d.h. der Buchungsbeleg ist auf diesen Kontenrahmen angepasst. Sollten Sie in der Praxis mit einem anderen Kontenrahmen arbeiten, sind die Konten in den Buchungszeilen entsprechend zu ändern. Wenn Sie jetzt erst neu mit der Classic Line anfangen, achten Sie bitte darauf, dass Sie für die Kopie der Lohndaten den neuen Demomandanten 2009 als Grundlage wählen[9].

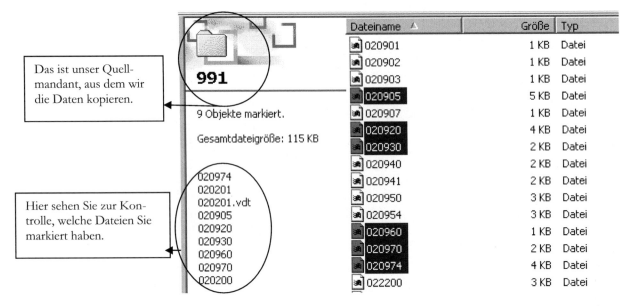

Das ist unser Quellmandant, aus dem wir die Daten kopieren.

Hier sehen Sie zur Kontrolle, welche Dateien Sie markiert haben.

DATEIEN MARKIEREN. Markieren Sie die erste Datei und drücken Sie anschließend die Taste **STRG** oder **CTRL** um weitere Dateien mit der Maus zu markieren.

Um die Lohngrunddaten aus dem Demomandanten zu kopieren, öffnen Sie den Explorer und verzweigen in den Ordner **Sage\cl\bs\41\dat\991** und markieren die gewünschten Dateien[10]. Anschließend drücken Sie die rechte Maustaste (der Mauszeiger steht auf einer der markierten Dateien) und wählen aus: **Kopieren**. Anschließend wechseln Sie in den Ordner 500 und drücken wieder die rechte Maustaste und wählen aus: **Einfügen**. Natürlich können Sie die Dateien auch einzeln kopieren.

 Wichtig

Bitte beachten Sie, dass Sie alle Stammdaten im Einzelnen prüfen müssen, bevor Sie ihre erste Abrechnung machen. Generell sollten Sie einzelne Abrechnungen manuell oder mit Hilfe von Lohnrechnern zu überprüfen. Wichtig dabei sind vor allem die für das jeweilige Bundesland gültigen Einstellungen, z.B. für die Berechnung der Kirchensteuer. Hier gibt es für fast jedes Bundesland abweichende Regelungen.

---

[9] Hier finden Sie auch gleich alle erforderlichen Lohnarten und Lohnformeln für die Neuerungen in 2009.

[10] Um mehrere, nicht zusammenhängende Dateien zu markieren, beim anklicken der Datei die Taste Steuerung (**Strg** oder **Ctrl**, je nach Tastatur) gedrückt halten.

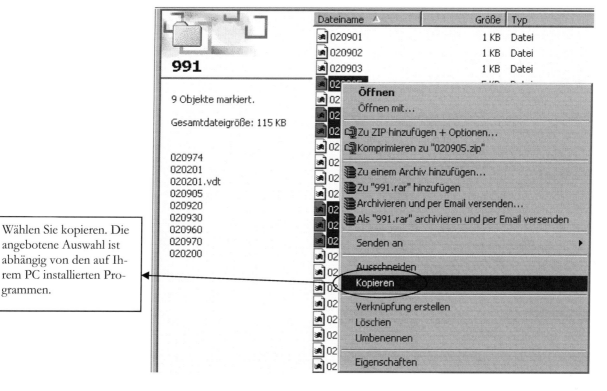

Wählen Sie kopieren. Die angebotene Auswahl ist abhängig von den auf Ihrem PC installierten Programmen.

KOPIEREN. Wenn Sie alle Dateien markiert haben, drücken Sie die rechte Maustaste und wählen: kopieren.

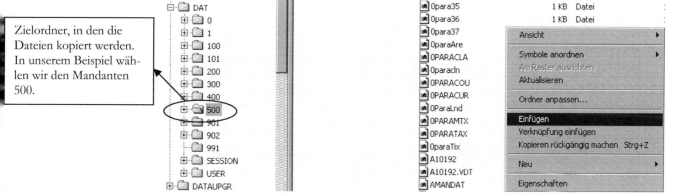

Zielordner, in den die Dateien kopiert werden. In unserem Beispiel wählen wir den Mandanten 500.

EINFÜGEN IN ZIELMANDANT. Im Ordner des Zielmandanten einfach mit dem Mauszeiger auf eine weiße Fläche, rechte Maustaste und Einfügen auswählen.

Grundsätzlich sollten Sie Dateien nur bei der Neuanlage eines Mandanten Dateien kopieren und dabei vorher eine Datensicherung anfertigen. Wenn Sie beim Kopieren bereits bestehende Dateien überschreiben, gibt es keine Möglichkeit, diesen Vorgang rückgängig zu machen.

Nach Abschluss des Kopiervorganges können wir dann im nächsten Kapitel die Stammdaten systematisch überprüfen, fehlende Daten ergänzen und unseren Mandanten für die Erfassung unserer Mitarbeiter vorbereiten.

Wenn alle Dateien korrekt kopiert wurden, können Sie den Explorer wieder schließen.

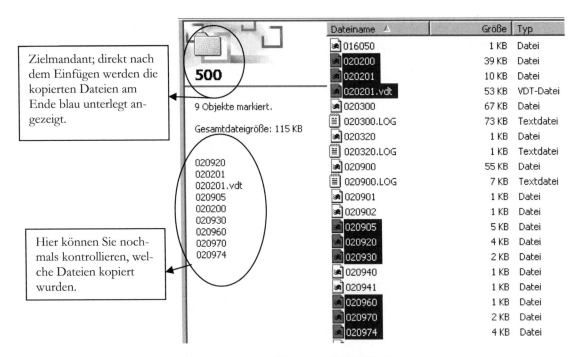

Zielmandant; direkt nach dem Einfügen werden die kopierten Dateien am Ende blau unterlegt angezeigt.

Hier können Sie nochmals kontrollieren, welche Dateien kopiert wurden.

ABSCHLIEßENDE KONTROLLE. Nach dem Einfügen können Sie die kopierten Dateien noch einmal überprüfen.

Fragen zur Lernzielkontrolle

☺ **Testen Sie Ihr**

Wissen

1) Warum sollten Sie einen passenden Kontenrahmen wählen, auch, wenn Sie nur mit der Lohnbuchhaltung arbeiten?

2) Warum ist es wichtig, mit einem leeren Kontenrahmen anzufangen und nur die Lohnarten und den Buchungsbeleg aus dem Demomandanten zu kopieren?

3) Warum legen Sie nicht alle Daten (inkl. Lohnarten) manuell an?

4) Wie kopieren Sie einen Mandanten?

5) Welche Angaben sind im Mandantenstamm für die Lohnabrechnung erforderlich?

6) Erläutern Sie in knappen Worten, wie Sie einzelne Dateien von einem Mandanten in einen anderen kopieren können.

7) Was ist dabei zu beachten?

Praktische Übungen

⌨ **Tastaturübungen**

1) Legen Sie den Mandanten 500 neu an. Verwenden Sie dabei als Vorlage den SKR03 für Kapitalgesellschaften.

2) Ändern Sie die Mandantenbezeichnung im Mandant 500 auf: Musikladen GmbH und lassen Sie die Jahreszahl auf 2008.

3) Kopieren Sie im Explorer alle für den Aufbau unseres Lohnmandanten erforderlichen Dateien vom Mandant 991 (Demomandant Deutschland) in unseren Mandanten 500.

Stammdaten und erweiterte Stammdaten

In diesem Kapitel lernen Sie die Struktur und den Aufbau der Stammdaten in der Lohnbuchhaltung kennen.

Wir werden bei der Anlage der Stammdaten mit den Grundlagen beginnen und uns dann von unten nach oben hocharbeiten. Anschließend erfassen wir die allgemeinen Stammdaten und zu guter Letzt legen wir unsere Mitarbeiter an. Anschließend werden wir uns mit der Struktur der festen und variablen Lohndaten beschäftigen. An dieser Stelle nochmals der Hinweis: wenn Sie bei der Anlage der Stammdaten bei einzelnen Feldern unsicher sind, nutzen Sie die **Hilfe (F1)** und lesen Sie die Bedeutung des Feldes nach.

Die weiteren Stammdaten und sind in erweiterte und allgemeine Stammdaten aufgeteilt. Dabei finden Sie in den allgemeinen Stammdaten die Grundlagen die für alle Mandanten (Firmen) gültig sind, für die eine Lohnabrechnung gemacht wird. Wir werden uns im Anschluss an die Lohnkonstanten näher damit beschäftigen.

Jetzt werden wir erst einmal die Lohnkonstanten anlegen, das Herzstück unserer Lohnabrechnung. Hier werden die grundlegenden Einstellungen für die Lohnabrechnung hinterlegt, die für alle Mitarbeiter gültig sind.

Die Lohnkonstanten

Für die Erfassung der Lohnkonstanten benötigen wir eine Reihe von Unterlagen und Informationen, die wir uns vorab bereitlegen sollten:

Das Bundesland in dem unser Betrieb ansässig ist, denn je nach Bundesland gelten unterschiedliche Regeln, z.B. für die Kirchensteuer, den Solidaritätszuschlag, die Feiertage,.....

Die Betriebsnummer unserer Firma.

Die Steuernummer und Name und Anschrift des Finanzamtes.

Anschrift des zuständigen Arbeitsamtes (z.B. bei Kurzarbeit).

Wir beginnen unseren Lohn zum 01.10.2008, d.h. wir übernehmen die Lohnbuchhaltung von unserem Steuerberater und fangen an mit der Oktoberabrechnung.

Auffällig ist das neue Symbol für Lohn & Gehalt.

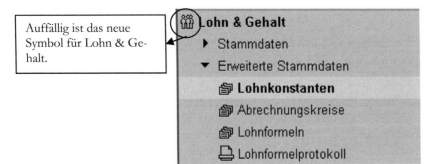

AUFRUF LOHNKONSTANTEN. Unter. **Lohn & Gehalt → erweiterte Stammdaten → Lohnkonstanten** können Sie die Lohnkonstanten (Abrechnungsgrundlagen) für Ihren Mandaten erfassen.

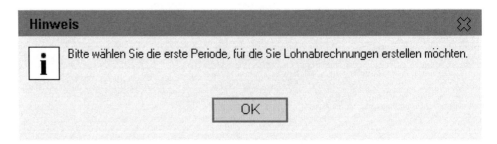

AUSWAHL PERIODE. Zuerst wird ausgewählt, für welche Periode und welches Jahr die Lohnkonstanten vorbelegt werden sollen.

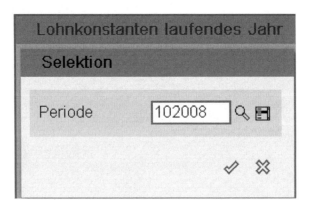

AUSWAHL. Das Programm bietet immer 3 Jahre zur Auswahl an: das aktuelle, das Vorjahr und das nächste Jahr.

Wir wählen in unserem Fall die Periode 10/2008 aus. In der Praxis könnten Sie auch mit der Periode 01/2008 anfangen, denn die Lohnkonstanten werden grundsätzlich bis Periode 12 vorgetragen.

Wenn Sie sich hier zu Anfang ein wenig unsicher sind, am Besten vorab noch einmal eine Datensicherung anzulegen, damit Sie im Zweifel immer nur den letzten Schritt nacharbeiten müssen und nicht zu viel Zeit verlieren.[11]

---

[11] Ein Kunde hat mich einmal gefragt: Wie oft soll ich denn meine Daten sichern? Ich antwortete mit einer Gegenfrage: Wie viele Stunden, Tage oder Wochen wollen Sie nacharbeiten, wenn Ihre Daten weg sind? Sie sehen, es ist eine rein subjektive Frage, die vom jeweiligen Sicherheitsbedürfnis abhängt. In der Praxis reichen die Konzepte von 1x monatlich, vor der Abrechnung über täglich bis hin zu 2x täglich, je nachdem, wie oft und wie intensiv im Programm gearbeitet wird. So wird für eine Firma mit 5 Mitarbeitern eine monatliche Sicherung völlig ausreichen, weil geänderte Daten in kurzer Zeit nach zu erfassen sind. Eine Firma mit 800 Mitarbeitern wird in der heißen Phase der Abrechnung auch mittags noch eine Zwischensicherung machen.

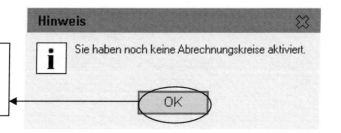

Bestätigen Sie den Hinweis mit OK, um mit der Erfassung der Lohnkonstanten fortzufahren.

HINWEIS. Für die Abrechnung muss zumindest ein Abrechnungskreis aktiv sein. Diese Aktivierung führen wir in direkt im Anschluss an die Einrichtung der Lohnkonstanten durch.

Die Felder 1-14 werden vom Programm in der Regel korrekt vorbelegt und beim Jahresabschluss über das Jahresupdate automatisch aktualisiert.

Die Felder 1-14 sind gesetzlich vorgegeben und werden automatisch vorbelegt und beim Jahresupdate vom Programm aktualisiert. Für 2009 ändert sich die BBG wieder.

Für die Kirchensteuer gibt es sowohl für die einzelnen Bundesländer eigene Regeln als auch individuelle, betriebliche Vorgaben.

Die Arbeitszeiten sind individuell und hängen auch von Tarifverträgen oder Vereinbarungen ab, für Ihre Firma gelten.

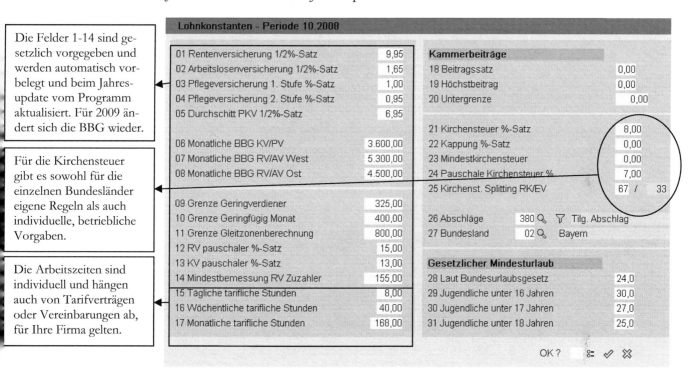

LOHNKONSTANTEN SEITE 1. Auf der ersten Seite der Lohnkonstanten werden in den Feldern 1-14 die für allgemein gültigen Vorgaben bereits vorbelegt, alle anderen Felder sind individuell zu ergänzen.

Folgende Felder sind individuell zu pflegen:

15 – 17: Tägliche, wöchentliche und monatliche Stunden; abhängig vom Tarifvertrag und/oder individuellen Firmenvorgaben.

18 – 20: Kammerbeiträge, in erster Linie für Handwerksbetriebe, die Beträge an die Kammer zahlen.

21 – 25: Die Kirchensteuer ist in den einzelnen Bundesländern unterschiedlich geregelt und die Steuersätze schwanken zwischen **4** und **13%**. In Bayern liegt der Kirchensteuersatz für Normalverdiener bei **8%**, der pauschale Kirchensteuersatz[12] liegt bei **7%**.

---

[12] Hinweis: der pauschale Kirchensteuersatz gilt für alle pauschal versteuerten Bezüge, nicht nur für Aushilfen. Auch für die sogenannten Normalverdiener gibt es eine Reihe von Bezügen, die der pauschalen Lohnsteuer unterliegen und für die diese Regelung ebenfalls gültig ist. Dazu gehören z.B. Beitrag zur Direktversicherung, pauschale Lohnsteuer, ...

Pauschale Kirchensteuer

Für die pauschale Kirchensteuer gibt es 2 Möglichkeiten: Entweder wird für alle pauschal versteuerten Bezüge der Pauschalsatz von 7% verwendet, unabhängig davon, ob der betroffene Mitarbeiter einer Konfession angehört, oder nicht. Oder man rechnet den Normalsatz in Höhe von 8% und zahlt pauschale Kirchensteuer nur für Angehörige einer Konfession. Der Arbeitgeber ist nachweispflichtig, d.h. Mitarbeiter ohne Lohnsteuerkarte müssen eine entsprechende Bescheinigung vorlegen, dass Sie aus der Kirche ausgetreten sind. Die für Ihr Bundesland gültigen Sätze entnehmen Sie bitte der Kirchensteuertabelle (z.B. im Lexikon für das Lohnbüro, Hüthig Jehle Rehm GmbH).

26: Im Feld Abschlag tragen Sie die Lohnart 380 für Abschläge ein; Sie ist erforderlich, wenn Sie Abschlagszahlungen machen.

27: Tragen Sie hier das Bundesland ein, in dem die Firma Ihren Sitz hat. In unserem Beispiel 02 für Bayern.

28 – 31: Mindesturlaub laut gesetzlicher Regelung.

Auf der Seite 2 gibt es durch die gesetzlichen Änderungen im Lohn eine ganze Reihe von zusätzlichen Feldern, die ab dem 01.01.2009 gepflegt werden müssen.

Alle Betriebe mit bis zu 20 Mitarbeitern unterliegen auch der Umlage U1.

Neu ist die Eingabe der Berufsgenossenschaft.

Dieser gesamte Block ist neu hinzugekommen und für die neuen Meldungen in 2009 erforderlich.

Nachdem immer mehr Menschen aus der Kirche austreten, ist diese Regelung im Normalfall für den Arbeitgeber günstiger.

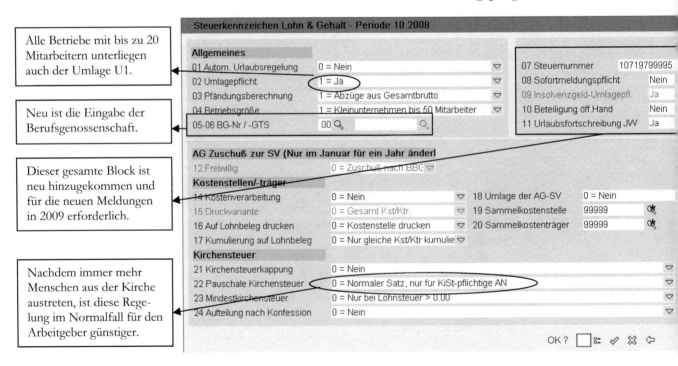

STEUERKENNZEICHEN LOHN UND GEHALT. Auf der Seite 2 in den Lohnkonstanten finden Sie individuelle Einstellungen für Ihren Betrieb, wie die Betriebsgröße, Steuereinstellungen und die Kostenrechung.

Hier finden Sie Angaben zur Umlage und zur Betriebsgröße, die Angaben zur Kostenrechnung (wir werden der Einfachheit halber auf die Kostenrechnung verzichten), sowie ergänzende Angaben zur Berechnung und Aufteilung der Kirchensteuer.

Neu für 2009 in den Lohnkonstanten sind folgende Felder:

Feld 05-06: Berufsgenossenschaft und Gefahrentarif. Die Meldung zur Berufsgenossenschaft ist ab 2009 in die DEÜV-Meldung integriert. Dazu ist es erforderlich, die Berufsgenossenschaften und die entsprechenden Gefahrentarife korrekt zu erfassen / nachzupflegen. Diese Angaben können wir erst später nachpflegen, nachdem wir die BG angelegt und die Gefahrentarife eingelesen haben.

Feld 07: Steuernummer; hier ist die Steuernummer für die Lohnsteueranmeldung einzugeben.

Ebenfalls neu sind die **Felder 08 – 11**. Zu diesen Feldern finden Sie mit **F1** in der Hilfe eine ausführliche Erläuterung.

Wichtig

Die Angaben auf der Seite 1 und 2 in den Lohnkonstanten sind periodenabhängig, d.h. Sie können monatlich geändert werden und werden auch für jeden Monat separat gespeichert. Die jetzt folgenden Eingaben sind Perioden unabhängig, d.h. es handelt sich hier in erster Linie um Stammdaten, die keinen regelmäßigen Änderungen unterliegen.

Weiter geht es mit den periodenunabhängigen Angaben.

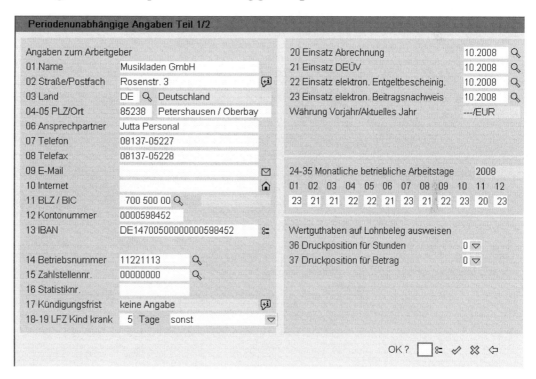

PERIODENUNABHÄNGIGE ANGABEN TEIL 1/2. Auf dieser Seite erfassen Sie alle wichtigen Angaben zum Arbeitgeber.

Neben den Angaben zum Arbeitgeber erfassen Sie hier Ihre Betriebsnummer und die Zahlstellennummer und die Statistiknummer (soweit bekannt). Optional können Sie die allgemein in Ihrem Unternehmen gültige Kündigungsfrist erfassen und die die Tage **L**ohn**f**ort**z**ahlung (LFZ) wenn das Kind Ihrer Mitarbeiterin krank ist.

Wichtig

Der Wechsel des Abrechnungssystems ist ein meldepflichtiger Tatbestand. Im ersten Monat werden bei Einsatz der DEÜV automatisch alle Mitarbeiter bei den Krankenkassen angemeldet mit dem Hinweis: Wechsel des Entgeltabrechnungssystems. Da die zur Abmeldung erforderlichen Informationen nicht im System verfügbar sind, sind die entsprechenden Abmeldungen manuell zu erstellen. Optional können Sie prüfen, ob eine entsprechende Abmeldung aus dem vorher benutzten Abrechnungssystem (z.B. DATEV) zum 30.09.2008 automatisch erzeugt werden kann. Das würde Ihnen ein wenig Arbeit abnehmen.

Feld 21: Einsatz DEÜV bedeutet: Sie melden Ihre Ein- und Austritte neuer Mitarbeiter und sonstige, SV-rechtliche Tatbestände monatlich elektronisch an die Krankenkassen.

Feld 24-35: Tragen Sie hier die monatlichen, betrieblichen Arbeitstage ein. Diese werden für die neue Position Arbeitstage in der Lohnsteuerbescheinigung herangezogen, sofern Sie nicht über ein Arbeitszeitmodell auf Mitarbeiterebene andere Daten liefern.

Jetzt sind noch die monatlichen Arbeitstage zu prüfen und optional können Sie noch ergänzen, ob Stunden und Beträge aus so genannten Wertguthaben[13] im Gehaltsbeleg mit gedruckt werden sollen.

Nummer des Finanzamtes an das Sie die Lohnsteueranmeldung abgeben. Wenn die Nummer nicht bekannt ist, wählen Sie aus über **F2**.

Hier können Sie ein 2. Finanzamt einzugeben und so einen Standortwechsel im System besser nachvollziehen zu können.

Periodenunabhängige Angaben Teil 2/2

Angaben zur Arbeitsagentur

| 01 Name |
| 02 Straße/Postfach |
| 03 Plz |
| 04 Ort |
| 05 Ansprechpartner |
| 06 Telefon |
| 07 Telefax |
| 08 E-Mail |
| 09 Internet |
| 10 Bankleitzahl |
| 11 Kontonummer |
| 12 IBAN |
| 13 KUG Stammnr. |

Angaben zum Finanzamt

14-15 Nr./Name	9107 Dachau
16 Straße/Postfach	Bürgermeister-Zauner-Ring
17-18 PLZ/Ort	85221 Dachau
19 Bankleitzahl	700 000 00 MARKDEF170
20 Kontonummer	70001507
21 IBAN	DE75700000000070001507
22 Anmeldeintervall	0=Monat
23 Selektion	0000
24 Gültig ab Periode	
25-26 Nr./Name	
27 Straße/Postfach	
28-29 PLZ/Ort	
30 Bankleitzahl	
31 Kontonummer	
32 IBAN	
33 Anmeldeintervall	0=Monat
34 Selektion	0000

OK ?

ANGABEN ZUM ARBEITSAMT UND FINANZAMT. Auf der letzten Seite erfassen Sie die Angaben von Arbeitsamt und Finanzamt.

Die Angaben für das Arbeitsamt sind nur erforderlich, wenn Sie Kurzarbeit beantragt haben. Für das Finanzamt können Sie einstellen, ob die Lohnsteueranmeldung monatlich oder vierteljährlich erfolgt. In der Regel erfolgt die Meldung monatlich. Die Selektion bleibt leer, sonst werden bei der Lohnsteueranmeldung nur die Mitarbeiter aufgeführt, die bei dem in der Selektion eingetragenen Finanzamt gemeldet sind.

---

[13] Wertguthaben können entstehen, wenn Sie mit Jahresarbeitszeitkonten, Altersteilzeit oder anderen Gleitzeitmodellen arbeiten, bei denen Überstunden nicht sofort ausgezahlt, sondern fortgeschrieben werden. Die Information auf dem Gehaltsbeleg hilft dem Mitarbeiter, den Überblick zu behalten und entlastet die Personalabteilung von Rückfragen. Wir verzichten in unserem Schulungshandbuch auf derartige Modelle, weil das den Rahmen unserer Schulungsunterlage sprengen würde.

Mit der Speicherung der Daten ist unsere Erfassung der Lohnkonstanten abgeschlossen. Die erfassten Werte werden automatisch auf die Folgemonate übertragen. Bevor wir uns mit den weiteren Grundlagen auseinandersetzen, vorab ein paar Fragen und Aufgaben zur Vertiefung.

ÄNDERUNGEN ÜBERTRAGEN. Bitte die Meldung mit dem grünen Häkchen bestätigen, damit Ihre erfassten Daten auch korrekt für die Folgemonate übernommen werden.

Lernzielkontrolle

Testen Sie Ihr Wissen

1) Welche Unterlagen/Informationen brauchen Sie mindestens für die Erfassung der Lohnkonstanten?

2) Welche Regelungen für die pauschale Kirchensteuer kennen Sie?

3) Welche Daten in den Lohnkonstanten werden bei einem Update automatisch aktualisiert?

4) Was bedeutet Umlage und für welche Betriebe ist Sie zwingend vorgeschrieben?

5) Wofür ist in den Lohnkonstanten die Angabe der Betriebsgröße erforderlich?

6) Woher bekommen Sie Ihre Betriebsnummer und wofür wird Sie gebraucht?

7) Warum wird ein Teil der Lohnkonstanten für jeden Monat als eigener Datensatz gespeichert?

Praktische Übungen

 Tastaturübungen

1) Erfassen Sie die Lohnkonstanten und orientieren Sie sich dabei an unserem Beispiel. Beginnen Sie dabei in der Periode 10.2007.

2) Überprüfen Sie die Einträge in den Perioden 11 und 12.

Weitere Grundlagen

Neben den Lohnkonstanten gibt es einige weitere Grundlagen, die wir kurz erklären möchten. Wir werden uns dabei auf die Grundlagen beschränken, die wir für unsere Abrechnung zwingend benötigen und auf den ein- oder anderen Punkt später bei der Erfassung unserer Personalstammdaten und bei der Abrechnung nochmals zurückkommen.

Die Bedeutung der einzelnen Grundlagen für Ihren Betrieb richtet sich danach, welche Funktionen des Programms Sie später nutzen möchten, wie z.B. die Urlaubskartei oder die Möglichkeit, Speichersummen zu bilden.

Nach unseren Lohnkonstanten wollen wir der Reihe nach erklären, welche Funktionen hinter den einzelnen Begriffen stecken:

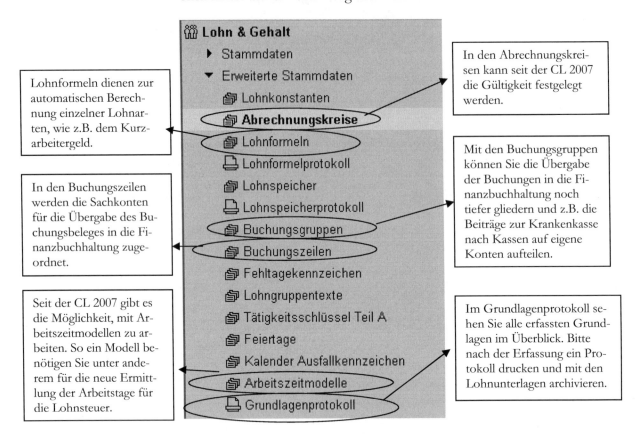

ERWEITERTE STAMMDATEN. Die einzelnen Menüpunkte im Überblick.

Abrechnungskreise: Mit Hilfe der Abrechnungskreise ist es möglich, die Mitarbeiter in Gruppen aufzuteilen und optional zu unterschiedlichen Zeitpunkten abzurechnen. **Seit der Classic Line 2007 gibt es die Möglichkeit, in den Abrechnungskreisen mit P für Periodenwerte einzelne Abrechnungskreise für bestimmte Zeiträume "freizuschalten"[14].** Dabei muss zumindest 1 Abrechnungskreis frei geschaltet werden, damit Sie überhaupt eine Abrechnung durchführen können.

Lohnformel: Mit Lohnformeln haben Sie die Möglichkeit, für einzelne Lohnarten Informationen aus verschiedenen Stammdaten zu übernehmen; so kann man z.B. mit Hilfe einer Lohnformel den freiwilligen Beitrag zu einer gesetzlichen Krankenkasse automatisch aus dem Krankenkassenstamm in die Lohndatenerfassung übernehmen. Wir haben die im Demomandanten angelegten Lohnformeln bereits kopiert, so dass eine manuelle Anlage in der Regel nicht mehr erforderlich ist.

---

[14] Das Delikate an dieser neuen Funktion ist, dass bei einer Neuanlage eines Lohnmandanten die Voreinstellungen so gewählt sind, dass eine Abrechnung im laufenden Jahr nicht möglich ist und Sie die Fehlermeldung erhalten: Abrechnung im aktuellen Jahr ist nicht möglich, bitte führen Sie zuerst einen Jahresabschluss durch. Danach haben Sie dann wieder dieselbe Fehlermeldung. Wählen Sie unter erweiterte Stammdaten die Abrechnungskreise, wählen Sie den gewünschten Kreis aus und geben Sie in der OK-Abfrage ein **P** für Periodenwerte einen gültigen Zeitraum ein.

Lohnspeicher: Hier können Sie verschiedene Lohnspeicher anlegen, die Werte aus unterschiedlichen Lohnarten aufnehmen und speichern. Die Speichersummen können in der Gehaltsabrechnung angedruckt werden.

Buchungszeilen: Die Buchungszeilen dienen der Zuordnung der einzelnen Lohnarten zu den entsprechenden Sachkonten in der Finanzbuchhaltung. Sie sind für die automatische Übergabe des Buchungsbeleges in die Finanzbuchhaltung erforderlich.

Fehltagekennzeichen: Die Fehltagekennzeichen bieten die Möglichkeit, einer Fehlzeit bestimmte Funktionen zuzuweisen. Hier kann man Festlegen, wie eine Fehlzeit SV-Rechtlich zu behandeln ist (z.B. automatische Gehaltskürzung bei unbezahltem Urlaub,....)

Tätigkeitsschlüssel Teil A: Hier erfolgt die Zuordnung der Berufsbezeichnung eines Tätigkeitsschlüssels im Klartext; es sind mehrere Bezeichnungen je Schlüssel möglich. Die benötigten Schlüssel können aus dem im allgemeinen Datenverzeichnis der Classic Line abgelegten Verzeichnis in den jeweiligen Mandanten übernommen werden.

Arbeitszeitmodelle: Mit diesem neuen Menüpunkt haben Sie die Möglichkeit, in der Classic Line an Hand eines Arbeitszeitmodells eine Soll–Ist Analyse zu machen und auszuwerten.

Grundlagenprotokoll: Hier werden alle aktuellen Einstellungen in den Grundlagen als Protokoll festgehalten. Es eignet sich hervorragend, um Änderungen in den Grundlagen festzuhalten und zu dokumentieren. Außerdem ist es hilfreich zur Kontrolle der gemachten Eingaben.

Da wir in unseren Schulungsunterlagen ohne Arbeitszeitmodell arbeiten, geht es bei der Erfassung unserer Stammdaten mit dem Tätigkeitsschlüssel weiter.

⌐ **Neu**

Drücken Sie F2 um das Suchfenster zu öffnen.

Geben Sie den gewünschten Suchbegriff ein und starten Sie Ihre Suche.

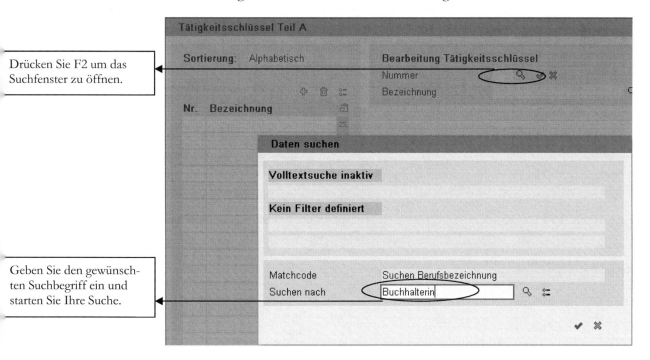

TÄTIGKEITSSCHLÜSSEL TEIL A. Mit **F2** öffnen Sie den Filter und können hier den gewünschten Suchbegriff eingeben.

Wenn Sie im Suchfenster keine Eingabe machen, sondern nur bestätigen, werden alle verfügbaren Schlüssel angezeigt. Damit Sie später im Personalstamm nicht den Überblick verlieren, sollten Sie nur die Tätigkeitsschlüssel in den Mandanten übernehmen, die Sie auch tatsächlich benötigen.

SCHLÜSSELAUSWAHL. Durch Bestätigung wird der ausgewählte Schlüssel in den Mandanten übernommen.

BEARBEITEN TÄTIGKEITSSCHLÜSSEL. Sie können die Bezeichnung zum ausgewählten Schlüssel individuell ändern.

Wenn Sie den ausgewählten Schlüssel Ihren Wünschen angepasst haben, einfach bestätigen, um diesen Schlüssel in Ihren Mandanten zu übernehmen.

Mit **F3** oder dem Plus kommen Sie in die Auswahl, um weitere Schlüssel zu übernehmen.

LISTE DER BEREITS ANGELEGTEN SCHLÜSSEL. Die Bezeichnung ist individuell änderbar.

Komplett überarbeitet wurde bereits in der Version 2007 der Bereich der Abrechnungskreise. Nachdem zumindest ein Abrechnungkreis für die Abrechnungen frei geschaltet sein muss, werden hier einmal beispielhaft den Abrechnungskreis 0, allgemein, einrichten. Wählen **Sie dazu erweiterte Stammdaten → Abrechnungskreise.**

Sie können später frei entscheiden, ob Sie mit unterschiedlichen Abrechnungskreisen arbeiten wollen und wenn, mit wie vielen.

Optional können Sie jedem Buchungskreis einen Namen geben. Das erleichtert die Unterscheidung (z.B. Angestellte, Azubis, Aushilfen, Rentner,…).

Dadurch, dass wir in den Lohnkonstanten gesagt haben, Beginn Lohnabrechnung 10/2008, sind die Buchungskreise bis 9/2008 abgeschlossen.

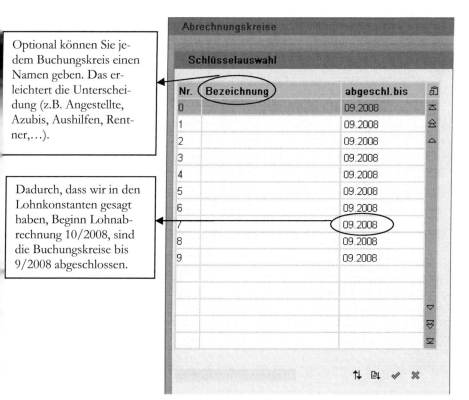

ABRECHNUNGSKREISE - SCHLÜSSELAUSWAHL. Die Bezeichnung der einzelnen Abrechnungskreise kann individuell eingeben werden.

Tragen Sie eine Bezeichnung ein und wählen Sie bei Bedarf die Option, Abrechnung zur Monatsmitte.

Mit **P** für periodenabhängige Daten können Sie jetzt einrichten, für welchen Zeitraum dieser Abrechnungskreis gültig ist.

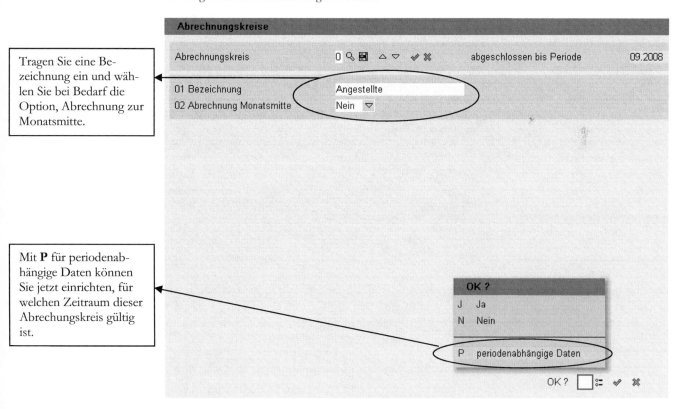

ABRECHNUNGSKREISE. In der OK-Abfrage können Sie mit **P** für **p**eriodenabhängige Daten für den ausgewählten Abrechnungskreis die Gültigkeit festlegen..

Dabei wird, ähnlich wie im neuen Lohnartenstamm und in der neuen Vertragsverwaltung im Personalstamm ein eigener Datensatz mit dem Zeitraum angelegt, ab dem dieser Abrechnungskreis verwendet werden kann.

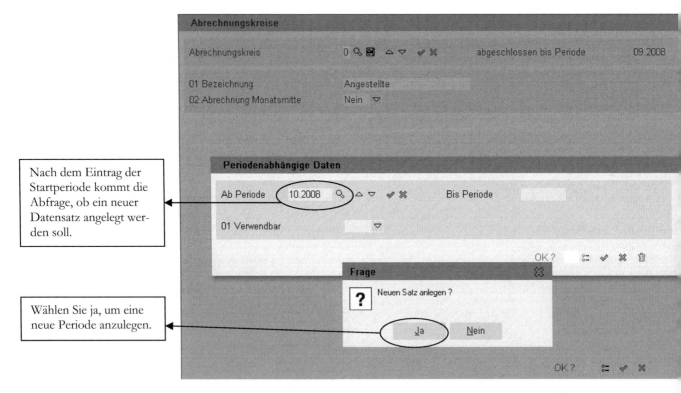

Nach dem Eintrag der Startperiode kommt die Abfrage, ob ein neuer Datensatz angelegt werden soll.

Wählen Sie ja, um eine neue Periode anzulegen.

ABRECHNUGNSKREISE – PERIODENABHÄNGIGE DATEN. Legen Sie einen neuen Datensatz an.

Die Auswahl der Perioden ist erst nach Anlage des Datensatzes möglich.

Im nächsten Schritt können Sie jetzt festlegen, in welchem Zeitraum (MMJJJJ) Sie mit diesem Abrechnungskreis Mitarbeiter erfassen und abrechnen können. Das Datum bis Periode bleibt leer; hier wird erst ein Wert eingetragen, wenn die Periode abgeschlossen werden soll.

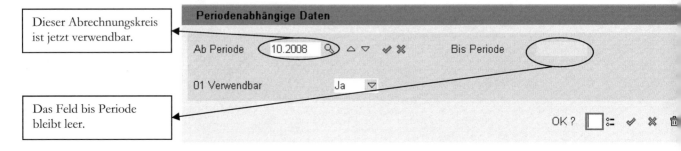

Dieser Abrechnungskreis ist jetzt verwendbar.

Das Feld bis Periode bleibt leer.

ABRECHNUGNSKREISE – PERIODENABHÄNGIGE DATEN. Tragen Sie im Feld ab Periode den ersten Abrechnungsmonat ein.

Pflegen Sie jetzt alle weiteren Abrechnungskreise, mit denen Sie arbeiten möchten.

Wir haben die Abrechnungskreise an dieser Stelle so ausführlich behandelt, weil Sie das Prinzip der periodenabhängigen Daten auch in den anderen Stammdaten (Lohnarten, VL-Verträge, Direktversicherungen,...) finden und es aus diesem Grund sehr wichtig ist, die dahinter liegende Funktionalität zu erfassen. Nur so sind Sie später in der Lage, die Ursachen für fehlende oder fehlerhafte Daten in der Lohnabrechnung zu finden und zu verstehen.

Feiertage: Der Feiertagskalender ist für jedes Bundesland individuell zu pflegen. Er ist für die Urlaubskartei erforderlich.

Kalender Ausfallkennzeichen: Die Ausfallkennzeichen für den Kalender dienen nur zur Kennzeichnung der Fehlzeiten im Kalender. Eine automatische Verknüpfung mit den Fehlzeiten gibt es zur Zeit noch nicht.

Wir werden im Laufe unserer Übungen später noch weitere Tätigkeitsschlüssel einpflegen und uns auch mit den Fehlkennzeichen beschäftigen. Jetzt werden erst einmal alle Daten erfasst, die für die Anlage und Abrechnung eines Mitarbeiters zwingend erforderlich sind. Dafür geht es weiter in den Mandanten übergreifenden Grundlagen.

Allgemein gültige Stammdaten

Wie der Name schon sagt, handelt es sich hier um Stammdaten, die für alle Mandanten gültig sind. Hier werden entweder komplette Verzeichnisse hinterlegt (z.B. Finanzämter, Länderverzeichnis,...) oder Betriebsnummern und Angaben für Elster, die elektronische Meldung der Lohnsteuer an das Finanzamt.

In erster Linie interessiert uns hier der Krankenkassenstamm und die Berufsgenossenschaften, weil diese Daten nur noch mandantenübergreifend importiert werden können. Doch zuvor ein kurzer Überblick über die einzelnen Bereiche:

Im Bereich Krankenkassen können Sie die aktuellen Beitragssätze der ITSG importieren, neue Krankenkassen in Ihren Mandanten kopieren und vorhandene Daten aktualisieren.

Lohn & Gehalt
- ▶ Stammdaten
- ▶ Erweiterte Stammdaten
- ▼ Allgemeingültige Stammdaten
  - ▶ Krankenkassen
  - ▶ Berufsgenossenschaften
  - 🖶 Annahmestellen
  - 🖶 Abrechnungsstellen
  - 🖶 Betriebsstätten
  - 🖨 Betriebsnummernliste
  - 🖶 Bundesländer
  - 🖨 Bundesländerliste

Erstmalig in der Version 2009 werden auch die Berufsgenossenschaften, wie bereits die Krankenkassen, automatisch eingelesen und aktualisiert.

Unter Abrechnungsstellen legen Sie Ihre eigene Firma an.

ALLGEMEIN GÜLTIGE STAMMDATEN. Hier werden Stammdaten erfasst und gepflegt, die für alle Mandanten gültig sind.

Krankenkassen: Hier werden alle Krankenkassen angelegt und die Beitragssätze gepflegt. Wahlweise können die Daten manuell gepflegt werden oder über eine Datei automatisch aktualisiert werden. Wichtig dabei: Wenn Sie die Daten elektronisch einlesen, müssen Sie jeden Monat eine Aktualisierung durchführen. Wir werden die Krankenkassendaten im Anschluss einmal importieren.

⌐ Neu

Berufsgenossenschaften: Seit dem 01.01.2009 werden die Berufsgenossenschaften, ähnlich wie bereits die Krankenkassen, aus einem zentralen Verzeichnis eingelesen. Mit dieser Umstellung haben sich auch bei vielen Berufsgenossenschaften die Strukturen der Gefahrentarifklassen geändert. Wenn Sie Fragen zu den Gefahrentarifen haben, wenden Sie sich bitte an Ihre zuständige Berufsgenossenschaft.

Betriebsstätten: Wenn Ihr Betrieb Mitarbeiter an verschiedenen Betriebsstätten beschäftigt, können Sie diese hier mit der dazugehörigen Betriebsnummer erfassen.

Abrechnungsstelle: Eine Abrechnungsstelle ist eine Firma, die Daten an die Krankenkassen weiterleitet. Wenn Ihre Firma mehrere Betriebsstätten hat, werden diese in der Regel zu einer Abrechnungsstelle zusammengefasst.

Annahmestellen: Um den Verwaltungsaufwand im Meldewesen zu reduzieren, wurden die einzelnen Krankenkassen zu Annahmestellen zusammengefasst. D.h. alle AOK`s werden z.B. an die Annahmestelle der AOK des jeweiligen Bundeslandes gemeldet; alle Ersatzkassen an den VdaK,....... Die Annahmestellen sind bereits im Programm eingepflegt.

Die Finanzämter finden Sie seit der Version 3.3 unter: **Grundlagen → Mandantenübergreifende Grundlagen → Finanzämter → Finanzämter bearbeiten.** Hier haben Sie auch die Möglichkeit, die Daten zu aktualisieren.

Die Länderschlüssel finden Sie jetzt unter: **Grundlagen → Anwendungsübergreifende Grundlagen → Länder → Länder bearbeiten.**

📖 Praxistipp

Die Blöcke Finanzämter und Länderschlüssel werden automatisch bei der Installation mitgeliefert und zukünftig auch im Rahmen eines Updates aktualisiert, so dass hier eine manuelle Pflege nicht mehr erforderlich ist. Sollten Sie zwischendurch eine Aktualisierung benötigen, können Sie die Finanzamtsdaten jederzeit manuell einlesen.

Finanzämter, Bundesländer und Länder enthalten die jeweiligen Stammdaten inkl. Schlüsselnummer. Das Bundesland ist für die Erfassung der Lohnkonstanten erforderlich. Die Finanzämter erleichtern die Erfassung in den Lohnkonstanten und im Personalstamm, weil Sie jetzt nur noch die Nummer des Finanzamtes eintragen müssen und alle weiteren Daten automatisch erscheinen. Die Länderschlüssel sind für die Erfassung der Personalstammdaten erforderlich. Hier ist die Staatsangehörigkeit einzutragen mit einem numerischen Schlüssel.

Bleiben noch die Daten für die elektronische Lohnsteueranmeldung per Elster unter: **Grundlagen → Anwendungsübergreifende Grundlagen → Elektronische Meldungen → Datenlieferer (Elster).** Nachdem dafür einige technische Voraussetzungen erforderlich sind und es dafür vom Hersteller bereits eine ausführliche Dokumentation gibt, wollen wir an dieser Stelle auf weitere Erläuterungen verzichten[15]. Bitte beachten Sie hierzu die Dokumentation auf der Classic Line CD bzw. in den Handbüchern.

Nun zu den Krankenkassen: Für die Krankenkassen gibt es zwei Bereiche in denen Sie Daten erfassen können: unter **Lohn & Gehalt → allgemein gültige Stammdaten → Krankenkassen → Krankenkassenstamm** (hier werden die Krankenkassendaten über mit Hilfe der Beitragssatzdatei eingelesen) und unter **Lohn & Gehalt → Stammdaten → Krankenkassen → Krankenkassenstamm:** Hier werden nur noch für die einzelne Firma gültige Informationen ergänzt, wie z.B. die Betriebsnummer und die Höhe der Umlage.

---

[15] Für Elster benötigen Sie einen Internetzugang und die Möglichkeit, aus dem Internet Updates herunterzuladen. Für die Datenübertragung an das Finanzamt ist ein sogenannter Datenlieferer (in der Regel die eigene Firma) anzulegen. Beim Versand der Daten prüft das System automatisch, wann die Daten von den Finanzämtern zuletzt aktualisiert wurden. Liegt das letzte Update mehr als 5 Tage zurück, ist zwingend vor dem Versand der Elsterdaten eine erneute Überprüfung erforderlich. Diese wird vom Programm immer beim Start des Elsterversandes automatisch gestartet, soweit erforderlich.

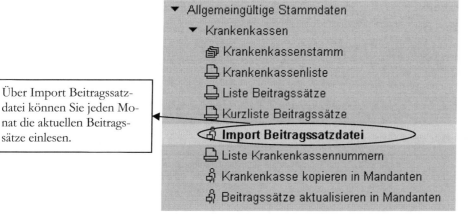

Über Import Beitragssatz-
datei können Sie jeden Monat die aktuellen Beitragssätze einlesen.

KRANKENKASSEN MANDANTENÜBERGREIFEND. Der Überblick.

Im Krankenkassenstamm finden Sie bereits alle gesetzlichen Krankenkassen, die zum Zeitpunkt der Erstellung der vorliegenden Classic Line CD bei der ITSG[16] gemeldet waren. Die Beitragssätze werden monatlich importiert. Wir werden einmal den kompletten Import[17] durchspielen und auf die wichtigsten Punkte eingehen. Zum Ablauf: Wenn Sie eine neue Krankenkasse benötigen, können Sie die Krankenkasse in den gewünschten Mandanten kopieren und anschließend die Beitragssätze immer automatisch aktualisieren.

---

[16] ITSG Informationstechnische Servicestelle der Gesetzlichen Krankenversicherung GmbH. Die ITSG ist zuständig für die elektronische Meldung der Krankenkassendaten über Dakota. Sie können hier Ihren Schlüssel für die verschlüsselte Datenübertragung beantragen. Außerdem stellt die ITSG monatlich eine Datei mit den aktuellen Adressdaten und Beitragssätzen zur Verfügung. Allerdings weist die ITSG ausdrücklich darauf hin, dass diese Daten von den einzelnen Krankenkassen selbst zu pflegen sind und die ITSG deshalb selbstverständlich nicht für die Richtigkeit dieser Daten verantwortlich gemacht werden kann.

[17] Für den regelmäßigen Import der Beitragssätze ist ein Internetzugang erforderlich. Wenn Sie über einen gültigen Wartungsvertrag verfügen, können Sie die aktuelle Datei monatlich unter www.sage.de im Bereich Support (Knowledgebase) abrufen.

Datei-Download und -Import

Auf Grund der ständig neuen Bereiche im Lohn, die über einen Datenimport gepflegt werden, wurden die gesamten Datenimporte zur Unterstützung des Anwenders in den mandantenübergreifenden Grundlagen zusammengefasst. Unter dem neuen Punkt Datei-download und Import finden Sie ab sofort neben dem Import der Beitragssatzdatei für die Krankenkassen auch die Berufsgenossenschaften, den Bankenstamm und weitere Daten.

📖 **Praxistipp**

Bitte prüfen Sie unbedingt vor dem Download, was für ein Drucker eingestellt ist. Wählen Sie die Druckvorschau oder einen PDF-Drucker, denn die Protokolle können mehrere hundert Seiten umfassen. Es wäre unsinnig, das alles auszudrucken.

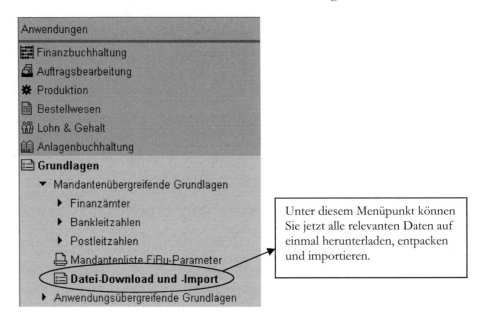

MANDANTENÜBERGREIFENDE GRUNDLAGEN. Hier finden Sie den neuen Menüpunkt Datei-Download und -Import.

Markieren Sie mit der Maus oder der Leertaste alle Daten, die Sie herunterladen und importieren wollen.

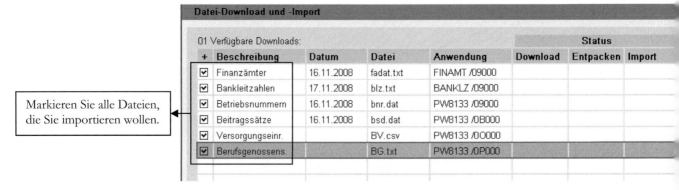

DATEI-DOWNLOAD UND -IMPORT. Wählen Sie aus, welche Daten Sie einlesen möchten.

Beim Einlesen der Beitragssätze kommen zwischendurch Aktualisierungsmeldungen mit der Möglichkeit, die Meldungen zu drucken. In der Regel werden Sie die Meldungen nur bestätigen und auf einen Ausdruck verzichten.

01 Verfügbare Downloads:				Status		
+ Beschreibung	**Datum**	**Datei**	**Anwendung**	**Download**	**Entpacken**	**Import**
☐ Finanzämter	06.02.2009	fadat.txt	FINAMT /09000	Erfolg	Erfolg	Erfolg
☐ Bankleitzahlen	06.02.2009	blz.txt	BANKLZ /09000	Erfolg	Erfolg	Erfolg
☐ Betriebsnummern	06.02.2009	bnr.dat	PW8133 /09000	Erfolg	Erfolg	Erfolg
☐ Beitragssätze	06.02.2009	bsd.dat	PW8133 /0B000	Erfolg	Erfolg	Erfolg
☐ Versorgungseinr.	06.02.2009	BV.csv	PW8133 /0O000	Erfolg	Erfolg	Erfolg
☐ Berufsgenossens.	06.02.2009	BG.txt	PW8133 /0P000	Erfolg	Erfolg	Erfolg

DATEI-DOWNLOAD UND -IMPORT. Nach Abschluss des Imports wird angezeigt, welche Daten erfolgreich eingelesen wurden.

Führen Sie diesen Import monatlich, vor der Lohnabrechnung durch.

Der Krankenkassenstamm (mandantenübergreifend)

Unter **Lohn & Gehalt** → **Allgemeingültige Stammdaten** → **Krankenkassen** → **Krankenkassenstamm** können Sie für alle gesetzlichen und betrieblichen Krankenkassen die allgemeinen Stammdaten erfassen/pflegen. Wenn Sie sich einmal für den Import der Beitragssätze entschieden haben, ist es zwingend erforderlich, diesen auch regelmäßig, d.h. jeden Monat vor der Abrechnung durchzuführen.

Bevor Sie mit der Pflege der Krankenkassen anfangen und die Krankenkassen in Ihren Mandanten kopieren, sollten Sie sich alle erforderlichen Unterlagen zurechtlegen. Sie benötigen:

Daten der Krankenkasse: Name, Anschrift, Betriebsnummer und Bankverbindung (falls Sie selbst überweisen).

Aktuelle Beitragssätze (nur bei manueller Pflege erforderlich).

Außerdem müssen Sie im Falle der Umlagepflicht U1 (weniger als 20 Mitarbeiter) wissen, welchen Erstattungssatz[18] Sie verwenden wollen (60%, 70%, 80% oder 90%), denn danach richtet sich die Höhe des zu zahlenden Beitrags. Wenn Sie an irgendeiner Stelle unsicher oder die Unterlagen nicht vollständig sind, rufen Sie bei der entsprechenden Krankenkasse an und klären Sie die offenen Punkte.[19] Die Krankenkassen geben Ihnen gerne alle gewünschten Auskünfte und diese Information ist für Sie kostenlos.

Mindestens erforderlich ist die für Ihren Betrieb zuständige AOK und, sofern Sie Aushilfen beschäftigen, die Bundesknappschaft und eine Private Krankenkasse. Alle weiteren Kassen können Sie später bei Bedarf in den Mandanten kopieren.

---

[18] Nicht bei jeder Krankenkasse werden alle 4 Optionen angeboten. Manche Kassen haben nur 2 oder 3 Erstattungssätze für die U1.

[19] Dafür brauchen Sie Ihre Betriebsnummer, unter der Sie bei der Krankenkasse geführt werden. Bitte machen Sie bei jedem Gespräch eine Aktennotiz und notieren Sie den Namen des Ansprechpartners, das Datum und den Inhalt des Gespräches. Oft bekommen Sie von verschiedenen Krankenkassen unterschiedliche Informationen und dann ist es hilfreich, wenn man belegen kann, woher die Informationen stammen.

Im allgemeinen Krankenkassenstamm gibt es zwei Bereiche: einen allgemeinen Stammsatz mit Name, Anschrift, Art und Betriebsnummer der Krankenkasse und einen für periodenabhängige Daten, wo die Beitragssätze für die einzelnen Monate gespeichert werden. Hier wird für jeden Monat ein eigener Datensatz angelegt, da monatlich Änderungen bei den Beitragssätzen möglich sind.

🗁 **Wichtig**

Sie haben später die Möglichkeit, die Beitragssätze manuell zu erfassen, oder die Beitragssatzdatei monatlich zu importieren. Wenn Sie sich für den Import entscheiden, müssen Sie **jeden Monat** die aktuellen Beitragssätze aus dem Internet holen und einlesen. Wenn der Krankenkassenstamm bei Ihnen noch komplett leer ist, wurde die Beitragssatzdatei noch nicht eingelesen. Dann beginnen Sie mit dem Download der Beitragssatzdatei und machen anschließend mit diesem Schritt weiter.

Betriebsnummer der Krankenkasse. Sie dient der eindeutigen Identifikation.

Mit **P** für **P**eriode können Sie in den Bereich der Beitragssatzerfassung wechseln.

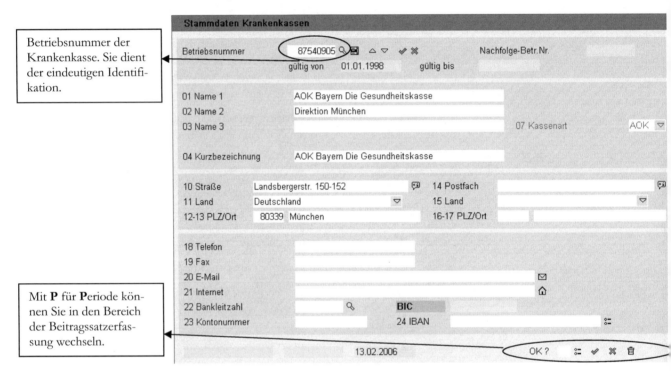

KRANKENKASSEN MANDANTENÜBERGREIFEND. Der Überblick.

Mit **P** und **ENTER** kommen Sie in die Maske der Beitragssätze.

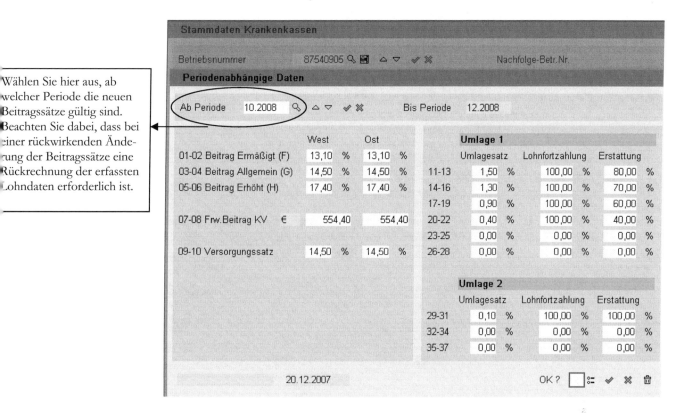

Wählen Sie hier aus, ab welcher Periode die neuen Beitragssätze gültig sind. Beachten Sie dabei, dass bei einer rückwirkenden Änderung der Beitragssätze eine Rückrechnung der erfassten Lohndaten erforderlich ist.

PERIODENABHÄNGIGE DATEN. Hier können Sie die aktuellen Beitragssätze bei Bedarf auch manuell erfassen oder ändern. Im Moment sind die Sätze noch nicht gepflegt, weil wir die Daten noch nicht eingelesen haben.

Wir verzichten hier auf eine manuelle Eingabe, weil wir die Beitragssätze monatlich importieren.

Krankenkassen in Mandant kopieren

Unter **Lohn & Gehalt** → **Allgemeingültige Stammdaten** → **Krankenkassen** → **Krankenkasse in Mandanten kopieren** haben Sie die Möglichkeit, beliebige Krankenkassen aus dem allgemeinen Datenbestand in einen oder mehrere Mandanten zu kopieren.

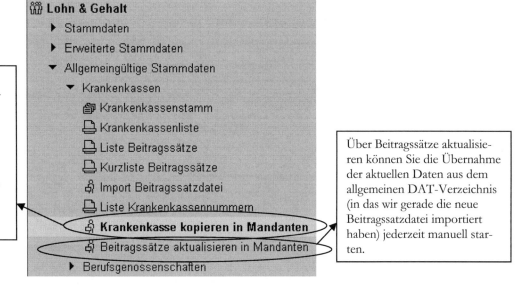

Mit diesem Menüpunkt können Sie die Daten einzelner Krankenkassen in einen oder mehrere Mandanten übernehmen. Wenn Sie mit mehreren Firmen arbeiten, ist es sinnvoll, die Kassen in jeder Firma mit derselben Nummer anzulegen.

Über Beitragssätze aktualisieren können Sie die Übernahme der aktuellen Daten aus dem allgemeinen DAT-Verzeichnis (in das wir gerade die neue Beitragssatzdatei importiert haben) jederzeit manuell starten.

KRANKENKASSEN IN MANDANTEN KOPIEREN. Hier können Sie jetzt einzelne Krankenkassen in einen oder mehrere Mandanten kopieren.

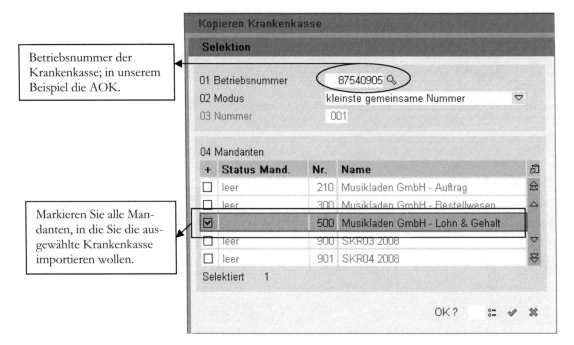

Betriebsnummer der Krankenkasse; in unserem Beispiel die AOK.

Markieren Sie alle Mandanten, in die Sie die ausgewählte Krankenkasse importieren wollen.

KRANKENKASSEN IN MANDANTEN KOPIEREN. Hier können Sie jetzt einzelne Krankenkassen in einen oder mehrere Mandanten kopieren.

Mandant:	500	Musikladen GmbH - Lohn & Gehalt		Druck 06.02.2009 / 20:30 / @CL
Kopieren Betriebsnummer				Datum 06.02.2009 Seite 1
Betr.Nr.	Name Mandant			lfd.Nummer(n) im Mandant
87540905	AOK Bayern Die Gesundheitskasse (500) Musikladen GmbH - Lohn & Gehalt			Kasse 001 wurde angelegt.

PROTOKOLL. Dem Protokoll können Sie entnehmen, mit welcher Nummer die ausgewählte Krankenkasse angelegt wurde und in welchen Mandanten.

Sie können immer nur eine Krankenkasse kopieren. Wenn Sie mehrere Mandanten für die Lohnabrechnung benutzen, legen Sie die Krankenkassen in allen Mandanten generell mit der gleichen Nummer an. Dann finden Sie sich besser zurecht.

Da wir erst die aktuellen Beitragssätze importiert und anschließend die Krankenkassen in unseren Mandanten kopiert haben, ist eine Aktualisierung der Beitragssätze für diesen Monat nicht mehr erforderlich. Im nächsten Monat allerdings müssen wir die Beitragssätze vor der Abrechnung aktualisieren. Und das machen Sie unter: **Lohn & Gehalt → Allgemeingültige Stammdaten → Krankenkassen → Beitragssätze in Mandanten aktualisieren.** Die Vorgehensweise ist genau dieselbe, wie direkt nach dem Import der Beitragssatzdatei.

Erstmaliger Import der Beitragssätze in einen bestehenden Mandanten.

Wenn Sie in einer bereits laufenden Lohnbuchhaltung die Beitragssätze erstmalig importieren, dann verlangt das Programm zwingend eine Rückrechnung bis zum 01.01. des Jahres. Legen Sie bitte vorher unbedingt eine Datensicherung an und kontrollieren Sie die Auswertungen der Rückrechnung, bevor Sie diese übernehmen.

Berufsgenossenschaft in Mandant kopieren

Neu in der Classic Line 2009 ist der zentral gepflegte Berufsgenossenschaftenstamm. Dieser wurde synchron zu den Krankenkassen angelegt.

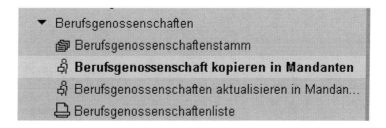

BERUFSGENOSSENSCHAFT IN MANDANTEN KOPIEREN. Hier können neuerdings einzelne Berufsgenossenschaften in Ihren Mandanten übernehmen.

Im Gegensatz zu den Krankenkassen gibt es in der Regel nur eine Berufsgenossenschaft in der Firma. Wir kopieren in unserem Beispiel die Verwaltungsberufsgenossenschaft in unseren Mandanten.

Geben Sie die Betriebsnummer Ihrer BG ein oder suchen Sie über **F2**.

Im Gegensatz zu den Krankenkassen ist die interne Nummer der BG nur 2-stellig.

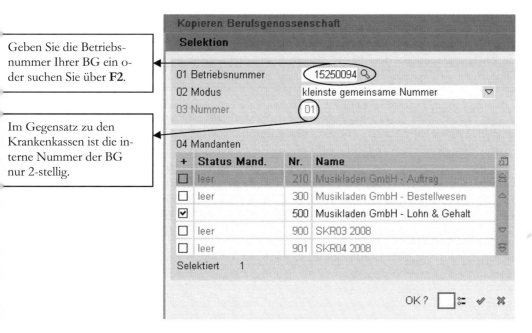

BERUFSGENOSSENSCHAFT IN MANDANTEN KOPIEREN. Lesen Sie hier die gewünschte BG in Ihren Mandanten ein.

Mandant:	500	Musikladen GmbH - Lohn & Gehalt	Druck 06.02.2009 / 20:56 / @CL
Kopieren Betriebsnummer			Datum 06.02.2009 Seite 1

Betr.Nr.	Name	
	Mandant	lfd.Nummer(n) im Mandant
15250094	Verwaltungs-Berufsgenossenschaft	
	(500) Musikladen GmbH - Lohn & Gehalt	BG 01 wurde angelegt.

PROTOKOLL BG. Im Protokoll sehen Sie, mit welcher internen Nummer die BG im ausgewählten Mandanten angelegt wurde.

Lernzielkontrolle

1) Was ist der Unterschied zwischen erweiterten Stammdaten und allgemein gültigen Stammdaten?

2) Welche Krankenkassen können importiert werden?

3) Wo bekommen Sie monatlich die aktuelle Beitragssatzdatei für die Krankenkassen her?

4) Warum wird für die Beitragssätze der Krankenkassen für jeden Monat ein eigener Datensatz gespeichert?

5) Wie können Sie einzelne Krankenkassen in Ihren Mandanten übertragen?

6) Welche Informationen brauchen Sie dafür?

7) Wie oft müssen Sie die Beitragssätze in Ihrem Mandanten aktualisieren?

Praktische Übungen

 **Tastaturübungen**

1) Kopieren Sie die AOK München (Betriebsnummer 87540905) in Ihren Mandanten. Verwenden Sie die Nummer 1.

2) Kopieren Sie die Bundesknappschaft (Betriebsnummer 98000006) in Ihren Mandanten. Verwenden Sie die Nummer 2.

3) Kopieren Sie die Verwaltungsberufsgenossenschaft (Betriebsnummer 15250094) in Ihren Mandanten.

4) Legen Sie den Tätigkeitsschlüssel 772 Buchhalterin an.

Mandant:	500	Musikladen GmbH - Lohn & Gehalt		Druck 06.02.2009 / 20:34 / @CL
Kopieren Betriebsnummer			Datum 06.02.2009	Seite 1
Betr.Nr.	Name			
	Mandant		lfd.Nummer(n) im Mandant	
98000006	Knappschaft (allg. Verf. einschl. Minijobs)			
	(500) Musikladen GmbH - Lohn & Gehalt		Kasse 002 wurde angelegt.	

PROTOKOLL. Dem Protokoll können Sie entnehmen, mit welcher Nummer die Knappschaft angelegt wurde und in welchen Mandanten.

Stammdaten

*Diese Stammdaten werden in individueller Auswahl
für die einzelnen Mitarbeiter genutzt.*

D ie Stammdaten werden auch wieder von unten nach oben erfasst, weil
wir später bei der Anlage unserer Mitarbeiter und der Erfassung der
Lohndaten auf die zuvor angelegten Stammdaten zugreifen müssen. Erforderlich für die Erfassung unserer Mitarbeiter sind jetzt noch: die Anlage mindestens einer Berufsgenossenschaft und die Ergänzung unserer Daten im
Krankenkassenstamm.

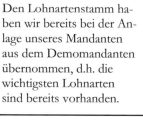

Den Lohnartenstamm ha-
ben wir bereits bei der Anlage unseres Mandanten
aus dem Demomandanten
übernommen, d.h. die
wichtigsten Lohnarten
sind bereits vorhanden.

In der importierten BG
sind ebenfalls individuelle
Daten zu ergänzen.

Hier werden in den Krankenkassen
jetzt noch die individuellen Daten
ergänzt.

STAMMDATEN - ÜBERSICHT.

Berufsgenossenschaften

Jede Firma, die mindestens 1 Mitarbeiter beschäftigt, ist verpflichtet, Beiträge zur
Berufsgenossenschaft zu entrichten. Je nach Branche gibt es verschiedene Berufsgenossenschaften mit unterschiedlichen Beiträgen. Der Sinn und Zweck einer Berufsgenossenschaft liegt in der Versicherung der Mitarbeiter gegen Unfälle und
Schäden während der Arbeit und auf dem Weg in die Arbeit und von der Arbeit
nach Hause. Von der Berufsgenossenschaft brauchen Sie Namen und Betriebsnummer, die Gefahrenklassen und die Bankverbindung, sofern nicht Bankeinzug
vereinbart ist. Je nach Tätigkeit werden die Mitarbeiter unterschiedlichen Gefahrenklassen zugeordnet. An Hand dieser Zuordnung werden später die Beiträge ermittelt. Die Beiträge zur Berufsgenossenschaft sind einmal im Jahr fällig und werden
alleine vom Arbeitgeber getragen.

Unter **Lohn & Gehalt** → **Stammdaten** → **Berufsgenossenschaften** → **Berufsgenossenschaftsstamm** können Sie für eine oder mehrere Berufsgenossenschaften die erforderlichen Gefahrtarifstellen ergänzen. Auf Grund der elektronischen Meldungen zur BG ab dem 01.01.2009 haben sich die Strukturen und Gefahrtarifstellen der BGs in vielen Fällen geändert. Fragen dazu beantwortet Ihnen Ihre zuständige BG.

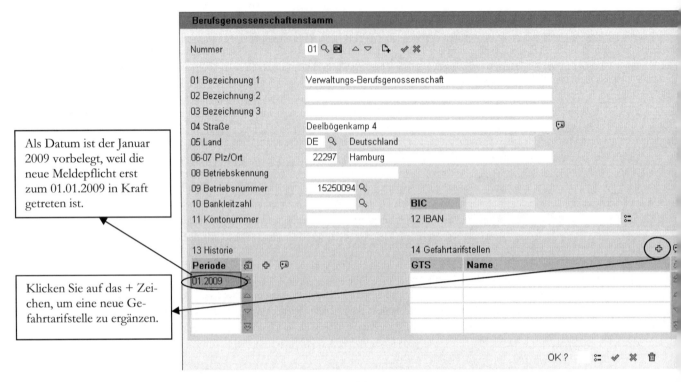

Als Datum ist der Januar 2009 vorbelegt, weil die neue Meldepflicht erst zum 01.01.2009 in Kraft getreten ist.

Klicken Sie auf das + Zeichen, um eine neue Gefahrtarifstelle zu ergänzen.

BERUFSGENOSSENSCHAFT. Der Aufbau der Maske wurde in der Version 2009 komplett neu gestaltet. Wählen Sie unter 14 die für Ihren Betrieb erforderlichen Gefahrtarifstellen aus.

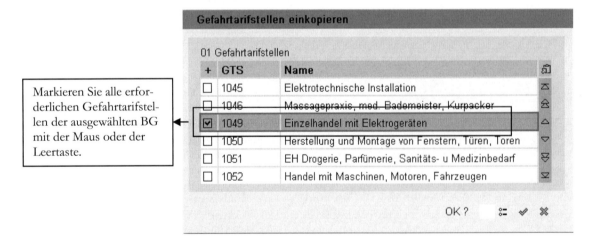

Markieren Sie alle erforderlichen Gefahrtarifstellen der ausgewählten BG mit der Maus oder der Leertaste.

GEFAHRTARIFSTELLEN EINKOPIEREN. Hier können Sie eine oder mehrere Gefahrtarifstellen einkopieren.

Wenn Sie mit Ihrer Auswahl fertig sind, bestätigen Sie in der OK-Abfrage mit ja oder klicken Sie mit der Maus auf das grüne Häkchen.

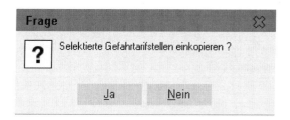

SICHERHEITSABFRAGE. Bestätigen Sie die Abfrage mit ja, um Ihre Auswahl zu übernehmen.

Wir haben in unserem Beispiel 2 Gefahrtarifstellen übernommen.

7 **Wichtig**

Bitte klären Sie in der Praxis mit Ihrer BG, welche Gefahrtarifstellen für Sie relevant sind und orientieren Sie sich bitte nicht an unserem Beispiel.

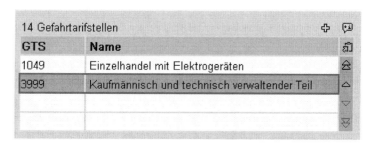

GEFAHRTRARIFSTELLEN. Hier die Übersicht im unseren ausgewählten Gefahrtarifstellen.

Im Personalstamm wird später neben der Berufsgenossenschaft auch noch die Gefahrtarifstelle der einzelnen Mitarbeiter eingetragen. Die Gefahrtarifstelle richtet sich nach der Tätigkeit und dem damit verbundenen Unfallrisiko des Mitarbeiters.

Der Krankenkassenstamm (mandantenbezogen)

Unter **Lohn & Gehalt → Stammdaten → Krankenkassen → Krankenkassenstamm** werden die firmenbezogenen Daten für die Krankenkassen ergänzt. Das sind:

Die Betriebsnummer der Firma.

Der persönliche Ansprechpartner.

Die Bankverbindung, sofern Sie nicht am Einzugsverfahren teilnehmen.

Die Höhe der Umlage U1:
Hier haben Sie als Arbeitgeber die Wahl zwischen unterschiedlichen Sätzen, denn die Höhe der Erstattung richtet sich nach dem gewählten Beitragssatz.

Krankenkassenstamm

Kassennummer 001 🔍 💾 △ ▽ 🗋 ✓ ✗ Periode 10.2008 🔍 △ ▽ ✓ ✗

Allgemein Entgeltfortzahlung

Für den Bereich Entgelt-fortzahlung gibt es jetzt einen eigenen Reiter.

Auch hier wurde die Bankverbindung für SEPA um die Felder IBAN und BIC erweitert.

Tragen Sie im Feld Bei-tragskonto Ihre Be-triebsnummer ein.

01 Bezeichnung 1	AOK Bayern Die Gesundheitskasse
02 Bezeichnung 2	Direktion München
03 Straße	Landsbergerstr. 150-152
04 Land	Deutschland
05-06 Plz/Ort	80339 München

Bankverbindung

16 BLZ	🔍
BIC	
17 Bank Kontonr.	
18 IBAN	

07 Ansprechpart.	
08 Telefon	
09 Telefax	
10 E-Mail	✉
11 Internet	⌂
12 Kurzname	AOK Bayern

Beitragssätze

	West		Ost	
19-20 Beitrag Ermäßigt	13,10	%	13,10	%
21-22 Beitrag Allgemein	14,50	%	14,50	%
23-24 Beitrag Erhöht	17,40	%	17,40	%
25-26 frw. Beitrag KV	554,40		554,40	
27-28 Versorgungssatz	14,50	%	14,50	%

13 Art	AOK ▽
14 Betriebsnr.	87540905 🔍
15 Beitragskonto	11221113

OK ? ☐ ✓ ✗ 🗑

KRANKENKASSENSTAMM. Die Adressdaten und die aktuellen Beitragssätze wurden bereits importiert; hier werden jetzt noch die individuellen Daten nachgepflegt.

Als erstes wählen wir die AOK mit der Nummer 1 aus. Die Pflege des Krankenkassenstamms beginnt mit dem ersten Monat der Abrechnung. Da wir zum 01.10.2008 mit der Lohnabrechnung beginnen wollen, wird auch automatisch der Oktober bei der Auswahl der Krankenkasse vorgeschlagen. Wir ergänzen jetzt im **Feld 15**, Beitragskonto, unsere Betriebsnummer und prüfen unter dem neuen Reiter Entgeltfortzahlung die Umlage U1. Hier wird inzwischen standardmäßig eine Erstattung von 80% vorbelegt. Alle anderen Felder können wir übernehmen. Wenn Sie die Beiträge zur Krankenversicherung automatisch überweisen möchten, empfiehlt es sich, auch gleich die Bankverbindung der Krankenkasse einzutragen.[20]

---

[20] Ob in den Feldern 34-36 etwas einzutragen ist, ist im Einzelfall mit Ihrer Krankenkasse zu klären. In der Regel wird der AG-Anteil zur SV nicht erstattet. Uns bekannte Ausnahme: AOK Brandenburg.

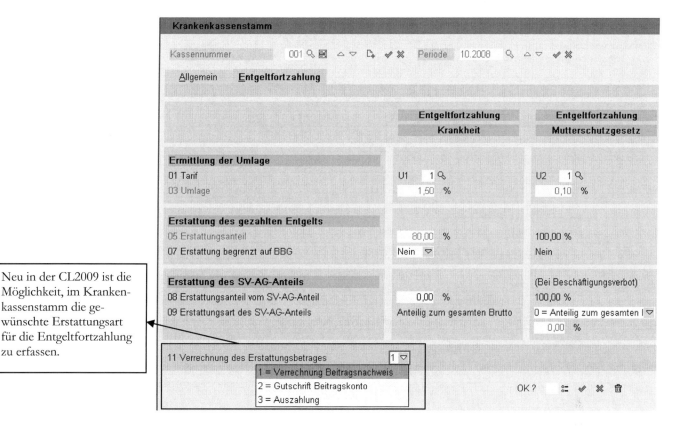

Neu in der CL2009 ist die Möglichkeit, im Krankenkassenstamm die gewünschte Erstattungsart für die Entgeltfortzahlung zu erfassen.

ENTGELTFORTZAHLUNG. Bei Bedarf können Sie den Vorschlagswert für die U1 individuell ändern und im Feld 11 die gewünschte Erstattungsart auswählen.

Wenn Sie alle relevanten Daten erfasst haben, speichern Sie den Datensatz.

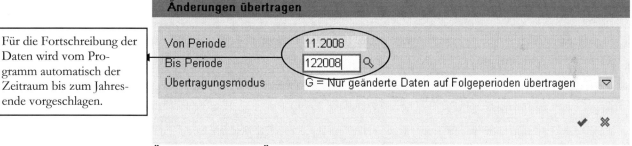

Für die Fortschreibung der Daten wird vom Programm automatisch der Zeitraum bis zum Jahresende vorgeschlagen.

ÄNDERUNGEN ÜBERTRAGEN. Anschließend können Sie die gemachten Änderungen automatisch auf die Folgemonate übertragen.

Wichtig

Die Änderungen werden immer bis zum Dezember fortgeschrieben. Beim Jahresabschluss werden dann automatisch die Monate 1 – 12 des Folgejahres angelegt. Da sich die Beitragssätze monatlich ändern können, ist eine periodengerechte Speicherung der Daten für eine Rückrechnung zwingend erforderlich.

Als nächstes legen wir eine neue Krankenkasse an, für unsere privat Versicherten. Wir nehmen der Einfachheit halber die Nummer 99. Nach der Eingabe der Nummer und der Auswahl der Periode kommt zunächst einmal die Meldung, dass die Krankenkasse nicht vorhanden ist.

Wählen Sie neue Krankenkasse anlegen. Da die private Kasse lediglich als Platzhalter für alle privaten Kassen verwendet wird, gibt es keine Vorlage zum Kopieren.

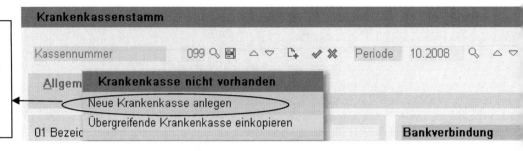

AUSWAHL. Sie können eine neue Krankenkasse anlegen oder eine vorhandene Krankenkasse kopieren.

In unserem Fall wählen wir: Neue Krankenkasse anlegen. Da wir ja an die private Krankenkasse keine Beiträge zahlen[21] und auch sonst keinen Kontakt mit der Kasse haben, reicht es aus, nur den Namen, die Kurzbezeichnung und die Art der Krankenkasse zu erfassen.

Tragen Sie unbedingt eine Kurzbezeichnung ein. Bei der Suche nach Krankenkassen wird nur die Kurzbezeichnung angezeigt.

Wählen Sie bei Art die **PK** (**P**rivate **K**rankenkasse) aus. Die Krankenkassenart wird vom Programm an verschiedenen Stellen geprüft und ist mit bestimmten Funktionen verknüpft.

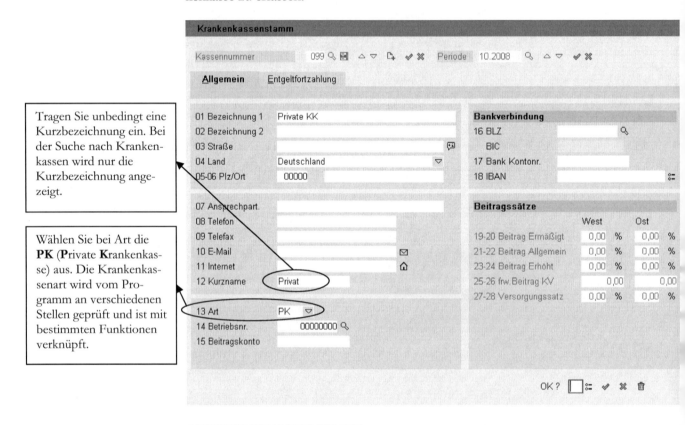

ART DER KRANKENKASSE. Im Feld 13 haben Sie jetzt die Möglichkeit, die Art der Krankenkasse anzugeben.

Bei der Art der Krankenkasse wählen Sie **PK** für **P**rivate **K**rankenkasse. Es ist völlig ausreichend, eine einzige private Krankenkasse anzulegen, egal, wie viele Mitarbeiter privat versichert sind und bei welcher Kasse.

Bei der Betriebsnummer und den Beitragssätzen erfolgt keine Eingabe. Die Beiträge werden vom Mitarbeiter direkt bezahlt und sind in der Höhe von den versicherten Leistungen abhängig. Anders als bei den gesetzlichen Krankenkassen werden bei den Privaten Krankenkassen die Beiträge individuell ermittelt.

---

[21] Die Beiträge zur privaten Krankenversicherung werden in aller Regel vom Mitarbeiter an die Krankenkasse überwiesen. Deshalb wird der Arbeitgeberzuschuss zur privaten Krankenversicherung an den Mitarbeiter ausgezahlt.

7 Wichtig

Voraussetzung für den Zuschuss zur privaten Krankenversicherung ist die Vorlage einer Bescheinigung der Privatkrankenkasse für den Arbeitgeber. Diese gilt immer nur für ein Jahr und ist jedes Jahr neu vorzulegen (und bei Änderungen der Beiträge, wenn diese Änderung nicht zum Jahreswechsel erfolgt).

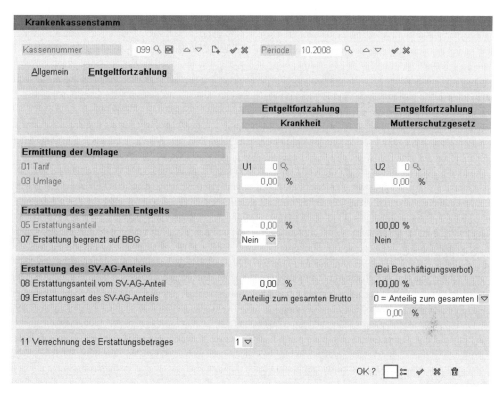

PRIVATE KRANKENKASSE - ENTGELTFORTZAHLUNG. Unter Entgeltfortzahlung machen Sie bei der privaten KK keinerlei Einträge.

Die in den Stammdaten folgenden Bereiche Kostenträger und Kostenstellen werden hier nicht gesondert erläutert. Die Arbeit mit der Kostenrechnung ist freiwillig und für die Lohnabrechnung nur sinnvoll, wenn auch in der Finanzbuchhaltung mit Kostenrechnung gearbeitet wird. Die Pflege der Kostenträger und Kostenstellen erfolgt in der Regel in der Finanzbuchhaltung.

Banken

Die Banken unterteilen sich in 2 Bereiche: Hausbanken und Empfängerbanken.

Im Hausbankenstamm legen Sie die Banken an, von denen Sie Ihre Zahlungen leisten, d.h. bei denen Ihre Firma ein Konto hat.

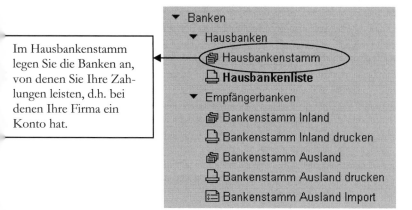

ÜBERSICHT BANKEN. Die Hausbanken legen wir hier an, die Empfängerbanken können wir unmittelbar aus der Erfassung der Mitarbeiterdaten heraus anlegen.

Im Hausbankenstamm werden die Banken angelegt[22], bei denen unsere Firma ein Konto unterhält, von dem die Zahlungen geleistet werden. Sie können hier beliebig viele Banken anlegen und dann beim Zahlungslauf auswählen, von welcher Bank Sie zahlen möchten. Alternativ dazu können Sie auch bei den Empfängerbanken fest zuordnen, von welcher Bank Sie die Zahlung leisten möchten. So können Sie z.B. die Laufzeit einer Überweisung deutlich reduzieren, wenn Sie von einem Konto bei der gleichen Bank überweisen, bei der Ihr Mitarbeiter sein Konto hat.

Daten der Bank für den Inlandszahlungsverkehr.

BIC und IBAN müssen Sie bis Ende 2009 auch für den Inlandszahlungsverkehr anlegen (SEPA). Die Integration aller Anforderungen an die neue Zahlungsform in der Classic Line ist in der aktuellen Version vollzogen.

Konto, das der Bank in Ihrer Finanzbuchhaltung zugeordnet ist.

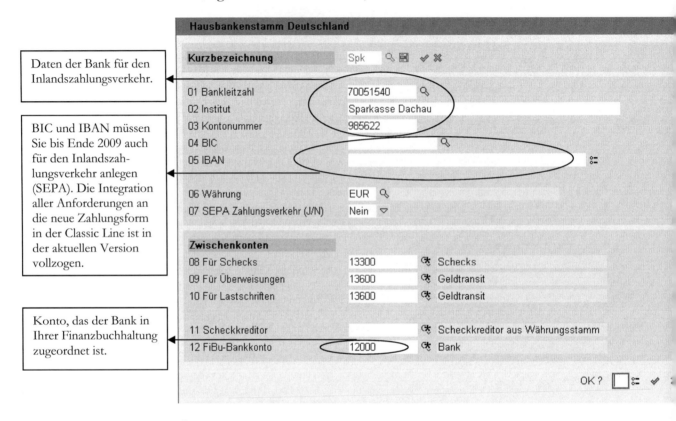

ÜBERSICHT HAUSBANK. Im Hausbankenstamm erfassen sie alle für die Buchhaltung wichtigen Daten Ihrer Hausbank.

Für die Zahlung haben wir später folgende Möglichkeiten:

Barzahlungsliste: Die Barzahlung ist auch heute noch in einigen Branchen weit verbreitet, z.B. beim Film werden die Komparsen in der Regel bar bezahlt.

Scheckdruck: Der Scheckdruck ist immer weiter rückläufig, bietet aber nach wie vor bei großen Unternehmen deutliche Liquiditätsvorteile, da ein Scheck nach der Einlösung in der Regel erst 3 Tage später belastet wird.

Überweisung: Die Überweisungen können wahlweise gedruckt oder mittels Clearing als Datei ausgegeben[23] und per online banking an die Bank übertragen werden. Das ist in der heutigen Zeit die am weitesten verbreitete Variante.

---

[22] Um eine neue Hausbank anzulegen, ist es erforderlich, die Bank zuvor als Empfängerbank anzulegen.

[23] Im Zahlungsverkehr wird eine standardisierte Datei mit dem Namen DTAUS erzeugt. Diese Datei kann auf der Festplatte oder auf Diskette gespeichert und weiterverarbeitet werden. Ein Import ist in nahezu alle Programme für den elektronischen Zahlungsverkehr möglich. Optional könnten Sie auch eine Diskette mit unterschriebenem Begleitzettel an Ihre Bank weitergeben. Allerdings verliert diese Variante zunehmend an Bedeutung, da inzwischen die meisten Firmen Ihre Zahlungen online durchführen.

SEPA: Die Überweisung nach dem neuen Standard mit **IBAN** und **BIC**. Voraussetzungen dafür sind: Erfassung aller SEPA Daten im Lohn, Aktualisierung Ihrer Software für onlinebanking, die Unterstützung von SEPA durch Ihre Hausbank. Bitte prüfen Sie alle diese Punkte, bevor Sie Ihren Zahlungsverkehr umstellen.

Wenn Sie Ihre Zahlungen per Scheck leisten möchten, können Sie hier ein Scheckformular zuordnen. Eine individuelle Anpassung ist über den Reportdesigner möglich.

Neu dazugekommen ist das SEPA Überweisungsformular.

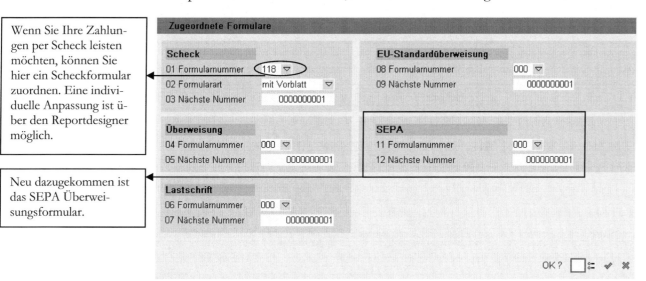

FORMULARZUORDNUNG. Wenn Sie die Gehälter per Scheck bezahlen möchten, haben Sie die Möglichkeit, hier die passenden Formulare zuzuordnen.

Der Lohnartenstamm

Im Lohnartenstamm sind, Dank unserer Kopie, bereits eine ganze Reihe von Lohnarten vorhanden. Trotzdem kann es vorkommen, dass weitere Lohnarten benötigt werden. Sie können insgesamt bis zu 999 Lohnarten anlegen und verwalten und das sollte selbst für große Firmen ausreichend sein. Allerdings ist es auch interessant, sich einmal anzuschauen, wie eine Lohnart aufgebaut ist und welche Möglichkeiten es gibt, Lohnarten automatisch zu berechnen.

Unter **Lohn & Gehalt → Stammdaten → Lohnarten → Lohnartenstamm** können Sie bestehende Lohnarten ändern und neue Lohnarten anlegen.

Seit dem Jahresupdate 2006/2007 werden auch die Lohnarten, ähnlich wie schon die Krankenkassen, je Periode (Monat) gespeichert. Auf diese Weise ist gewährleistet, dass bei Änderung einer bestehenden Lohnart im Falle einer Rückrechnung keine Fehler in der Abrechnung entstehen, nur weil die Änderungen der Lohnart nicht abgegrenzt werden können.[24]

Mit **F2** können Sie im Feld Lohnartennummer nach den vorhandenen Lohnarten suchen und einzelne Lohnarten zur Änderung und / oder Kontrolle aufrufen.

---

[24] Die periodengerechte Speicherung der Lohnarten hat allerdings Nebenwirkungen: Der Datenbestand wird deutlich umfangreicher und das wirkt sich auch auf die Größe der Datensicherung aus. Vor allem bei kleinen Firmen, die nur wenige Mitarbeiter abrechnen und bisher Ihre Datensicherung noch auf Diskette machen, ist spätestens jetzt der Zeitpunkt gekommen, diese Praxis kritisch zu prüfen und eine andere Möglichkeit der Sicherung (z.B. auf ein Zip-Laufwerk oder eine Wechselplatte) einzurichten. Bewährt hat sich in der Praxis ein Mischsystem: tägliche Sicherung auf der eigenen Festplatte und dann wöchentlich eine CD brennen. Bei diesem Kompromiss verlieren Sie im unwahrscheinlichsten Fall maximal 1 Woche.

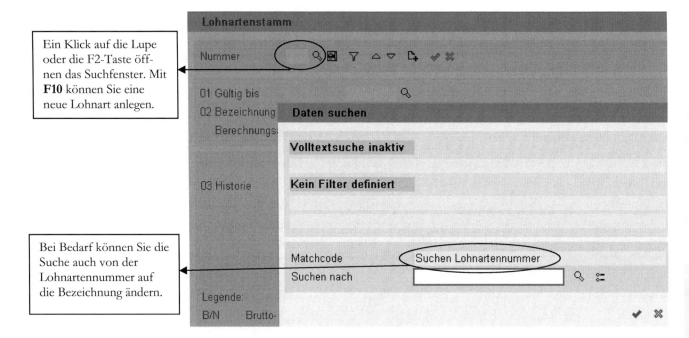

Ein Klick auf die Lupe oder die F2-Taste öffnen das Suchfenster. Mit **F10** können Sie eine neue Lohnart anlegen.

Bei Bedarf können Sie die Suche auch von der Lohnartennummer auf die Bezeichnung ändern.

LOHNARTENSTAMM - AUSWAHL. Klicken Sie auf die Lupe oder geben Sie **F2** ein, um eine bestehende Lohnart auszuwählen. Drücken Sie **F10 oder geben Sie eine neue Nummer ein**, um eine neue Lohnart anzulegen.

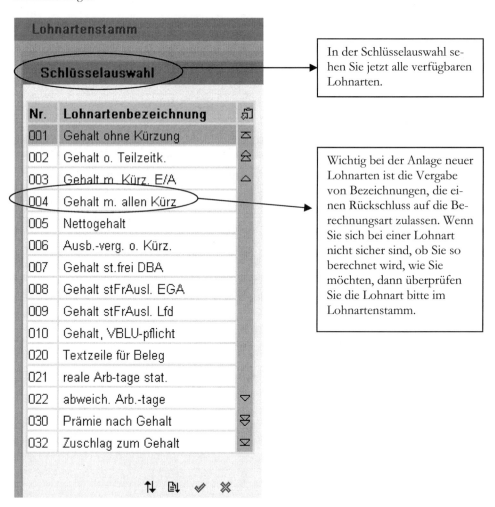

In der Schlüsselauswahl sehen Sie jetzt alle verfügbaren Lohnarten.

Wichtig bei der Anlage neuer Lohnarten ist die Vergabe von Bezeichnungen, die einen Rückschluss auf die Berechnungsart zulassen. Wenn Sie sich bei einer Lohnart nicht sicher sind, ob Sie so berechnet wird, wie Sie möchten, dann überprüfen Sie die Lohnart bitte im Lohnartenstamm.

ÜBERSICHT LOHNARTEN. Wählen Sie eine Lohnart aus, die Sie ändern möchten oder geben Sie eine neue Nummer ein, um eine neue Lohnart anzulegen.

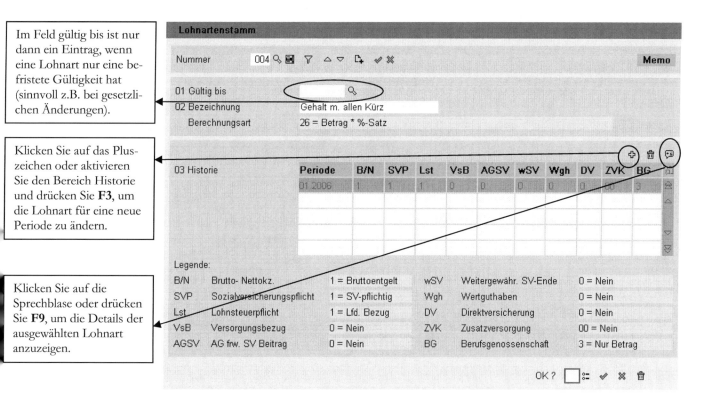

Im Feld gültig bis ist nur dann ein Eintrag, wenn eine Lohnart nur eine befristete Gültigkeit hat (sinnvoll z.B. bei gesetzlichen Änderungen).

Klicken Sie auf das Pluszeichen oder aktivieren Sie den Bereich Historie und drücken Sie **F3**, um die Lohnart für eine neue Periode zu ändern.

Klicken Sie auf die Sprechblase oder drücken Sie **F9**, um die Details der ausgewählten Lohnart anzuzeigen.

LOHNARTENSTAMM. Seit dem Jahresupdate 2006/2007 ist dem Lohnartenstamm eine Maske für die Auswahl oder Neuanlage einer Periode vorgeschaltet.

Seit der Version 2008 wird auf der Übersichtsseite der Lohnart auch eine Legende mit den wichtigsten Einstellungen der ausgewählten Lohnart angezeigt.

Um die Lohnart anzeigen zu können, müssen Sie eine Periode auswählen oder über das Pluszeichen eine neue Periode anlegen. Bevor wir uns die Details anzeigen lassen, werfen wir einen Blick in das Memo dieser Lohnart. Geben Sie dazu in der OK-Abfrage ein **T** für Memotext ein oder drücken Sie **F2** und wählen Sie aus.

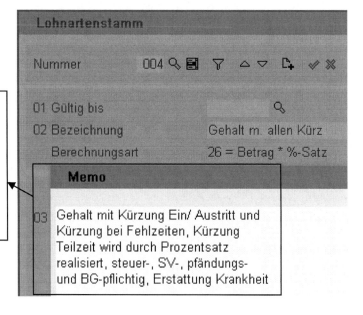

Im Memo können Sie in Stichworten festhalten, wie diese Lohnart eingerichtet ist. Das hilft in Lohndatenerfassung, die richtige Lohnart auszuwählen und ist einfacher, als jedes Mal die kompletten Details zu prüfen.

LOHNARTENSTAMM - MEMO. Mit Hilfe eines Memos können Sie mit wenigen Worten beschreiben, welche Eigenschaften die ausgewählte Lohnart hat. Das erleichtert die Arbeit, vor allem, wenn mehrere Personen in der Lohnbuchhaltung arbeiten.

Öffnen Sie die Details der Lohnart 004 für die eingestellte Periode. Sie bekommen zunächst einen Hinweis, dass Änderungen nicht gespeichert werden können. Wenn Sie die Lohnart ändern wollen, müssen Sie eine neue Periode anlegen. Dabei ist der früheste, mögliche Zeitraum die aktuelle Periode in der Lohnabrechnung. Änderungen für bereits abgerechnete Perioden sind nur über eine Rückrechnung möglich.

Da es sich hier lediglich um einen Hinweis handelt, können Sie nur mit OK bestätigen, um fortzufahren.

Hinweis

ℹ Vorgenommene Änderungen werden nicht gespeichert, weil die früheste Periode des gewählten Zeitraums bereits abgeschlossen ist und auch nicht mehr über die Rückrechnung bearbeitet werden kann.

OK

HINWEIS. Der Hinweis macht Sie darauf aufmerksam, dass in dieser Periode keine Änderungen gespeichert werden können.

Hier sehen Sie, von wann bis wann diese Lohnart gültig ist. Ist das Feld bis Periode leer, ist noch kein Enddatum eingetragen.

In der Buchungszeile ist die Kontonummer für die Übergabe in die Finanzbuchhaltung hinterlegt.

Das Entgeltkennzeichen gibt an, ob die Lohnart Brutto oder Netto ist und ob es sich um einen Bezug oder einen Abzug

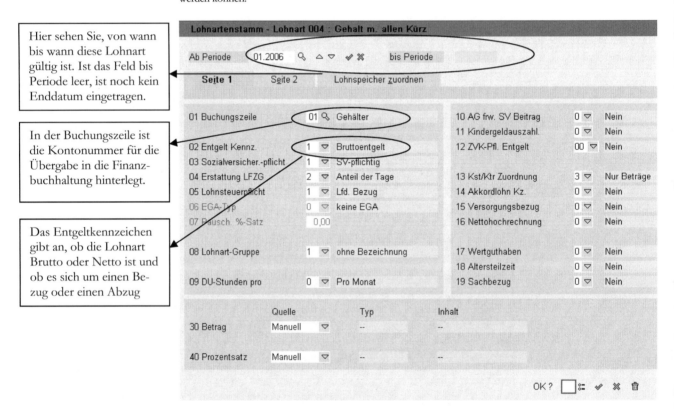

LOHNARTENSTAMM SEITE 1. Am Beispiel der Lohnart Gehalt mit allen Kürzungen können Sie sehr einfach nachvollziehen, wie eine Lohnart aufgebaut ist.

Im **Feld 16** können Sie hinterlegen, ob eine Lohnart per **Nettohochrechnung** ermittelt werden soll. Das heißt, Sie geben in der Lohndatenerfassung den gewünschten Nettobetrag ein und das System ermittelt automatisch den dazugehörigen Bruttowert. Eine beliebige Kombination von Lohnarten mit und ohne Nettohochrechnung in einer Lohnabrechnung ist jederzeit möglich. Eine interessante Anwendung dafür wäre z.B. Sie möchten Ihrem Mitarbeiter EUR 500,-- netto Urlaubsgeld zukommen lassen. Dann legen Sie einfach eine Lohnart Urlaubsgeld mit Nettohochrechnung an und schon können Sie den Nettobetrag erfassen.

Im **Feld 17**, Wertguthaben haben Sie die Möglichkeit, im Rahmen der neuen gesetzlichen Regelung zur flexiblen Arbeitszeit (sog. Flexigesetz) Wertguthaben in Geld oder Zeit zu verwalten und bei Bedarf wieder abzurufen.

Bedenken Sie bitte, dass es eine Fülle von Möglichkeiten gibt, einer Lohnart Funktionen zuzuordnen. Deshalb ist es am einfachsten, für die Anlage einer neuen Lohnart eine passende zu kopieren und nur die gewünschten Änderungen vorzunehmen. Das ist in der Regel einfacher, als eine Lohnart komplett neu anzulegen. Bei Unsicherheiten sollten Sie in der **Hilfe (F1)** nachlesen und mit **F2** die Möglichkeiten in den einzelnen Feldern ausloten. Wenn Sie neue Lohnarten anlegen, ist es zu empfehlen, die Schlüsselung der Lohnart mit der Krankenkasse oder mit Ihrem Steuerberater zu überprüfen, bevor Sie nachher eine falsche Abrechnung abliefern.

Hilfreich ist es auch, im Handbuch Lohn & Gehalt das Kapitel über die Lohnarten nachzulesen, bevor Sie hier tätig werden. Nachdem alle von uns benötigten Lohnarten bereits vorhanden sind, werden wir an dieser Stelle auf die Neuanlage einer Lohnart verzichten. Wir werden uns aber bei der laufenden Lohnabrechnung in Kapitel 12 noch die ein- oder andere Lohnart im Detail anschauen. Bei der Erfassung der Lohndaten wird dann einiges leichter verständlich.

Praxistipp

Bei der Berechnung einer Lohnart ist es auch möglich, statt einer manuellen Eingabe mit Hilfe einer Lohnformel Werte automatisch zu ermitteln oder aus anderen Stammdaten zu übernehmen (z.B. den freiwilligen Beitrag zur Krankenkasse aus dem Krankenkassenstamm oder den Lohnsatz für den Stundenlohn aus dem Personalstamm,....). Auf diese Weise kann man die Lohndatenerfassung an vielen Stellen deutlich vereinfachen. Bitte prüfen Sie bei neu angelegten Lohnarten Ihre Abrechnung besonders gründlich, damit sich hier keine Fehler einschleichen.

Die Berechnung Betrag * Stunden * %-Satz ist typisch für die Lohnart Überstunden. Hier wird ein Stundensatz mit der Zahl der geleisteten Stunden multipliziert und anschließend mit Hilfe des Prozentsatzes der Überstundenzuschlag ermittelt.

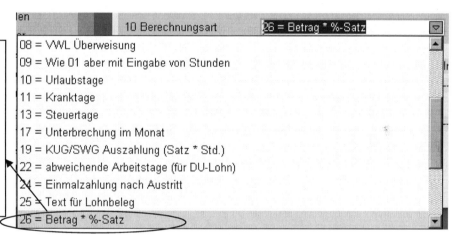

BERECHNUNGSART. Es gibt die unterschiedlichsten Möglichkeiten, eine Lohnart zu berechnen.

Seit der Version 2008 können Sie die Berechnungsart nur noch bei der Neuanlage einer Lohnart auswählen. Bei bestehenden Lohnarten ist eine Änderung der Berechnungsart (früher im Feld 10) nicht mehr möglich.

Neben der manuellen Eingabe eines Betrages, können Sie eine Lohnart auch an Hand eigener Vorgaben automatisch berechnen.

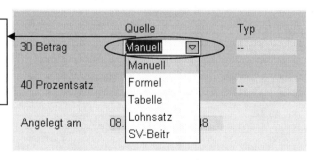

LOHNFORMELN. Zusätzlich zur Berechnungsart kann jetzt noch festgelegt werden, ob die Eingabe manuell erfolgen soll, oder die Daten vom System aus anderen Datensätzen übernommen werden.

So können Sie z.B. im Personalstamm bis zu 9 verschiedene Lohnsätze für den Stundenlohn hinterlegen und über die Lohnart direkt darauf zugreifen.

Wichtig bei der Anlage neuer Lohnformeln und Berechnungen ist es, die angelegten Lohnarten auch zu testen und die Werte manuell nachzurechnen. Durch die Fülle der Möglichkeiten schleicht sich sehr schnell einmal ein Fehler ein.

Mit **e** und **ENTER** kommen Sie auf die Seite 2. Wenn Sie auf der 2. Seite sind, können Sie mit **i** für **zurück** wieder auf die 1. Seite oder Sie arbeiten mit der Maus und klicken auf den jeweiligen Karteireiter.

📖 **Praxistipp**

Wenn Sie keine Änderungen vorgenommen haben, sollten Sie die Lohnart generell wieder mit nein verlassen, ohne Abspeicherung. Es kann passieren, dass Sie beim Nachlesen unter **F2** versehentlich Änderungen gemacht haben. Durch das Verlassen der Maske ohne Speicherung können so Fehler vermieden werden.[25]

Hier können Sie festlegen, ob eine Lohnart bei Fehlzeiten automatisch gekürzt werden soll.

Generell ist es möglich, die pauschalen Steuern auf die Arbeitnehmer abzuwälzen. Das gilt nicht nur für die Direktversicherung sondern für alle pauschal versteuerten Bezüge.

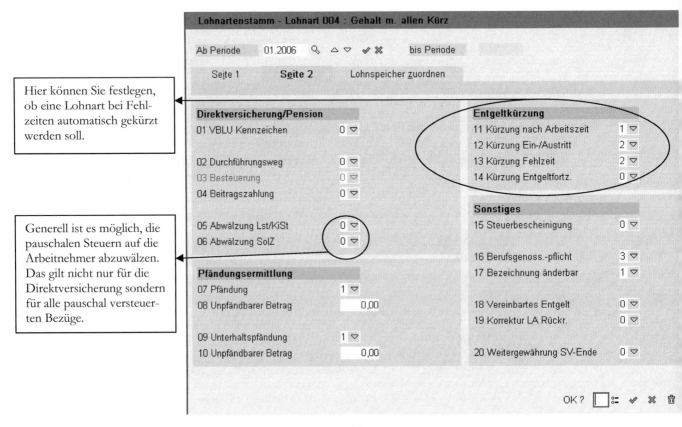

LOHNARTENSTAMM SEITE 2. Auf der Seite 2 finden Sie die Kennzeichen zur Altersversorgung, Pfändung, Kürzung, Eintragung auf die Steuerkarte und andere.

Auf der Seite 2 werden alle erforderlichen Kennzeichen für Direktversicherungen, Pfändung und Automatische Kürzung gepflegt. Die Kennzeichen für die Pfändungsermittlung sind für alle Lohnarten konsequent zu pflegen, wenn Sie die Pfändung[26] im System ermitteln wollen. Das ist sinnvoller als eine manuelle Berechnung,

---

[25] Durch die neue Speicherung der Lohnarten nach Perioden ist ein versehentliches Ändern für bereits abgeschlossene Zeiträume nicht mehr möglich.

[26] Wenn für einen Ihrer Mitarbeiter ein Pfändungsbeschluss vorliegt, sind Sie gesetzlich dazu verpflichtet, ab dem Zeitpunkt der Zustellung des Beschlusses alle pfändbaren Beträge an den Gläubiger abzuführen. Bei Nichtbeachtung dieser Pflicht haftet der Arbeitgeber dem Gläubiger gegenüber bis zur Höhe des pfändbaren Betrages. Allein aus diesem Grund empfiehlt es sich, die Pfändungen in die Lohnabrechnung einzupflegen, damit Sie bei der Lohnabrechnung automatisch berücksichtigt werden.

da im System automatisch die Pfändung bis zum Ende mitläuft und Sie sich nach der Erfassung keine Gedanken mehr machen müssen.

Abschließend können Sie noch festlegen, ob die Lohnart auf der Lohnsteuerkarte gesondert auszuweisen ist, wie die Lohnart an die Berufsgenossenschaft gemeldet wird und ob es sich um eine Lohnart handelt, die auch nach dem SV-Ende noch gezahlt werden soll (z.B. Abfindung).

```
┌────────────────────────────────────────────────────────────┐
│ Lohnartenstamm - Lohnart 004 : Gehalt m. allen Kürz        │
│                                                            │
│ Ab Periode    01.2006  [🔍] [△][▽] [✔][✖]   bis Periode      │
│                                                            │
│    Seite 1        Seite 2     Lohnspeicher zuordnen         │
│                                                            │
│    Lohnspeicher                              Vorzeichen     │
│  01  06 [🔍] Summe Gehaltsbestandteile    02  Positiv  [▽]  │
│  03  00 [🔍]                              04  Positiv  [▽]  │
│  05  00 [🔍]                              06  Positiv  [▽]  │
│  07  00 [🔍]                              08  Positiv  [▽]  │
└────────────────────────────────────────────────────────────┘
```

LOHNARTENSTAMM –LOHNSPEICHER ZUORDNEN. Mit Hilfe so genannter Lohnspeicher ist es möglich, unterschiedlichste Lohnarten zusammenzufassen und die kumulierten Werte für Berechnungen zu verwenden oder auch einfach nur die Speichersummen im Gehaltsbeleg zu drucken.

Lernzielkontrolle

Testen Sie Ihr Wissen

1) Welche Aufgabe hat die Berufsgenossenschaft?

2) Wer ist zur Mitgliedschaft verpflichtet?

3) Welche Banken werden im Bankenstamm unterschieden?

4) Warum brauchen Sie die Möglichkeit, im Hausbankenstamm Formulare zuzuordnen?

5) Welche Daten sind im Krankenkassenstamm (mandantenbezogen) noch nachzupflegen?

6) Was ist der Unterschied zwischen einer gesetzlichen und einer privaten Krankenkasse?

7) Warum ist es ausreichend, nur eine einzige Private Krankenkasse anzulegen, auch wenn Ihre Mitarbeiter bei unterschiedlichen Krankenkassen versichert sind?

8) Was versteht man unter einer Lohnart? Nennen Sie Beispiele.

9) Welche Möglichkeiten zur Berechnung des Betrages einer Lohnart kennen Sie?

10) Was ist bei der Lohnpfändung zu beachten?

11) Was versteht man im Lohnartenstamm unter "automatischer Kürzung"?

12) Wann kann es sinnvoll sein, eine Lohnart auch nach dem SV-Ende noch abzurechnen?

13) Was wird in der Buchungszeile hinterlegt?

14) Worin liegt der Vorteil, Lohnarten nach Perioden zu speichern?

Praktische Übungen

 Tastaturübungen

1) Ergänzen Sie für die Berufsgenossenschaft 01 die Gefahrtarifstellen 1049 und 3999.

2) Kopieren Sie folgende Krankenkassen in Ihren Mandanten:
Nummer 1, AOK, Betriebsnummer 87540905
Nummer 2, Bundesknappschaft, Betriebsnummer 98000006

3) Ergänzen Sie für die beiden kopierten Krankenkassen die individuellen Daten ab Periode 10/2008.

4) Prüfen Sie die Lohnkonstanten für die Monate 11 und 12/2008.

5) Legen Sie eine private Krankenkasse an mit der Nummer 99.

6) Legen Sie die Sparkasse Dachau erst bei den Empfängerbanken und dann im Hausbankenstamm an: BLZ 700 515 40, Kto. 985622.
Kontenzuordnung: Schecks 13300, Überweisungen 13600, Lastschriften 13600, Scheckkreditor leer und Fibu-Bankkonto 12100.

7) Gehen Sie in den Lohnartenstamm und vergleichen Sie die Lohnart 001, Gehalt, mit der Lohnart 412, Weihnachtsgeld. Welche Unterschiede können Sie finden?

Der Personalstamm

Lernen Sie hier, wie ein Mitarbeiter richtig angelegt
wird und was es dabei zu beachten gilt.

Im Personalstamm werden unsere Mitarbeiter mit allen persönlichen und für die Steuer und die Sozialversicherung relevanten Daten erfasst. Bevor Sie mit der Anlage des 1. Mitarbeiters beginnen, sollten Sie sich folgende Daten zurechtlegen:

Lohnsteuerkarte des Mitarbeiters: Auf der Lohnsteuerkarte finden Sie die Steuerklasse, die Religion, den Familienstand, die Anzahl der Kinder[27], evtl. Steuerfreibeträge und den bisherigen Verdienst.

Sozialversicherungsausweis: Ihm entnehmen Sie die Sozialversicherungsnummer.

Vollständige Anschrift und Bankverbindung.

Den Anstellungsvertrag: Neben dem Verdienst sind im Anstellungsvertrag auch die Arbeitszeiten und evtl. Sonstige Sonderleistungen, wie Zuschuss zu den Vermögenswirksamen Leistungen oder Fahrgeld oder...... geregelt.

Weitere Verträge: z.B. Vermögenswirksame Leistungen, Direktversicherung.

Krankenkasse: Hier geht es um die Krankenkasse, bei der Ihr Mitarbeiter zuletzt versichert war.

Nachweis Elterneigenschaft: Falls Kinder vorhanden, aber nicht auf der Lohnsteuerkarte eingetragen sind, ist ein geeigneter Nachweis zu erbringen (z.B. Kopie der Geburtsurkunde, Kinderausweis oder Ähnliches).

Sollte ein Teil dieser Informationen fehlen, können Sie den Mitarbeiter nicht vollständig anlegen.

Wir werden zunächst eine Angestellte erfassen und haben dafür die folgenden Informationen zusammengetragen und in ein Personalstammblatt eingetragen.

---

[27] Hierbei geht es nur um die auf der Steuerkarte eingetragenen Kinder. Deren Anzahl kann von der Zahl der vorhandenen Kinder abweichen. So kann es z.B. sein, dass ein Teil der Kinder auf der Steuerkarte des jeweils andern Elternteils eingetragen ist.

Personalstammblatt:

Sonja Gruber, Frühlingsplatz 2, 85221 Dachau

Geb. am 28.10.1958, SV-Nummer 19281058G990

Eintrittsdatum: 01.10.2008

Betriebszugehörigkeit: 01.01.2002

Familienstand: verheiratet

Tätigkeitsschlüssel: 772 4 2   Buchhalterin

Krankenkasse: AOK München

Steuerklasse 5, ev, Finanzamt 9107, AGS 09174115

Urlaub: 30 Tage. Davon bereits abgerechnet 20.

Der Aufruf erfolgt unter **Lohn & Gehalt → Stammdaten →Personal → Personalstamm.** Wenn Sie bereits mit der Classic Line gearbeitet haben, werden Sie feststellen, dass im Personalstamm einige neue Felder dazugekommen sind. Neben kleineren Feldergänzungen wurde auf Grund der Änderung der Meldepflicht insbesondere die Erfassung der Berufsgenossenschaft neu gestaltet.

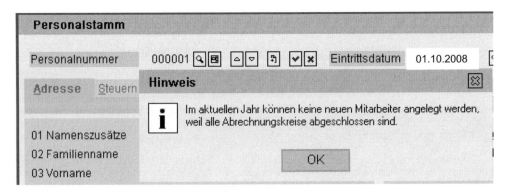

PERSONALSTAMM – FEHLERMELDUNG. Diese Meldung trat bei der Erstellung unserer Schulungsunterlagen auf.

Wenn diese Fehlermeldung bei Ihnen auftritt, können Sie sich weiterhelfen, indem Sie in den Abrechnungskreisen zumindest für den Kreis 0 eine aktuelle Periode eintragen (siehe Abrechnungskreise, Seite 38 ff).

Tragen Sie die Personalnummer und das Eintrittsdatum ein.

Wählen Sie Neue Personaldaten anlegen.

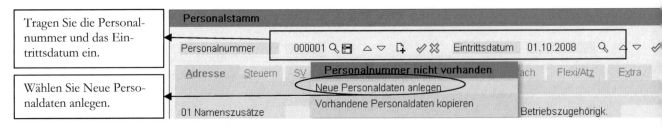

PERSONALSTAMM. Die Eingabe der Personalnummer erfolgt manuell. Wenn Sie die Daten z.B. vom Steuerberater übernehmen, sollten Sie bereits vergebene Personalnummern beibehalten.

Wichtig

Die Funktion Personalnummer kopieren dient ausschließlich dazu, die Daten eines bereits angelegten Mitarbeiters auf eine neue Personalnummer zu kopieren[28]. Bitte verwenden Sie diese Funktion niemals für die Anlage eines neuen Mitarbeiters.

Als nächstes Bild erscheint der Titelassistent.

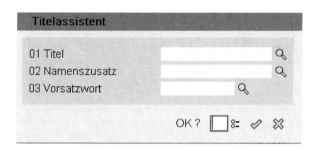

TITELASSISTENT. Im Titelassistenten können Sie Titel (z.B. Dr.) oder Namenszusätze, wie "Freiherr von" erfassen.

In unserem Beispiel bleibt der Titelassistent leer.

Auch hier gibt es jetzt Karteireiter, über die Sie die wichtigsten Funktionen erreichen können.

Der Anfangsbuchstabe des Familiennamens und das Geburtsdatum sind Bestandteil der SV-Nummer. Die Richtigkeit Ihrer Eingaben wird an Hand einer sog. Plausibilitätsprüfung vom System automatisch kontrolliert.

In den Auswahlfeldern drücken Sie **F2** oder klicken Sie mit der Maus auf das kleine Dreieck am Ende des Feldes, um die Auswahl zu öffnen.

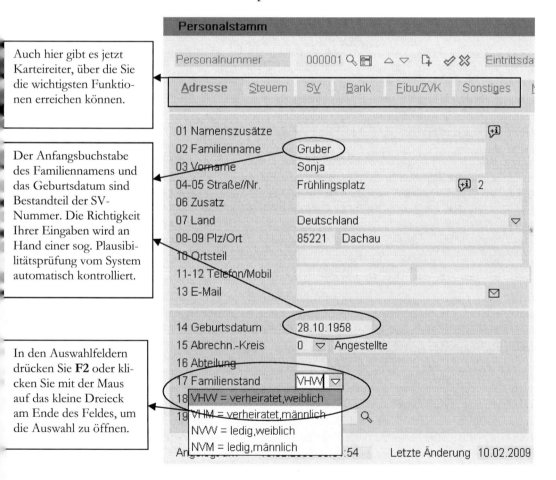

PERSONALSTAMM ADRESSE. Geben Sie die vollständige Anschrift und das Geburtsdatum ein. Mit. **F2** wählen Sie den passenden Familienstand aus.

---

[28] Das ist erforderlich, wenn sich im laufenden Monat der SV-Status eines Mitarbeiters ändert, z.B. wenn ein geringfügig Beschäftigter zum 15. des Monats in ein normales Angestelltenverhältnis wechselt oder ein ausgeschiedener Mitarbeiter mit einer neuen Personalnummer wieder eingestellt wird.

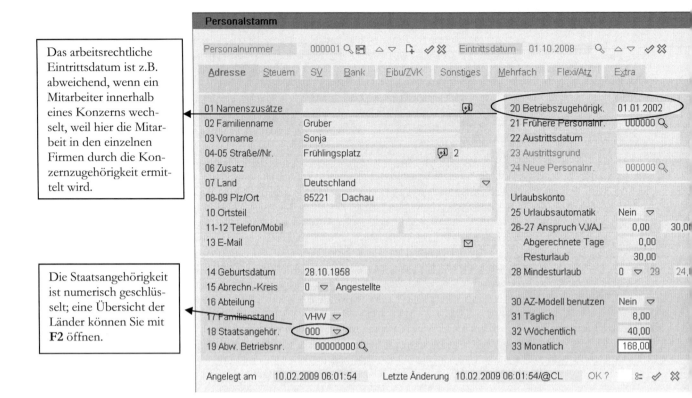

Das arbeitsrechtliche Eintrittsdatum ist z.B. abweichend, wenn ein Mitarbeiter innerhalb eines Konzerns wechselt, weil hier die Mitarbeit in den einzelnen Firmen durch die Konzernzugehörigkeit ermittelt wird.

Die Staatsangehörigkeit ist numerisch geschlüsselt; eine Übersicht der Länder können Sie mit **F2** öffnen.

PERSONALSTAMM ADRESSE. In der Maske sind noch die Staatsangehörigkeit, die Betriebszugehörigkeit und der Urlaubsanspruch zu erfassen. Optional haben Sie die Möglichkeit, ein Arbeitszeitmodell zuzuordnen.

Das arbeitsrechtliche Eintrittsdatum wird z.B. herangezogen zur Ermittlung der Betriebszugehörigkeit. Eine Abweichung zum SV-rechtlichen Eintritt ist gegeben, wenn der Mitarbeiter die Firma innerhalb eines Konzerns wechselt oder, wie in unserem Beispiel, wenn Sie im laufenden Jahr das Abrechnungssystem wechseln.

Für die Erfassung der Steuerdaten benötigen Sie die Lohnsteuerkarte[29] des Mitarbeiters.

🗁 **Wichtig**

Grundsätzlich dürfen Sie nur Abrechnungstatbestände ins Programm übernehmen, die auch auf der Steuerkarte eingetragen sind. Ändern sich im Laufe des Jahres Angaben zu steuerlichen Sachverhalten, so ist dem Mitarbeiter die Lohnsteuerkarte für die Eintragung der Änderung auszuhändigen (Kopie ziehen für Ihre Unterlagen) und nach der Änderung wieder einzubehalten. Die Änderungen sind erst mit Eintragung auf der Steuerkarte gültig und wirksam.

Mögliche Änderungen können sein: Steuerfreibetrag, Kinder, Änderung der Steuerklasse,…. Die Lohnsteuerkarte verbleibt im Original in der Personalabteilung und wird erst bei Ausscheiden des Mitarbeiters zusammen mit der Lohnsteuerbescheinigung an diesen zurückgegeben. Ich empfehle Ihnen, sich den Empfang der Lohnsteuerkarte durch den Mitarbeiter grundsätzlich schriftlich quittieren lassen[30].

---

[29] Auf der Lohnsteuerkarte bzw. Lohnsteuerbescheinigung wird zukünftig auch die Zahl der Arbeitstage erfasst. Diese weicht von den SV-Tagen ab kann in der Classic Line aktuell nur über ein Arbeitszeitmodell ermittelt werden.

[30] Auf Grund der elektronischen Meldung der Jahreslohnsteuer an das Finanzamt bekommt der Mitarbeiter am Jahresende nur noch eine Meldebescheinigung für die Lohnsteuer an das Finanzamt; die Lohnsteuerkarte verbleibt im Unternehmen.

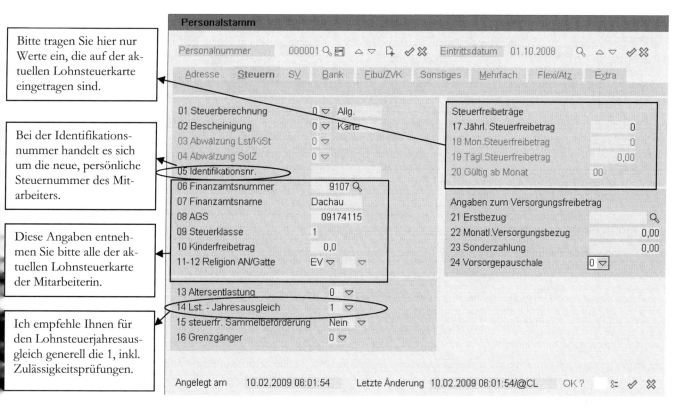

Bitte tragen Sie hier nur Werte ein, die auf der aktuellen Lohnsteuerkarte eingetragen sind.

Bei der Identifikationsnummer handelt es sich um die neue, persönliche Steuernummer des Mitarbeiters.

Diese Angaben entnehmen Sie bitte alle der aktuellen Lohnsteuerkarte der Mitarbeiterin.

Ich empfehle Ihnen für den Lohnsteuerjahresausgleich generell die 1, inkl. Zulässigkeitsprüfungen.

PERSONALSTAMM - STEUER. Hier werden alle Informationen erfasst, die Einfluss auf die Berechnung der Lohnsteuer haben.

Neu

Neu seit der Classic Line 2008 ist die so genannte Identifikationsnummer. Als Lohnbuchhalter bekommen Sie die Nummer von Ihrem Mitarbeiter. Die Zuteilung der Nummern erfolgt ab dem 01.07.2008. Auf Grund der Brisanz des Themas hier ein kleiner Exkurs:

In **§139a-d der Abgabenordnung** wurde festgelegt, daß das Bundesamt für Finanzen (BFF) jedem Bundesbürger und jedem Unternehmen eine eindeutige Identifikationsnummer zuweist:
AO 1977 § 139a Identifikationsmerkmal

(1) Das Bundesamt für Finanzen teilt jedem Steuerpflichtigen zum Zwecke der eindeutigen Identifizierung in Besteuerungsverfahren ein einheitliches und dauerhaftes Merkmal (Identifikationsmerkmal) zu, das bei Anträgen, Erklärungen oder Mitteilungen gegenüber Finanzbehörden anzugeben ist. Es besteht aus einer Ziffernfolge, die nicht aus anderen Daten über den Steuerpflichtigen gebildet oder abgeleitet werden darf; die letzte Stelle ist eine Prüfziffer. Natürliche Personen erhalten eine Identifikationsnummer, wirtschaftlich Tätige eine Wirtschafts-Identifikationsnummer. Der Steuerpflichtige ist über die Zuteilung eines Identifikationsmerkmals unverzüglich zu unterrichten.

(2) Steuerpflichtiger im Sinne dieses Unterabschnitts ist jeder, der nach einem Steuergesetz steuerpflichtig ist.

(3) Wirtschaftlich Tätige im Sinne dieses Unterabschnitts sind:

1. natürliche Personen, die wirtschaftlich tätig sind,

2. juristische Personen,

3. Personenvereinigungen.

Für die Erteilung des Identifikationsmerkmals werden zuerst alle Daten der Meldebehörden an das BFF übermittelt (AO 1977 §139b (6)), da jeder Steuerpflichtige nur ein lebenslang gültiges Identifikationsmerkmal erhalten darf. Vom BFF wird das Identifikationsmerkmal an die Meldestelle zur Speicherung zusammen mit den Meldedaten übermittelt. Auch später wird dann jede Änderung im Melderegister (Geburten, Neuanmeldungen, Änderungen, Sterbefälle etc.) automatisch an das BFF weitergeleitet (AO 1977 §139b (7 & 8)). Das bundesweite Identifikationsmerkmal löst das lohnsteuerliche Ordnungsmerkmal, die eTIN ab. Das BFF legt für jedes Merkmal ein Dossier an, welches nicht nur die aktuellen Namen, Adressen und zuständige Finanzbehörden, sondern auch die vorangegangen Daten enthält.[31]

Auch wenn es inzwischen Kindergeld gibt und bei der Berechnung der Lohnsteuer kein Kinderfreibetrag mehr berücksichtigt wird, ist die Angabe der Anzahl der Kinder nach wie vor erforderlich. Bei der Berechnung der Kirchensteuer wird der Kinderfreibetrag nämlich nach wie vor berücksichtigt. Einzig die steuerfreie Sammelbeförderung ist der Steuerkarte nicht zu entnehmen. Diese liegt vor, wenn die Firma einen Bus oder Shuttleservice anbietet, der die Mitarbeiter abholt und nach der Arbeit nach Hause bringt (ev. auch nur einen Teil der Strecke).

Weiter geht es auf der nächsten Seite mit den Angaben zur Sozialversicherung.

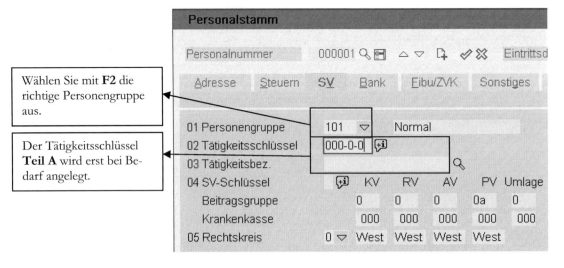

PERSONALSTAMM - SV. Es geht los mit der Personengruppe; wählen Sie mit **F2**.

Alle Fragen zur Personengruppe, dem Tätigkeitsschlüssel und dem SV-Schlüssel sollten Sie im Zweifel mit der zuständigen Krankenkasse abstimmen. Die gesetzlichen Änderungen in diesem Bereich sind zur Zeit regelmäßig so umfangreich, dass es manchmal das Sicherste ist, die erfassten Daten wirklich vollständig mit der Krankenkasse abzugleichen[32]. Es erfolgt eine Plausibilitätsprüfung, ob die Personengruppe und der Tätigkeitsschlüssel zusammenpassen. Bei Unstimmigkeiten wird beim Speichern des Datensatzes eine entsprechende Meldung ausgegeben.

---

[31] Andere Behörden oder Einrichtungen dürfen das Identifikationsmerkmal nur dann erheben, wenn es für den Datenaustausch mit den Finanzbehörden erforderlich ist. Da alles irgendwie zum Datenaustausch mit den Finanzbehörden benötigt wird, sind die Folgen für die Praxis klar.

[32] Am Einfachsten ist es, den Mitarbeiter vollständig anzulegen, eine Testabrechnung zu machen und diese zur Abstimmung an die zuständige Krankenkasse zu faxen.

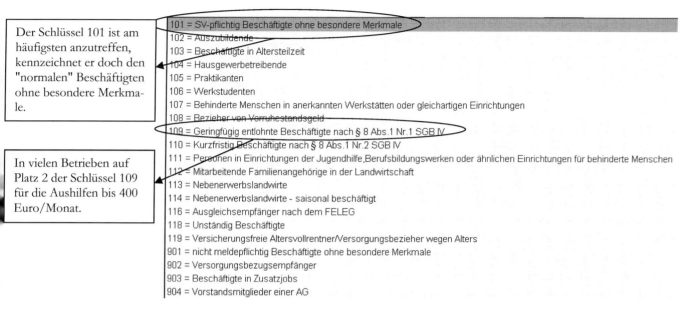

Der Schlüssel 101 ist am häufigsten anzutreffen, kennzeichnet er doch den "normalen" Beschäftigten ohne besondere Merkmale.

In vielen Betrieben auf Platz 2 der Schlüssel 109 für die Aushilfen bis 400 Euro/Monat.

101 = SV-pflichtig Beschäftigte ohne besondere Merkmale
102 = Auszubildende
103 = Beschäftigte in Altersteilzeit
104 = Hausgewerbetreibende
105 = Praktikanten
106 = Werkstudenten
107 = Behinderte Menschen in anerkannten Werkstätten oder gleichartigen Einrichtungen
108 = Bezieher von Vorruhestandsgeld
109 = Geringfügig entlohnte Beschäftigte nach § 8 Abs.1 Nr.1 SGB IV
110 = Kurzfristig Beschäftigte nach § 8 Abs.1 Nr.2 SGB IV
111 = Personen in Einrichtungen der Jugendhilfe,Berufsbildungswerken oder ähnlichen Einrichtungen für behinderte Menschen
112 = Mitarbeitende Familienangehörige in der Landwirtschaft
113 = Nebenerwerbslandwirte
114 = Nebenerwerbslandwirte - saisonal beschäftigt
116 = Ausgleichsempfänger nach dem FELEG
118 = Unständig Beschäftigte
119 = Versicherungsfreie Altersvollrentner/Versorgungsbezieher wegen Alters
901 = nicht meldepflichtige Beschäftigte ohne besondere Merkmale
902 = Versorgungsbezugsempfänger
903 = Beschäftigte in Zusatzjobs
904 = Vorstandsmitglieder einer AG

PERSONENGRUPPE. Die Personengruppe hängt davon ab, was für ein Vertrag dem Beschäftigungsverhältnis zu Grunde liegt.

Die ersten 3 Stellen des Tätigkeitsschlüssels (Teil A) können Sie wahlweise eingeben oder aus dem allgemeinen Tätigkeitsschlüsselverzeichnis in Ihren Mandanten kopieren unter **Lohn & Gehalt → Erweiterte Stammdaten → Tätigkeitsschlüssel Teil A**[33].

Teil B1 und Teil B2 des Tätigkeitsschlüssels können Sie mit Hilfe von **F2** auswählen. Den Tätigkeitsschlüssel können Sie den Unterlagen Ihres neuen Mitarbeiters entnehmen. Hat ein Mitarbeiter verschiedene Ausbildungen hinter sich, wird generell die höchste erworbene Qualifikation eingetragen (im Gegensatz zum Tätigkeitsschlüssel Teil A, der auf die in Ihrem Unternehmen ausgeübte Tätigkeit abstellt). So kann es vorkommen, dass ein Mitarbeiter mit Hochschulabschluss jetzt als Hausmeister tätig ist oder ähnliche Kuriositäten.

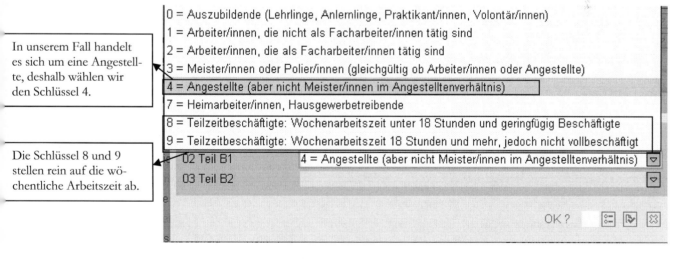

In unserem Fall handelt es sich um eine Angestellte, deshalb wählen wir den Schlüssel 4.

Die Schlüssel 8 und 9 stellen rein auf die wöchentliche Arbeitszeit ab.

0 = Auszubildende (Lehrlinge, Anlernlinge, Praktikant/innen, Volontär/innen)
1 = Arbeiter/innen, die nicht als Facharbeiter/innen tätig sind
2 = Arbeiter/innen, die als Facharbeiter/innen tätig sind
3 = Meister/innen oder Polier/innen (gleichgültig ob Arbeiter/innen oder Angestellte)
4 = Angestellte (aber nicht Meister/innen im Angestelltenverhältnis)
7 = Heimarbeiter/innen, Hausgewerbetreibende
8 = Teilzeitbeschäftigte: Wochenarbeitszeit unter 18 Stunden und geringfügig Beschäftigte
9 = Teilzeitbeschäftigte: Wochenarbeitszeit 18 Stunden und mehr, jedoch nicht vollbeschäftigt

02 Teil B1   4 = Angestellte (aber nicht Meister/innen im Angestelltenverhältnis)
03 Teil B2

OK ?

TÄTIGKEITSSCHLÜSSEL TEIL B1. Der Teil B1 des Tätigkeitsschlüssels stellt auf die Art der Beschäftigung ab.

---

[33] Ein Beispiel für die Erfassung eines neuen Tätigkeitsschlüssels hatten wir bereits im Kapitel 3. Im Tätigkeitsschlüssel Teil A wird generell ein Schlüssel eingetragen für die in Ihrem Unternehmen ausgeübte Tätigkeit, unabhängig davon, ob der Mitarbeiter eine andere Qualifikation hat.

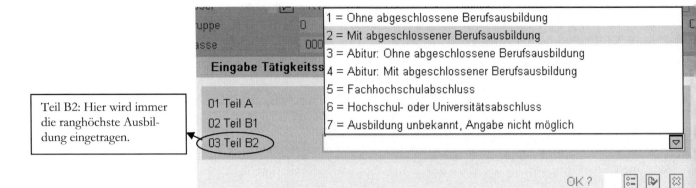

Teil B2: Hier wird immer die ranghöchste Ausbildung eingetragen.

TÄTIGKEITSSCHLÜSSEL TEIL B2. Im. Teil B2 wird die höchste erzielte Ausbildung eingetragen. Wenn also jemand eine abgeschlossene Berufsausbildung und einen Hochschulabschluss hat, wird nur der Hochschulabschluss eingetragen.

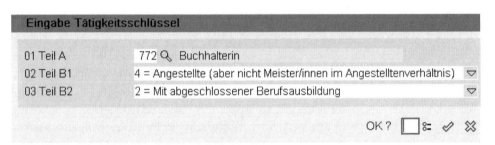

TÄTIGKEITSSCHLÜSSEL KOMPLETT. Hier zur Kontrolle noch einmal der vollständige Schlüssel 772-4-2.

Nach dem Tätigkeitsschlüssel geht es weiter mit der Krankenkasse und der Beitragsgruppe. Diese richten sich unter anderem auch nach dem Tätigkeitsschlüssel[34].

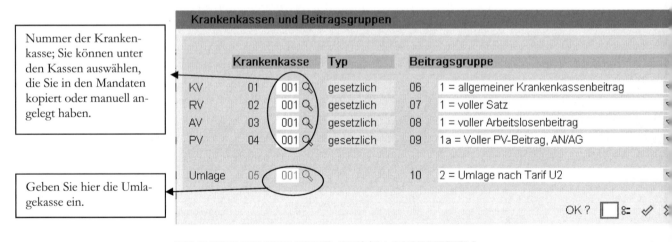

Nummer der Krankenkasse; Sie können unter den Kassen auswählen, die Sie in den Mandaten kopiert oder manuell angelegt haben.

Geben Sie hier die Umlagekasse ein.

KRANKENKASSEN UND BEITRAGSGRUPPEN. Hier ordnen Sie die Krankenkassen und die Beitragsgruppen zu.

Bei der Zuordnung der Krankenkassen und Beitragsgruppen ist zu beachten:

Bei privat Versicherten werden Arbeitslosen- und Rentenversicherung an die zuletzt gültige, gesetzliche Krankenkasse abgeführt. D.h. war ein Mitarbeiter zuletzt bei der DAK pflichtversichert, bevor er sich privat versichert hat, so werden die Beiträge

---

[34] So sind z.B. alle geringfügig Beschäftigten automatisch bei der Bundesknappschaft versichert, unabhängig davon, bei welcher Kasse sie sonst versichert sind oder waren.

für die Arbeitslosen- und die Rentenversicherung für diesen Mitarbeiter auch an die DAK abgeführt. Die frühere Praxis, diese Beiträge an die AOK abzuführen stößt aus Kostengründen bei den AOK`s auf zunehmenden Widerstand.

Die Umlage[35] wurde bisher nur an AOK, BK, BKK oder IKK gezahlt. Seit dem 01.01.2006 wird die Umlage auch bei den Ersatzkassen direkt an die Ersatzkasse abgeführt (z.B. DAK, Barmer, TKK, ...). Ist der Mitarbeiter privat versichert, wird die Umlage in der Regel an die Kasse abgeführt, an die auch die Renten- und Arbeitslosenversicherung abgeführt wird. Außerdem ist die Umlage U2 (Mutterschutz) seit dem 01.01.2006 von allen Betrieben abzuführen, unabhängig von der Betriebsgröße.

⌐ Neu

Neu ist das Feld 06, Berufsständische Mitgliedsnummer.

Seit der CL2008 gibt es das Feld 08 Krankenversicherungsnummer. Diese wird mit Hilfe eines Verschlüsselungsverfahrens aus der Rentenversicherungsnummer ermittelt. Zu diesem Zweck werden die Krankenkassen mittels Fragebogen von Ihren Mitgliedern noch fehlende Daten abfragen.[36]

Die neue Krankenversicherungsnummer wird anfangs von den Krankenkassen nur intern eingesetzt. Spätestens mit Einführung der Krankenversicherungskarte (ursprünglich einmal geplant für 2007, dann wieder verschoben) sollten Sie diese Nummer im Personalstamm nachpflegen.

Bei privat versicherten Mitarbeitern können Sie hier die Beiträge zur KV und PV eintragen. Diese werden dann automatisch in die Lohnerfassung übernommen.

Die SV-Nummer wird vom Programm automatisch gegen den Nachnamen und das Geburtsdatum geprüft.

Die Krankenversicherungsnummer ist derzeit noch nicht zwingend erforderlich und kann zu einem späteren Zeitpunkt nachgepflegt werden.

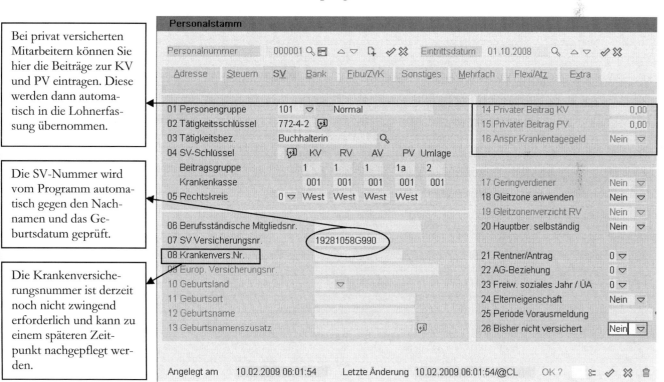

PERSONALSTAMM - SOZIALVERSICHERUNG. Zur besseren Orientierung die komplette Seite mit den SV-Daten zur Kontrolle.

---

[35] Seit dem 01.01.2006 nehmen alle Arbeitgeber am Umlageverfahren U2 (Mutterschutz) teil. Nur die Umlage U1 ist, wie bisher, an die Unternehmensgröße gekoppelt.

[36] Vor diesem Hintergrund ist für alle Personen eine Rentenversicherungsnummer zu beantragen, auch für Neugeborene und Personengruppen, für die bislang eine Rentenversicherungsnummer nicht erforderlich war. Ohne Rentenversicherungsnummer keine Krankenversicherungsnummer und ohne diese bald keine ärztliche Versorgung mehr? Weitere Infos finden Sie unter: www.kvnummer.gkvnet.de .

Die Felder 10 – 13 sind nur zu pflegen, wenn ein Mitarbeiter noch keine Sozialversicherungsnummer hat. Dann werden diese zusätzlichen Angaben für die Sofortmeldung an die zuständige Krankenkasse benötigt.

In den Feldern 14 und 15 können Sie bei privat versicherten Mitarbeitern die Beiträge zur privaten Kranken- und Pflegeversicherung erfassen. Mit Hilfe einer entsprechend eingerichteten Lohnart können diese Werte dann automatisch in die Lohndatenerfassung übernommen werden.

Wichtig ist das Feld 24, Elterneigenschaft. Steht hier ein Nein, ist ein höherer Beitrag zur Pflegeversicherung abzuführen.

⌖ Neu

Periode Vorausmeldung, Feld 25: Hier können Sie optional einen Eintrag machen, um auf Wunsch des Arbeitnehmers eine DEÜV Meldung mit Meldegrund 57 zu erzeugen.[37]

Wenn Sie die Seite SV mit ja bestätigen, beendet das Programm die Erfassung des Mitarbeiters. Um weitere Informationen nachzutragen, können Sie den Personalstamm jederzeit wieder öffnen und bearbeiten.[38]

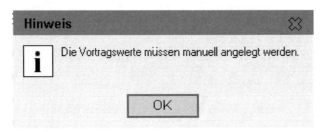

PERSONALSTAMM - VORTRAGSWERTE. Bei einem Eintritt im laufenden Jahr sind bei jedem Mitarbeiter die Vortragswerte (der bisherige Verdienst den laufenden Jahres in Summe) zu erfassen.

Bevor wir uns im nächsten Kapitel intensiver mit dem Thema Vortragswerte auseinandersetzen, erst einmal die noch nicht erwähnten Seiten im Personalstamm, in der Reihenfolge der Karteireiter.

---

[37] Ab dem 1.1.2008 haben Arbeitgeber die beitragspflichtigen Einnahmen für abgelaufene Zeiträume frühestens drei Monate vor Rentenbeginn gesondert zu melden. Das gilt auch bei einem Auskunftsersuchen des Familiengerichts im Versorgungsausgleichverfahren. Handelt es sich um eine Altersrente, rechnet der Rentenversicherungträger nach Eingang der gesonderten Meldung eigenständig die noch fehlenden voraussichtlichen beitragspflichtigen Einnahmen (für maximal drei Monate) bis zum Rentenbeginn hoch.
Arbeitgeber werden durch diese Neuregelung von der bisherigen Pflicht entbunden, für die letzten drei Monate vor Rentenbeginn die voraussichtlichen beitragspflichtigen Einnahmen im Voraus zu ermitteln und zu bescheinigen.

Gleichzeitig wird durch das genannte Gesetz auch die Datenerfassungs- und -übermittlungsverordnung (DEÜV) zum 1. 1. 2008 geändert: Die gesonderte Meldung ist grundsätzlich wie eine Entgeltmeldung mit der nächsten Entgeltabrechnung und innerhalb eines Monats nach dem Verlangen des Rentenantragstellers über die Erstellung einer gesonderten Meldung zu erstatten. Ist zu diesem Zeitpunkt eine Jahresmeldung noch nicht erfolgt, ist diese gleichzeitig mit der gesonderten Meldung zu erstellen. **Für die Meldungen der Arbeitgeber nach § 194 Abs. 1 SGB VI wurde der Meldegrund 57 eingeführt.**

[38] Alternativ können Sie natürlich auch vor der Bestätigung die anderen Karteireiter anklicken und alle relevanten Daten erfassen. Wer bereits in frühern Versionen der Classic Line gearbeitet hat, ist allerdings gewohnt, bei der Neuanlage mit **J** einmal durch alle Masken geführt zu werden. Für den ist jetzt nach der dritten Seite erst einmal Schluss. In der Praxis ist das ganz angenehm, denn in vielen Firmen werden nicht alle Funktionen des Lohnprogramms genutzt und es war oft lästig, mehrere Masken zu durchlaufen, die einen im Grunde gar nicht interessieren. Durch die Systematik mit den Karteireitern können Sie jetzt schneller neue Datensätze anlegen oder bestehende ändern, weil Sie gezielter arbeiten.

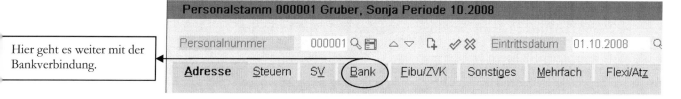

Hier geht es weiter mit der Bankverbindung.

PERSONALSTAMM – ÜBERSICHT KARTEIREITER. Nach der SV geht es weiter mit der Bankverbindung.

Bei Bankverbindung haben Sie die Möglichkeit, je Mitarbeiter 2 Konten zu hinterlegen und den Auszahlungsbetrag beliebig aufzuteilen. Diese Möglichkeit der Aufteilung wird oft verwendet, wenn Mitarbeiter über einen längeren Zeitraum z.B. auf Montage sind und ein zweites Bankkonto vor Ort haben wollen, auf Grund der zeitlichen Befristung aber weiterhin Ihren Hauptwohnsitz behalten und deshalb auch die alten Strukturen inkl. Bankverbindung unverändert nutzen.

Verheiratete oder in einer eheähnlichen Gemeinschaft lebende Mitarbeiter haben mitunter auch ein eigenes Haushaltskonto auf das jeder einen Teil seines Einkommens einbringt.

Optional können Sie auch einen abweichenden Empfänger eintragen. Das ist hilfreich, wenn das Geld auf ein gemeinsames Haushaltskonto überwiesen werden soll. (kommt gerade wieder in Mode).

Die Höhe des 2. Teils der Überweisung können Sie festlegen. Die Restsumme wird automatisch an die unter Teil 1 hinterlegte Bankverbindung überwiesen.

Personalstamm 000001 Gruber, Sonja Periode 10.2008

Personalnummer 000001   Eintrittsdatum 01.10.2008

Adresse   Steuern   SV   **Bank**   Fibu/ZVK   Sonstiges   Mehrfach   Flexi/Atz

Überweisung Lohn & Gehalt 1. Teil
01-02 Bankleitzahl/BIC   700 500 00   BYLADEMMXXX
03 Kontonummer   0000095842
04 IBAN   DE87700500000000095842
05 Abw. Empfänger

Überweisung Lohn & Gehalt 2. Teil
06 Maximal Betrag   0,00

07-08 Bankleitzahl/BIC
09 Kontonummer
10 IBAN

11 Abw. Empfänger

PERSONALSTAMM - VORTRAGSWERTE. Bei einem Eintritt im laufenden Jahr sind bei jedem Mitarbeiter die Vortragswerte (der bisherige Verdienst des laufenden Jahres in Summe) zu erfassen.

^ **Neu**

Neu bei der Bankverbindung ist die Möglichkeit, IBAN und BIC mit zu erfassen. Die BIC ist automatisch im neuen Bankenstamm hinterlegt, die IBAN bekommen Sie von Ihrem Mitarbeiter. Alternativ bietet die Classic Line im **Feld 04** IBAN mit **F10** automatisch die IBAN zu ermitteln. Das führt aber nur zu einem richtigen Ergebnis, **wenn die Kontonummer 10-stellig** eingegeben wurde.

Die Nachpflege von IBAN und BIC sollte bis spätestens 31.12.2009 abgeschlossen sein, da voraussichtlich ab 01.01.2010 nur noch Zahlungen mit SEPA unterstützt werden.

Der Reiter **Fibu/ZVK:** Hier haben Sie neben den Angaben zur Kostenrechnung auch die Möglichkeit, für die Übergabe in die Finanzbuchhaltung eigene Buchungskreise und Buchungsgruppen zuzuordnen. Dafür ist eine enge Abstimmung mit der Buchhaltung bzw. mit dem Controlling erforderlich. Außerdem können Sie ein Kennzeichen für die Zusatzversorgung setzen (soweit erforderlich).

Wir machen weiter mit **Sonstiges**, denn hier gibt es noch einige Pflichteingaben, die für unsere Abrechnung erforderlich sind.

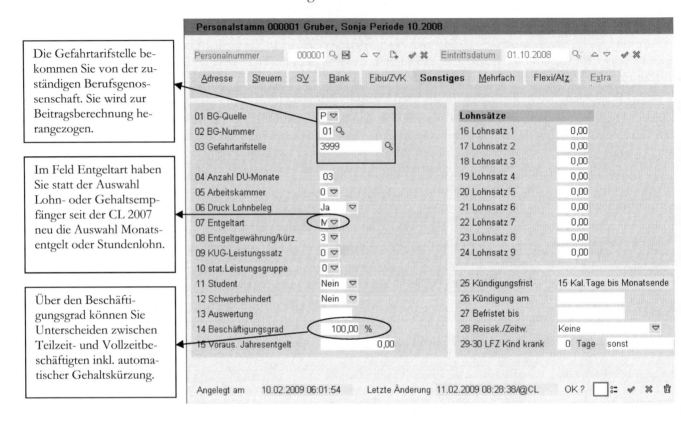

Die Gefahrtarifstelle bekommen Sie von der zuständigen Berufsgenossenschaft. Sie wird zur Beitragsberechnung herangezogen.

Im Feld Entgeltart haben Sie statt der Auswahl Lohn- oder Gehaltsempfänger seit der CL 2007 neu die Auswahl Monatsentgelt oder Stundenlohn.

Über den Beschäftigungsgrad können Sie Unterscheiden zwischen Teilzeit- und Vollzeitbeschäftigten inkl. automatischer Gehaltskürzung.

PERSONALSTAMM - SONSTIGES. Unter Sonstiges finden Sie noch einige wichtige Angaben.

Auf dieser Seite werden die Daten für die Berufsgenossenschaft gemacht und einige weitere Informationen hinterlegt. Die meisten anderen Felder sind selbsterklärend. Wichtig sind vor allem:

Feld 01-03: Tragen Sie im Feld 1 ein P ein, für BG aus Personalstamm und ergänzen Sie BG und Gefahrtarifstelle für den ausgewählten Mitarbeiter.

Feld 04: Anzahl der Durchschnittsmonate, die zur Ermittlung der Bezüge bei Krankheit und Urlaub herangezogen werden. 3 Monate ist in vielen Betrieben die Regel. Andere Vereinbarungen können jederzeit getroffen werden, solange dem keine gesetzlichen Regelungen oder tarifliche Vereinbarungen entgegenstehen.

Feld 16-24: Hier können Sie bis zu 9 verschiedene Lohnsätze erfassen. Diese Lohnsätze können im Lohnartenstamm einzelnen Lohnarten zugeordnet werden, so dass das Programm den Lohnsatz automatisch aus dem Personalstamm übernimmt. Das erleichtert die Lohndatenerfassung.[39]

Feld 25: Hier können Sie die Kündigungsfrist erfassen. In diesem Beispiel 30 Tage zum Monatsende.

Feld 27: Hier haben Sie die Möglichkeit, befristete Arbeitsverhältnisse oder die Arbeitserlaubnis zu überwachen. Ist das hier eingetragene Datum erreicht, wird im Abrechnungsprotokoll eine entsprechende Meldung ausgegeben.

Wenn Sie weitere Informationen zu einzelnen Feldern haben, lesen Sie bitte mit **F1** in der Hilfe nach.

Die letzten 3 Reiter wollen wir an dieser Stelle nicht im Detail erläutern, nur soviel: Unter Mehrfachbeschäftigung sind Einträge zu machen, wenn einer Ihrer Mitarbeiter gleichzeitig auch noch bei ein oder mehreren anderen Firmen mit Lohnsteuerkarte arbeitet. Den Reiter Flex/ATZ benötigen Sie, wenn Sie Altersteilzeit oder ein Arbeitszeitmodell nach dem neuen Flexibilitätsgesetz abrechnen wollen. Der Reiter Extra ist nur aktiv, wenn Sie für den Personalstamm individuelle Zusatzdaten angelegt haben. Einen kurzen Hinweis dazu finden Sie am Ende dieses Buches im Kapitel Tipps und Tricks.

Weitere Eingabemöglichkeiten gibt es noch über **F2** in der OK-Abfrage:

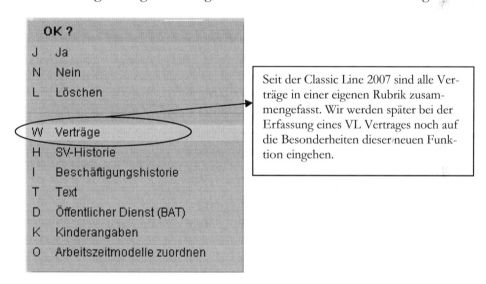

WEITERE EINGABEMASKEN IM PERSONALSTAMM. Neben Verträgen, wie VL oder Direktversicherung können Sie im Personalstamm auch Angaben zur Abrechnung nach BAT machen oder, neu seit der Version 2007, ein Arbeitszeitmodell zuordnen.

---

[39] Neben einem Stundenlohn können Sie hier auch den Satz für Überstunden eintragen oder, bei unterschiedlichen Tätigkeiten auch mehrere Lohnsätze hinterlegen, die dann über unterschiedliche Lohnarten angesprochen werden.

Lernzielkontrolle

☺ **Testen Sie Ihr**

Wissen

1) Welche Unterlagen sollten Sie haben, um einen Mitarbeiter im Personalstamm anzulegen?

2) Welche persönlichen Daten des Mitarbeiters sind in der SV-Nummer enthalten?

3) Wie ist der Tätigkeitsschlüssel aufgebaut?

4) Warum gibt es bei der Erfassung der Krankenkasse im Personalstamm eine Unterscheidung zwischen Rechtskreis West und Ost?

5) An welche Krankenkassen kann die Umlage abgeführt werden?

6) Wann dürfen Steuerfreibeträge eingetragen werden?

7) Welche Neuerung gibt es bei der Berufsgenossenschaft?

8) Was ist der Unterschied zwischen Hausbank und Empfängerbank?

9) Welche Informationen liefert die Personengruppe?

10) Auf wie viele Konten können Sie die Gehaltszahlung an einen Mitarbeiter aufteilen?

Praktische Übungen

Legen Sie die folgenden Mitarbeiter an:

 **Tastaturübungen**

1) Personalnummer 1
Sonja Gruber, Frühlingsplatz 2, 85221 Dachau
Geb. am 28.10.1958
Eintrittsdatum: 01.10.2008[40]
Betriebszugehörigkeit: 01.01.2002
Familienstand: verheiratet
Urlaubstage: 30
Personengruppe 101
Tätigkeitsschlüssel: 772 4 2   Buchhalterin
Krankenkasse: AOK München
SV-Nummer 19281058G990
Staatsangehörigkeit: Deutsch
Steuerklasse 5, ev, Finanzamt 9107, AGS 09174115
Bankverbindung: Kto. 95842 bei der Bay. Landesbank München,
BLZ 700 500 00, BIC BYLADEMMXXX
IBAN DE87700500000000095842
Berufsgenossenschaft 01, Gefahrtarifstelle 3999
Kündigung: 30 Tage zum Monatsende

---

[40] Neuerdings können Sie in der Classic Line im Feld Eintrittsdatum kein Datum mehr eingeben, das vor dem Beginn der Lohnabrechnung in der Classic Line liegt, da sonst vom Programm automatisch ein Austrittsdatum eingetragen wird. Dafür gibt es jetzt das neue Feld Betriebszugehörigkeit, um zu erfassen, wie lange der Mitarbeiter tatsächlich schon in der Firma beschäftigt ist.

2) Personalnummer 2
Maria Piendl, Schlossgasse 8, 85221 Dachau
geb. am 28.02.54
Eintrittsdatum: 01.10.2008
Betriebszugehörigkeit: 15.06.2002
Familienstand: ledig
Urlaubstage: 30
Personengruppe 101
Tätigkeitsschlüssel 681 4 2   Verkaufsleiterin
Krankenkasse: **Privat versichert**
SV-Nummer: 59280254P991
Beitrag **private** KV EUR 420,70, PV 58,65
Steuerklasse 1, keine Konfession, Finanzamt 9107, AGS 09174115
Bankverbindung: Kto. 0000045265, Bay. Landesbank München,
BLZ 700 500 00; ermitteln Sie die IBAN
Berufsgenossenschaft 01, Gefahrtarifstelle 3999
Kündigung: 30 Tage zum Monatsende

Bei privat versicherten Mitarbeitern sind die Beiträge zur AV und RV an die zuständige AOK abzuführen bzw. die Krankenkasse, bei der der Mitarbeiter zuletzt gesetzlich versichert war.

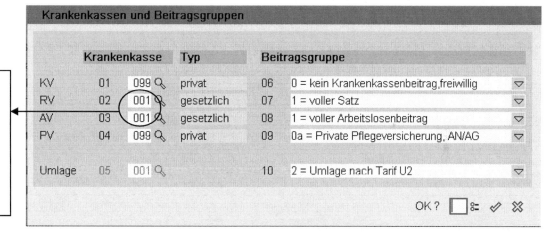

KRANKENKASSEN UND BEITRAGSGRUPPEN. Hier sehen Sie die Schlüsselung der Krankenkassen und Beitragsgruppen für eine privat versicherte Mitarbeiterin.

Bei einem privat versicherten Mitarbeiter sind Krankenkasse und Pflegeversicherung auf 0 zu schlüsseln, kein Krankenkassenbeitrag, private Pflegeversicherung. Die Voraussetzung hierfür ist ein Gehalt, das im Durchschnitt EUR 4.012,50 pro Monat übersteigt (Pflichtversicherungsgrenze ab 1.1.2008) es sei denn, der Mitarbeiter war bereits im Jahr 2002 privat versichert und verdient mehr als EUR 3.600,00 / Monat (Beitragsbemessungsgrenze).

Die hier eingetragenen Beiträge zur KV und PV werden in der Lohndatenerfassung mit Hilfe einer Lohnformel automatisch übernommen.

Bei privat Versicherten sind die Beiträge zur AV und RV an die letzte gültige gesetzliche KV zu zahlen.

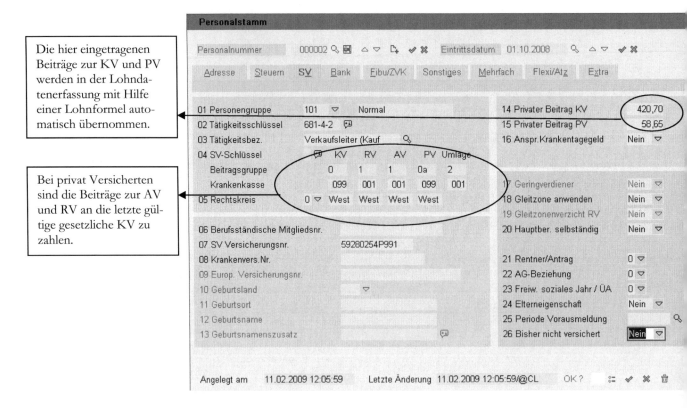

PERSONALSTAMM SEITE 2, FREIWILLIG VERSICHERT.

Vortragswerte

Was sind Vortragswerte, wann und wie können sie erfasst werden?

Die Vortragswerte beinhalten alle Bezüge, die ein Mitarbeiter im laufenden Jahr bereits bekommen hat. Fängt ein Mitarbeiter nicht zum 01.01. des Jahres an, sondern zu einem späteren Termin, so müssen seine Bezüge, die er im laufenden Jahr von anderen Arbeitgebern erhalten hat, als Vortragswerte im System erfasst werden. Alle dazu erforderlichen Informationen finden Sie auf der Lohnsteuerkarte des Mitarbeiters. Wenn Sie im laufenden Jahr das Abrechnungssystem wechseln, müssen Sie ebenfalls die bisherigen Bezüge als Vortragswerte erfassen. Die Vortragswerte sind erforderlich, um eine korrekte Abrechnung der Einmalbezüge zu ermöglichen. Wir starten mit unserer Lohnabrechnung zum 01.10.2008, d.h. wir müssen die bisherigen Bezüge der Mitarbeiter vom 01.01. – 30.09.2008 als Vortragswerte erfassen.

Vortragswerte erfassen

Unter **Lohn & Gehalt → Stammdaten → Personal → Vortragswerte → Jahreslohndaten** erfassen wir die Bezüge des laufenden Jahres, vor dem 01.10.2008.

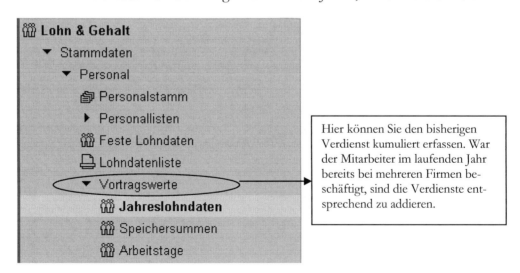

Hier können Sie den bisherigen Verdienst kumuliert erfassen. War der Mitarbeiter im laufenden Jahr bereits bei mehreren Firmen beschäftigt, sind die Verdienste entsprechend zu addieren.

VORTRAGSWERTE JAHRESLOHNDATEN.

Die zur Erfassung erforderlichen Daten entnehmen wir der Lohnsteuerbescheinigung. Bei einer Übernahme der Lohnabrechnung vom Steuerberater können Sie statt der Lohnsteuerbescheinigung auch das Jahreslohnkonto verwenden.

In der 1. Zeile ist der Zeitraum eingetragen, für den die vorliegende Lohnsteuerbescheinigung erstellt wurde.

Name und Anschrift des Steuerpflichtigen.

eTIN, Personalnummer und Geburtsdatum des Steuerpflichtigen. Am fehlenden Transferticket sehen Sie, das es sich um einen Infodruck handelt, der noch nicht an das zuständige Finanzamt übertragen wurde.

In diesem Bereich sehen Sie die AGS und die Anschrift des Arbeitgebers.

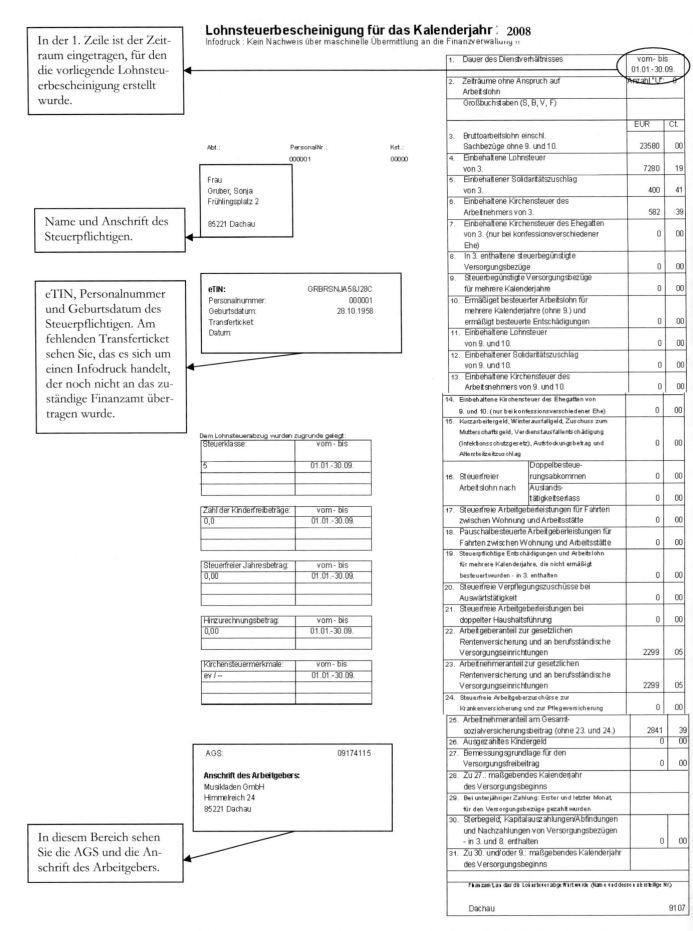

Lohnsteuerbescheinigung für das Kalenderjahr : 2008
Infodruck : Kein Nachweis über maschinelle Übermittlung an die Finanzverwaltung !!

Abt.:   PersonalNr.:   Kst.:
000001   00000

Frau
Gruber, Sonja
Frühlingsplatz 2

85221 Dachau

eTIN: GRBRSNJA58J28C
Personalnummer: 000001
Geburtsdatum: 28.10.1958
Transferticket:
Datum:

Dem Lohnsteuerabzug wurden zugrunde gelegt:

Steuerklasse:	vom - bis
5	01.01.-30.09.

Zahl der Kinderfreibeträge:	vom - bis
0,0	01.01.-30.09.

Steuerfreier Jahresbetrag:	vom - bis
0,00	01.01.-30.09.

Hinzurechnungbetrag:	vom - bis
0,00	01.01.-30.09.

Kirchensteuermerkmale:	vom - bis
ev / --	01.01.-30.09.

AGS: 09174115

Anschrift des Arbeitgebers:
Musikladen GmbH
Himmelreich 24
85221 Dachau

		EUR	Ct.
1. Dauer des Dienstverhältnisses	vom- bis 01.01.-30.09.		
2. Zeiträume ohne Anspruch auf Arbeitslohn	Anzahl "U" 0		
Großbuchstaben (S, B, V, F)			
3. Bruttoarbeitslohn einschl. Sachbezüge ohne 9. und 10.		23580	00
4. Einbehaltene Lohnsteuer von 3.		7280	19
5. Einbehaltener Solidaritätszuschlag von 3.		400	41
6. Einbehaltene Kirchensteuer des Arbeitnehmers von 3.		582	39
7. Einbehaltene Kirchensteuer des Ehegatten von 3. (nur bei konfessionsverschiedener Ehe)		0	00
8. In 3. enthaltene steuerbegünstigte Versorgungsbezüge		0	00
9. Steuerbegünstigte Versorgungsbezüge für mehrere Kalenderjahre		0	00
10. Ermäßiget besteuerter Arbeitslohn für mehrere Kalenderjahre (ohne 9.) und ermäßigt besteuerte Entschädigungen		0	00
11. Einbehaltene Lohnsteuer von 9. und 10.		0	00
12. Einbehaltener Solidaritätszuschlag von 9. und 10.		0	00
13. Einbehaltene Kirchensteuer des Arbeitnehmers von 9. und 10.		0	00
14. Einbehaltene Kirchensteuer des Ehegatten von 9. und 10. (nur bei konfessionsverschiedener Ehe)		0	00
15. Kurzarbeitergeld, Winterausfallgeld, Zuschuss zum Mutterschaftsgeld, Verdienstausfallentschädigung (Infektionsschutzgesetz), Aufstockungsbetrag und Altersteilzeitzuschlag		0	00
16. Steuerfreier Arbeitslohn nach	Doppelbesteuerungsabkommen	0	00
	Auslandstätigkeitserlass	0	00
17. Steuerfreie Arbeitgeberleistungen für Fahrten zwischen Wohnung und Arbeitsstätte		0	00
18. Pauschalbesteuerte Arbeitgeberleistungen für Fahrten zwischen Wohnung und Arbeitsstätte		0	00
19. Steuerpflichtige Entschädigungen und Arbeitslohn für mehrere Kalenderjahre, die nicht ermäßigt besteuert wurden - in 3. enthalten		0	00
20. Steuerfreie Verpflegungszuschüsse bei Auswärtstätigkeit		0	00
21. Steuerfreie Arbeitgeberleistungen bei doppelter Haushaltsführung		0	00
22. Arbeitgeberanteil zur gesetzlichen Rentenversicherung und an berufsständische Versorgungseinrichtungen		2299	05
23. Arbeitnehmeranteil zur gesetzlichen Rentenversicherung und an berufsständische Versorgungseinrichtungen		2299	05
24. Steuerfreie Arbeitgeberzuschüsse zur Krankenversicherung und zur Pflegeversicherung		0	00
25. Arbeitnehmeranteil am Gesamtsozialversicherungsbeitrag (ohne 23. und 24.)		2841	39
26. Ausgezahltes Kindergeld		0	00
27. Bemessungsgrundlage für den Versorgungsfreibetrag		0	00
28. Zu 27.: maßgebendes Kalenderjahr des Versorgungsbeginns			
29. Bei unterjähriger Zahlung: Erster und letzter Monat, für den Versorgungsbezüge gezahlt wurden			
30. Sterbegeld; Kapitalauszahlungen/Abfindungen und Nachzahlungen von Versorgungsbezügen - in 3. und 8. enthalten		0	00
31. Zu 30. und/oder 9.: maßgebendes Kalenderjahr des Versorgungsbeginns			

Finanzamt, an das die Lohnsteuer abgeführt wurde (Name und dessen vierstellige Nr.)

Dachau   9107

LOHNSTEUERBESCHEINIGUNG. Hier haben Sie alle für die Erfassung der Vortragswerte erforderlichen Daten.

Wenn der Mitarbeiter im laufenden Jahr bereits bei mehreren Arbeitgebern beschäftigt war, sind die Beträge der einzelnen Bezüge zu addieren.

Die Personengruppe wird automatisch aus dem Personalstamm übernommen.

Die Verdienstdaten entnehmen Sie bitte der Lohnsteuerbescheinigung.

Unter "Nur Eigenvorträge" werden nur Eintragungen vorgenommen, wenn der Mitarbeiter eine neue Personalnummer bekommt oder Sie unterjährig mit der Classic Line beginnen, so, wie in unserem Beispiel.

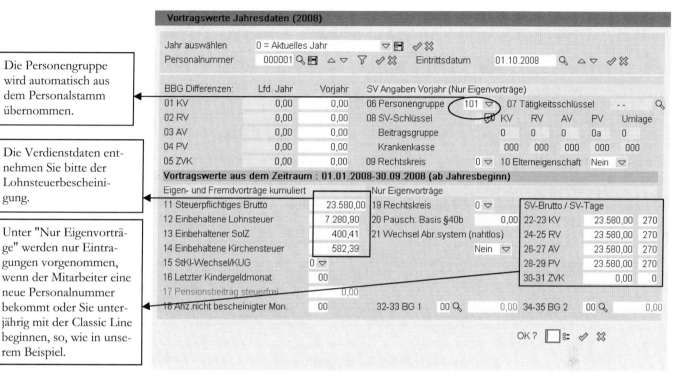

VORTRAGSWERTE JAHRESDATEN. Neben den einzelnen Beträgen ist auch die Zahl der SV-Tage zu erfassen.

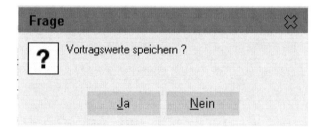

VORTRAGSWERTE SPEICHERN. Bestätigen Sie die Meldung, um den Vorgang abzuschließen.

Lernzielkontrolle

Testen Sie Ihr Wissen

1) Warum müssen bei einem Eintritt eines neuen Mitarbeiters nach dem 01.01. die Vortragswerte erfasst werden?

2) Welche Werte sind hier einzugeben?

3) Was ist zu beachten, wenn der Mitarbeiter im laufenden Jahr bereits bei mehreren Arbeitgebern beschäftigt war?

Praktische Übungen

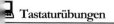 **Tastaturübungen**

1) Erfassen Sie die Vortragswerte für Sonja Gruber; entnehmen Sie die Angaben aus unserem Beispiel.

2) Erfassen Sie die Vortagswerte für Maria Piendl, Personalnummer 2. Die erforderlichen Angaben finden Sie im nachfolgenden Lohnsteueraufkleber.

Hier sehen Sie den Zeitraum für den diese Lohnsteuerbescheinigung gilt. Seit 01.01.2006 werden diese Daten elektronisch per Elster an das Finanzamt übertragen.

Hier finden Sie die erforderlichen Vortragswerte. Für die SV-Tage nehmen Sie 270 (9 Monate a 30 Tage).

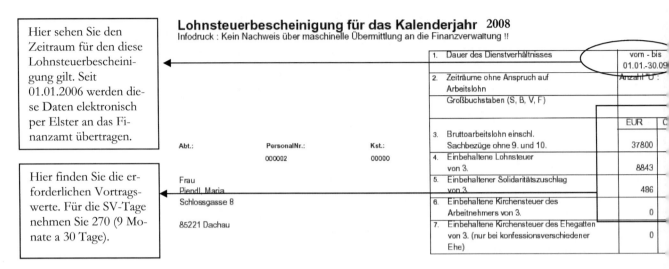

Lohnsteuerbescheinigung für das Kalenderjahr 2008
Infodruck : Kein Nachweis über maschinelle Übermittlung an die Finanzverwaltung !!

		EUR	
1.	Dauer des Dienstverhältnisses	vom - bis 01.01.-30.09	
2.	Zeiträume ohne Anspruch auf Arbeitslohn	Anzahl "U" :	
	Großbuchstaben (S, B, V, F)		
3.	Bruttoarbeitslohn einschl. Sachbezüge ohne 9. und 10.	37800	
4.	Einbehaltene Lohnsteuer von 3.	8843	
5.	Einbehaltener Solidaritätszuschlag von 3.	486	
6.	Einbehaltene Kirchensteuer des Arbeitnehmers von 3.	0	
7.	Einbehaltene Kirchensteuer des Ehegatten von 3. (nur bei konfessionsverschiedener Ehe)	0	

Abt.: PersonalNr.: 000002 Kst.: 00000

Frau
Piendl, Maria
Schlossgasse 8

85221 Dachau

LOHNSTEUERAUFKLEBER. Hier sehen Sie die Bezüge von Frau Piendl im laufenden Jahr.

☐ **Wichtig**

Seit dem 01.01.2006 müssen die Lohnsteueranmeldung und die Lohnsteueraufkleber elektronisch per ELSTER an das Finanzamt übertragen werden.

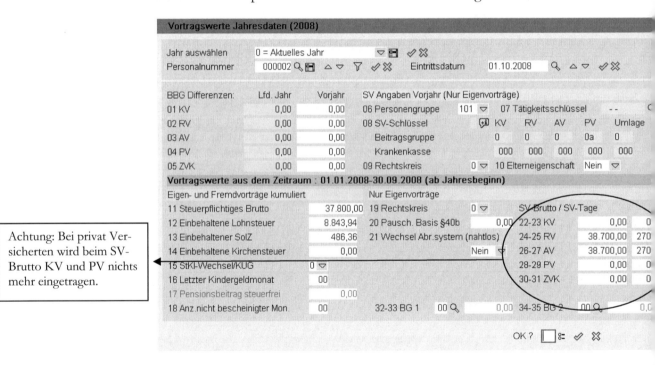

Vortragswerte Jahresdaten (2008)

Jahr auswählen 0 = Aktuelles Jahr
Personalnummer 000002 Eintrittsdatum 01.10.2008

BBG Differenzen:	Lfd. Jahr	Vorjahr	SV Angaben Vorjahr (Nur Eigenvorträge)					
01 KV	0,00	0,00	06 Personengruppe 101	07 Tätigkeitsschlüssel - -				
02 RV	0,00	0,00	08 SV-Schlüssel	KV	RV	AV	PV	Umlage
03 AV	0,00	0,00	Beitragsgruppe	0	0	0	0a	0
04 PV	0,00	0,00	Krankenkasse	000	000	000	000	000
05 ZVK	0,00	0,00	09 Rechtskreis 0	10 Elterneigenschaft Nein				

Vortragswerte aus dem Zeitraum : 01.01.2008-30.09.2008 (ab Jahresbeginn)

Eigen- und Fremdvorträge kumuliert   Nur Eigenvorträge

				SV-Brutto / SV-Tage	
11 Steuerpflichtiges Brutto	37.800,00	19 Rechtskreis 0			
12 Einbehaltene Lohnsteuer	8.843,94	20 Pausch. Basis §40b	0,00	22-23 KV	0,00 0
13 Einbehaltener SolZ	486,36	21 Wechsel Abr.system (nahtlos)		24-25 RV	38.700,00 270
14 Einbehaltene Kirchensteuer	0,00	Nein		26-27 AV	38.700,00 270
15 StKl-Wechsel/KUG	0			28-29 PV	0,00 0
16 Letzter Kindergeldmonat	00			30-31 ZVK	0,00 0
17 Pensionsbeitrag steuerfrei	0,00				
18 Anz.nicht bescheinigter Mon.	00	32-33 BG 1 00	0,00	34-35 BG 2 00	0,0

OK ?

Achtung: Bei privat Versicherten wird beim SV-Brutto KV und PV nichts mehr eingetragen.

VORTRAGSWERTE. Zur Kontrolle die Vortragswerte von Frau Piendl.

Die Lohndatenerfassung

Nach Erfassung der Personalstammdaten und der Vortragswerte können Sie jetzt die festen und variablen Lohndaten der einzelnen Mitarbeiter erfassen.

Im Unterschied zu den Personalstammdaten, für die es im Personalstamm nur einen Datensatz gibt, wird bei der Erfassung der Lohndaten für jeden Monat ein eigener Datensatz gespeichert. Bei der Lohndatenerfassung unterscheiden wir zwischen festen und variablen Lohndaten. Zu den festen Lohndaten gehören alle monatlich in gleicher Höhe wiederkehrenden Beträge. Sie können bei der Erfassung gleich automatisch auf die Folgemonate vorgetragen werden. Hierzu zählen z.B. Gehalt, Zuschüsse zu VL, freiwillige Kranken- und Pflegeversicherung, monatliche Direktversicherung,...

Die variablen Lohndaten werden in einem anderen Teil der Erfassungsmaske eingegeben und sind in der Regel nur für einen Monat gültig oder ändern sich monatlich (z.B. Urlaubs- und Weihnachtsgeld, Überstunden,......).

Für die Erfassung der Lohndaten legen Sie sich bitte alle Unterlagen zurecht, die Sie dafür benötigen, wie z.B. den Anstellungsvertrag, Direktversicherungen,....

Erfassung der festen Lohndaten

Zu Beginn der Abrechnung bietet es sich an, die Lohndaten gleich im Bereich der Stammdaten zu erfassen, unter **Lohn & Gehalt → Stammdaten → Personal → Feste Lohndaten**.

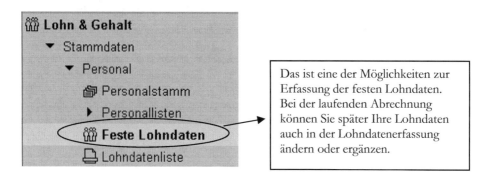

Das ist eine der Möglichkeiten zur Erfassung der festen Lohndaten. Bei der laufenden Abrechnung können Sie später Ihre Lohndaten auch in der Lohndatenerfassung ändern oder ergänzen.

FESTE LOHNDATEN. Nach der Anlage unserer Personalstammdaten können wir jetzt die festen Lohndaten erfassen.

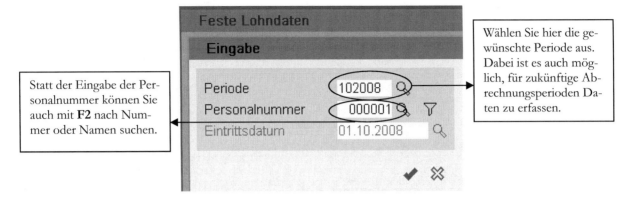

Statt der Eingabe der Personalnummer können Sie auch mit **F2** nach Nummer oder Namen suchen.

Wählen Sie hier die gewünschte Periode aus. Dabei ist es auch möglich, für zukünftige Abrechnungsperioden Daten zu erfassen.

EINGABE MONAT UND PERSONALNUMMER. Als erstes geben wir den Monat und die Personalnummer ein, für die wir die Lohndaten erfassen wollen.

In unserem Beispiel erfassen wir zunächst für den Monat Oktober die Lohndaten für Sonja Gruber, Personalnummer 1. Sie können auch mit **Umschalt - F2** nach Personalnummer oder mit **F2** nach dem Namen eines Mitarbeiters suchen.

F2=Suchen Name, Umschalt+F2=Suchen Nummer, F6=Mitarbeiter mit Lohndaten

SUCHMÖGLICHKEITEN. Aktuelle Befehle und Suchmöglichkeiten werden immer in der linken unteren Ecke des Bildschirms angezeigt..

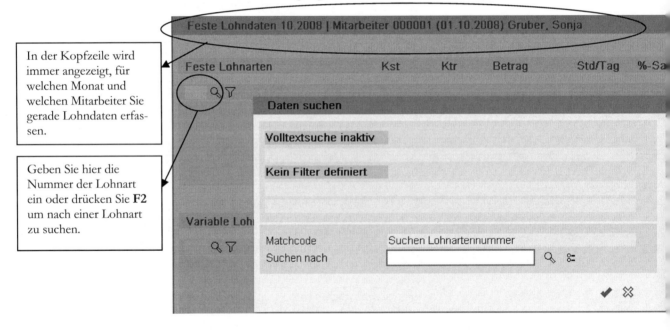

In der Kopfzeile wird immer angezeigt, für welchen Monat und welchen Mitarbeiter Sie gerade Lohndaten erfassen.

Geben Sie hier die Nummer der Lohnart ein oder drücken Sie **F2** um nach einer Lohnart zu suchen.

LOHNARTEN ERFASSEN. Bei der Suche nach einer Lohnart ist es am Anfang sinnvoll, einfach ohne Eingabe eines Suchbegriffes zu bestätigen. Es werden dann alle vorhandenen Lohnarten angezeigt.

 Wichtig

Achten Sie bei den Lohnarten genau auf die Texte, denn oft gibt es die gleiche Lohnart mit unterschiedlichen Kennzeichen. Verwenden Sie bitte bei allen Mitarbeitern dieselben Lohnarten. Wenn Sie also z.B. Gehalt mit allen Kürzungen[41] auswählen, dann bitte für alle Mitarbeiter, die ein Gehalt beziehen.

---

[41] Gehalt mit allen Kürzungen bietet den Vorteil, dass im Falle einer Lohnfortzahlung bei Krankheit oder bei Ein- oder Austritt das Gehalt vom Programm automatisch anteilig gekürzt wird.

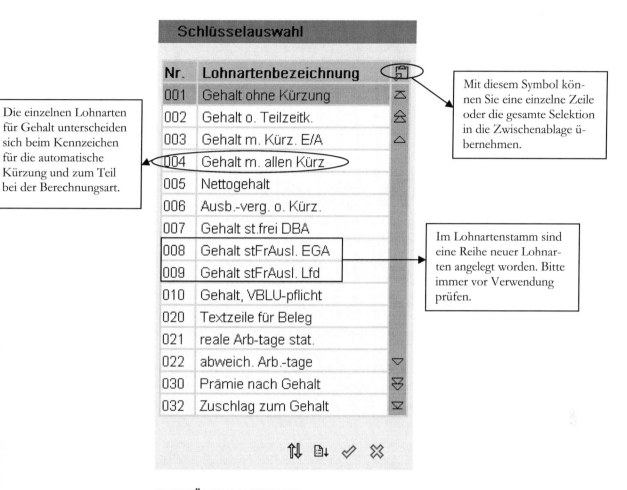

Die einzelnen Lohnarten für Gehalt unterscheiden sich beim Kennzeichen für die automatische Kürzung und zum Teil bei der Berechnungsart.

Mit diesem Symbol können Sie eine einzelne Zeile oder die gesamte Selektion in die Zwischenablage übernehmen.

Im Lohnartenstamm sind eine Reihe neuer Lohnarten angelegt worden. Bitte immer vor Verwendung prüfen.

SCHLÜSSELAUSWAHL. Wählen Sie die gewünschte Lohnart aus der Liste aus.

Wenn Sie bei einzelnen Lohnarten unsicher sind, wo genau die Unterschiede sind, dann wechseln Sie in den Lohnartenstamm und vergleichen Sie die einzelnen Kennzeichen. Wir werden später noch einmal näher auf Unterschiede bei der Anlage von Lohnarten eingehen.

Tragen Sie hier das Gehalt laut Anstellungsvertrag ein; in unserem Beispiel EUR 2.600,00

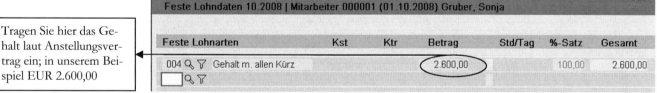

FESTE LOHNDATEN. Die Lohnart 4, Gehalt mit allen Kürzungen, bietet den Vorteil, dass eine entsprechende Kürzung bei Ein- und Austritt und bei Fehlzeiten (z.B. unbezahlter Urlaub) vom Programm automatisch vorgenommen wird.

Tragen Sie jetzt nacheinander alle erforderlichen Lohnarten ein. In unserem Beispiel fangen wir nur mit dem Gehalt an und werden im nächsten Monat weitere Lohnarten ergänzen. Wenn Sie eine falsche Lohnart erwischt haben, können Sie diese mit **F4 löschen** oder mit **F3** an jeder beliebigen Stelle eine weitere Lohnart **einfügen**.

Wenn Sie Ihre Erfassung abgeschlossen haben, drücken Sie **ESC** und wählen Sie "Erfassung speichern".

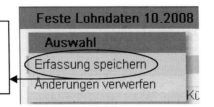

Wählen Sie Erfassung speichern, um die Lohndatenerfassung abzuspeichern.

ERFASSUNG SPEICHERN. Wählen Sie Erfassung speichern, damit Ihre Eingabe gespeichert wird.

Wählen Sie aus, auf welche Monate Ihre Änderungen übertragen werden sollen. Vorgeschlagen werden in der Regel alle Monate bis zum Jahresende.

ÄNDERUNGEN ÜBERTRAGEN. Beim speichern werden Sie automatisch gefragt, ob die erfassten Lohndaten auf die Folgemonate übertragen werden sollen.

Bestätigen Sie die Meldung, um die Erfassung bis zum Dezember zu übernehmen.

Im nächsten Schritt erfassen wir die festen Lohndaten für Maria Piendl. Das Besondere hierbei ist, dass Frau Piendl bei einer privaten Krankenkasse versichert ist und einen Zuschuss zur privaten Kranken- und Pflegeversicherung erhält. Dieser Zuschuss ist steuerfrei und nicht sozialversicherungspflichtig.

Diese Lohnarten sind so angelegt, dass der Betrag automatisch aus dem Personalstamm übernommen wird. Eine manuelle Änderung ist an dieser Stelle nicht möglich.

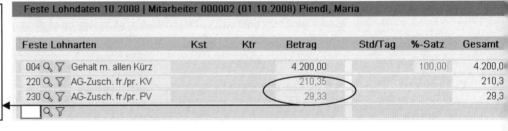

LOHNDATENERFASSUNG FRAU PIENDL. Neben dem Gehalt werden hier die Arbeitgeberzuschüsse zur privaten Kranken- und Pflegeversicherung eingetragen.

📁 **Wichtig**

Im Zuge der Gleichbehandlung bekommt ein privat versicherter Mitarbeiter 50% der Krankenversicherung und 50% der Pflegeversicherung als Zuschuss mit dem Gehalt ausgezahlt. Die Überweisung der Beiträge an die Krankenversicherung erfolgt durch den Mitarbeiter selbst. **Zur Überprüfung der Beiträge ist vom Mitarbeiter jedes Jahr eine Bescheinigung der Krankenkasse vorzulegen.** Dabei ist die Höhe des Zuschusses zur Krankenversicherung auf max. 50% bzw. auf höchstens die Hälfte des Durchschnittssatzes aller gesetzlichen Krankenkassen begrenzt. Dieser Satz wird jedes Jahr durch die AOK bekannt gegeben.

In der Lohndatenerfassung haben Sie außerdem die Möglichkeit einer Abrechnungsvorschau, um zu sehen, was bei der Abrechnung herauskommt. Diese finden Sie unter **Optionen → Abrechnungsvorschau** bekommen Sie eine Übersicht, in der Sie alle Bezüge und alle Abzüge sehen und den Auszahlungsbetrag.

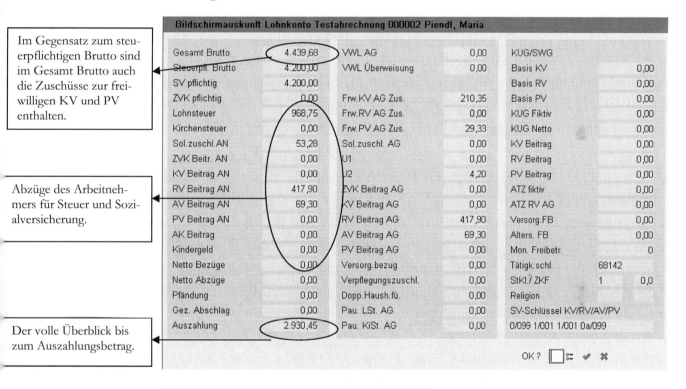

ABRECHNUNGSVORSCHAU. In der Abrechnungsvorschau haben Sie sofort das Ergebnis der Abrechnung im Überblick..

Im Gegensatz zum steuerpflichtigen Brutto sind im Gesamt Brutto auch die Zuschüsse zur freiwilligen KV und PV enthalten.

Abzüge des Arbeitnehmers für Steuer und Sozialversicherung.

Der volle Überblick bis zum Auszahlungsbetrag.

BILDSCHIRMAUSKUNFT LOHNKONTO. In der Bildschirmauskunft sehen Sie jetzt die komplette Abrechnung für diesen Mitarbeiter im Überblick.

axistipp

In der OK-Abfrage der Bildschirmauskunft gibt es noch eine Reihe weiterer Optionen. So können Sie z.B. aus dieser Maske einen Lohnbeleg drucken, wenn der Mitarbeiter vorab eine Übersicht möchte. Alle Optionen sehen Sie, wenn Sie mit **F2** die Übersicht öffnen.

Wenn Sie die Optionen geprüft haben, verlassen Sie bitte die Auskunft, speichern die erfassten Werte und übertragen sie auf die Folgemonate.

OK ?	
J	Ja
N	Nein
D	Druck Lohnbeleg
V	VBLU-Werte
U	ZVK-Werte
R	Direktversicherungs-/Pensions-Werte
T	Steuer-/SV-/Krank-/Urlaubstage
A	Abfindungen/Mehrjähriges Entgelt
B	Beitragspflichtige Einnahmen nach §23c SGB IV

ÜBERSICHT MIT F2. Mit **D** für **D**ruck können Sie an dieser Stelle direkt einen Lohnbeleg drucken.

Variable Lohndaten

Die variablen Lohndaten gelten jeweils nur für einen Abrechnungsmonat und werden nicht auf die Folgemonate fortgeschrieben. So sind z.B. Stundenzettel generell über die variablen Lohndaten zu erfassen. Sollten Sie dann einen Monat die Erfassung vergessen, kommt im Abrechnungsprotokoll eine entsprechende Fehlermeldung. Erfassen Sie aber die Daten unter den festen Lohndaten und vergessen, die aktuellen Werte einzugeben, dann haben Sie eine falsche Abrechnung mit den Werten vom Vormonat und der Fehler fällt unter Umständen gar nicht oder erst im Rahmen einer Betriebsprüfung auf.

Die variablen Lohndaten können wahlweise wie die festen Lohndaten erfasst werden, oder über: **Lohn & Gehalt** → **Abrechnung und Erfassung** → **Variable Lohndaten.**

Hier werden die Lohndaten erfasst, die sich monatlich ändern, wie Überstunden, Urlaubsgeld, ...

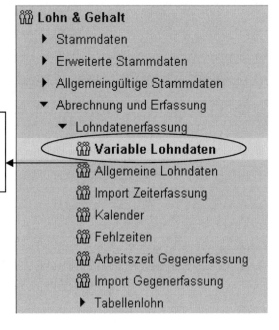

VARIABLE LOHNDATEN. Programmaufruf.

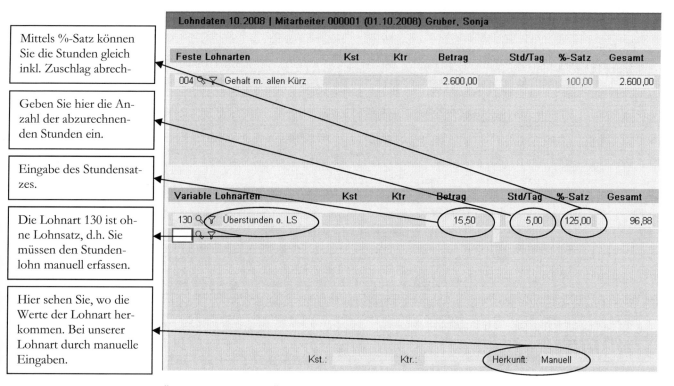

Mittels %-Satz können Sie die Stunden gleich inkl. Zuschlag abrech-

Geben Sie hier die Anzahl der abzurechnenden Stunden ein.

Eingabe des Stundensatzes.

Die Lohnart 130 ist ohne Lohnsatz, d.h. Sie müssen den Stundenlohn manuell erfassen.

Hier sehen Sie, wo die Werte der Lohnart herkommen. Bei unserer Lohnart durch manuelle Eingaben.

ÄNDERUNGEN ÜBERTRAGEN. Beim Speichern werden Sie automatisch gefragt, ob die erfassten Lohndaten auf die Folgemonate übertragen werden sollen.

Wenn Sie Überstunden erfassen, müssen Sie neben dem Betrag und der Anzahl der Stunden auch noch den Prozentsatz angeben, mit dem abgerechnet werden soll. Bitte kontrollieren Sie anschließend das Feld Gesamtbetrag, um zu prüfen, ob alle erforderlichen Eingaben korrekt gemacht wurden.

Alternativ zur manuellen Eingabe können Sie den Stundensatz für Überstunden auch im Personalstamm als Lohnsatz erfassen und dann mit der entsprechenden Lohnart auf diesen Lohnsatz zugreifen.

Praxistipp

Für Änderungen bei den festen Lohndaten können Sie mit **Strg+W** das Eingabefenster wechseln.

Lernzielkontrolle

Testen Sie Ihr

Wissen

1) Was ist der Unterschied zwischen festen und variablen Lohndaten?

2) Welche Möglichkeiten gibt es, die Lohndaten in der Classic Line zu erfassen?

3) Welche Daten sollten unter den festen Lohndaten erfasst werden?

4) Welche Lohnarten sollten generell bei den variablen Lohndaten erfasst werden? Warum?

5) Wo legen Sie fest, wie eine Lohnart berechnet wird?

6) Wie bekommen Sie in der Lohndatenerfassung einen Überblick über die Abrechnung inkl. Auszahlungsbetrag?

7) Wie können Sie aus der Abrechnungsvorschau einen Lohnbeleg drucken?

Praktische Übungen

⌨ **Tastaturübungen**

1) Erfassen Sie die folgenden Lohndaten für Personalnummer 1, Sonja Gruber, für den Monat Oktober:
   Lohn und Gehalt mit allen Kürzungen   EUR 2.600,--
   Überstunden   Stundensatz: 15,50   Stunden: 5   %-Satz 125

2) Oktober: Personalnummer 2, Maria Piendl
   Lohn und Gehalt mit allen Kürzungen   EUR 4.200,--
   Zuschuss zur privaten KV
   Zuschuss zur privaten PV

3) Machen Sie bei der Lohndatenerfassung für Personalnummer 2 eine Abrechnungsvorschau und drucken Sie einen Lohnbeleg.

4) Prüfen Sie für Personalnummer 1, welche Werte in der Lohndatenerfassung vom November zu finden sind.

Listen und Protokolle

Nach der Erfassung gibt es zahlreiche Listen und Protokolle zur Überprüfung unserer eingegebenen Daten.

B evor wir zur Abrechnung schreiten, sollten wir unsere erfassten Daten überprüfen. Wir werden deshalb an einigen Listen und Auswertungen die generelle Vorgehensweise zeigen. Denn wenn Sie einmal verstanden haben, wie eine Liste und wie ein Filter in der Classic Line aufgebaut sind, ist das Ergebnis auf jede andere Auswertung im System übertragbar.

Personallisten

Zur Prüfung der erfassten Personalstammdaten eignet sich am besten das Personalstammblatt. Hier haben Sie auf 2-3 Seiten alle im Personalstamm erfassten Daten und Kennzeichen, optional auch noch die erfassten Lohndaten. Unter **Lohn & Gehalt → Stammdaten → Personal → Personallisten → Personalstammblatt** kommen Sie in die Auswahl, für welche Mitarbeiter Sie das Personalstammblatt drucken möchten.

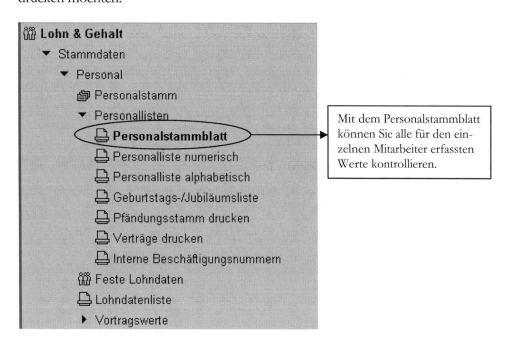

PERSONALSTAMMBLATT. Programmaufruf.

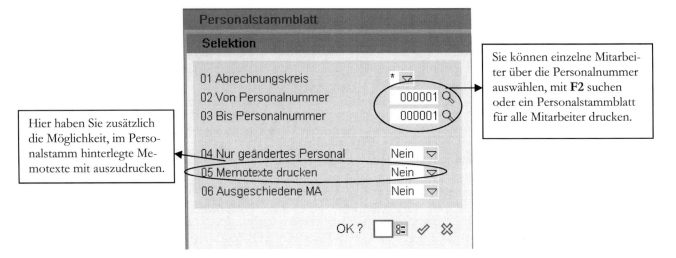

Hier haben Sie zusätzlich die Möglichkeit, im Personalstamm hinterlegte Memotexte mit auszudrucken.

Sie können einzelne Mitarbeiter über die Personalnummer auswählen, mit **F2** suchen oder ein Personalstammblatt für alle Mitarbeiter drucken.

SELEKTION. In der Selektion können Sie jetzt mit Hilfe verschiedener Abrechnungskreise oder mit Hilfe der Personalnummer die Mitarbeiter auswählen, für die ein Personalstammblatt gedruckt werden soll.

Neben der Selektion der Mitarbeiter können Sie auch auswählen, ob die Memotexte mit angedruckt werden sollen, oder nicht. Wir wählen für unser Beispiel die Personalnummer 1.[42]

Mandant	500	Musikladen GmbH - Lohn & Gehalt			Druck	12.02.2009 / 15:37 / @

Personalstammblatt Lohn und Gehalt	Pers.Nr.: 000001		Währung: Euro	Datum	12.02.2009	Seite

Personalstammdaten 1

Nummer	:	000001	Betriebszugeh.	:	01.01.2002	
Titel	:		Eintrittsdatum	:	01.10.2008	
Familienname	:	Gruber	vorige Pers.Nr.	:	000000	
Vorname	:	Sonja	Austrittsdatum	:		
Strasse	:	Frühlingsplatz 2	Austrittsgrund	:		
Land	:	Deutschland	nachf.Pers.Nr.	:	000000	
PLZ / Ort	:	85221 Dachau				
Telefon	:					
Mobil	:		Urlaubskonto	Vorjahr	:	0,00
eMail	:			lfd.Jahr	:	30,00
Geburtsdatum	:	28.10.1958		Gesamt	:	30,00
Abrechnungskreis	:	0 Angestellte		Mindesturlaub	: 0	0,0
Urlaubsautomatik	:	Nein				
Abteilung	:		Basisstunden	AZ-Modell benutzen	:	Nein
Familienstand	:	VHW		täglich	:	8,00
Staatsangehörigkt.	:	000		wöchentlich	:	40,00
Abw.Betriebsnr.	:			monatlich	:	168,00

Personalstammdaten SV

Personengruppe	:	101 = Normal		BRK-Mitgliedsnr.	:			
Tätigkeitsschl.	:	77242 Buchhalterin		Privater Beitrag KV	:	0,00		
Krankenversich.	:	West 1 001	AOK Bayern Die Gesundheitska	Privater Beitrag PV	:	0,00		
Rentenversich.	:	West 1 001	AOK Bayern Die Gesundheitska	Anspruch Krankentagegeld	: Nein		Rentner/Antragst. :	0
Arbeitslosenvers.	:	West 1 001	AOK Bayern Die Gesundheitska	Anwendung der Gleitzone	: Nein		Geringverdiener :	Nein
Pflegeversich.	:	West 1a 001	AOK Bayern Die Gesundheitska	Gleitzonenverzicht für RV	: Nein		freiw.soz. Jahr :	0
Umlage	:	2 001	AOK Bayern Die Gesundheitska	Hauptberuflich Selbständig	: Nein		Elterneigenschaft :	Nein
SV-/KV-Nummer	:	19281058G990		Periode Vorausmeldung	:		Bisher nicht versichert :	Nein

PERSONALSTAMMBLATT. Im Personalstammblatt finden Sie alle erfassten Informationen für diesen Mitarbeiter und können jetzt Ihre Eingaben kontrollieren. In vielen Firmen wird das Personalstammblatt in der Personalakte mit abgelegt. Hier nur der Anfang vom Personalstammblatt, das in der Regel 2 Seiten umfasst.

Anders als in früheren Versionen ist die Reihenfolge der Erfassung jetzt identisch mit dem Aufbau der Daten im Personalstammblatt. Wir haben nur den Kopfteil der ersten Seite des Personalstammblattes als Beispiel gezeigt, da Sie den Druck jederzeit selbst vornehmen können.

---

[42] Die Option, auch gleich die festen Lohndaten mit auszudrucken, ist in der Version 2007 weggefallen.

Eine übersichtliche Möglichkeit zur Kontrolle der erfassten Lohndaten bietet das Lohndaten-Erfassungsprotokoll unter **Lohn & Gehalt → Abrechnung und Erfassung → Lohndatenprotokolle → Erfassungsprotokoll.** Sie sollten vor der ersten Abrechnung ein komplettes Protokoll drucken und Ihre Eingaben prüfen. Genau dieselbe Liste erhalten Sie auch unter **Lohn & Gehalt → Stammdaten → Personal → Lohndatenliste.**

Wählen Sie hier den Zeitraum aus, für den Sie das Protokoll drucken wollen. Dabei können Sie bei Bedarf auch die Lohndatenerfassung einzelner Mitarbeiter für das ganze Jahr ausdrucken.

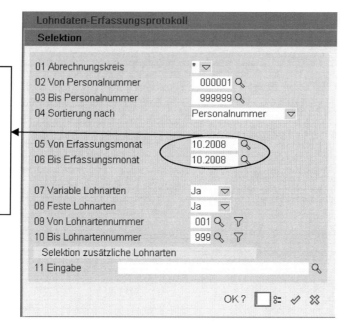

LOHNDATEN-ERFASSUNGSPROTOKOLL. Hier können Sie die erfassten Lohnarten für einzelne Monate und Mitarbeiter drucken.

Neben der Auswahl der Mitarbeiter können Sie hier wählen, ob die variablen Lohnarten und die festen Lohnarten angedruckt werden sollen. Darüber hinaus können Sie aber auch über die Lohnarten selektieren. Auf diese Weise können Sie z.B. filtern, bei welchen Mitarbeitern in einem bestimmten Monat Überstunden abgerechnet wurden und vieles mehr.

Bitte denken Sie daran, wenn Sie mehrere Einschränkungen wählen, erhalten Sie immer nur die Daten, die alle eingegebenen Kriterien erfüllen.

Praxistipp

Das Lohndatenerfassungsprotokoll ist vor allem hilfreich, wenn Sie Lohnarten ändern und prüfen wollen, welche Mitarbeiter von der Änderung betroffen sind. Dann wählen Sie einfach alle Mitarbeiter aus und geben als Selektionskriterium nur die betreffende Lohnart ein.

Interessant ist das Protokoll z.B. bei Fragen, wie:

- Wie viel Geld haben wir diesen Monat für Überstunden ausgezahlt?

- Wie hoch ist die Summe Weihnachtsgeld über alle Mitarbeiter?

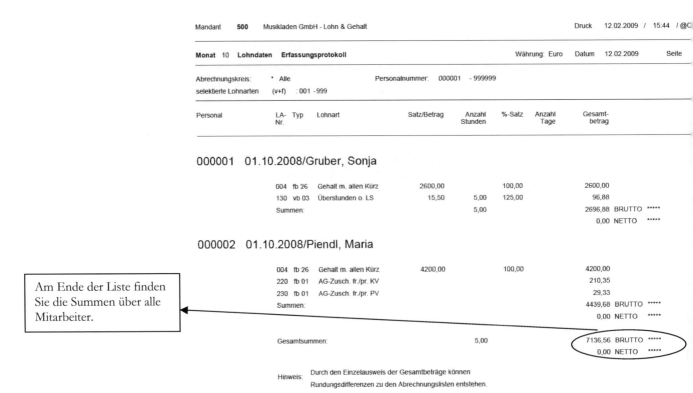

ERFASSTE LOHNARTEN FÜR OKTOBER 2008. Nach Personalnummern sortiert finden Sie hier alle ausgewählten Mitarbeiter mit den erfassten Lohnarten.

Lohnartenliste

Neben den Personallisten ist es sinnvoll, am Anfang der Lohnabrechnung eine vollständige Lohnartenliste mit dem kompletten Lohnartenstamm zu drucken und zu archivieren. So können nachträgliche Änderungen im Lohnartenstamm dokumentiert werden. Die Liste finden Sie unter: **Lohn & Gehalt → Stammdaten → Lohnarten → Lohnartenliste.**

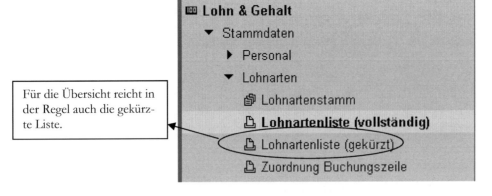

LOHNARTENLISTE. Hier können Sie die gewünschte Liste auswählen.

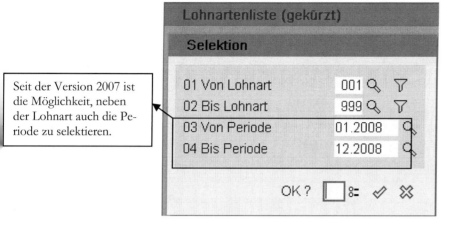

Seit der Version 2007 ist die Möglichkeit, neben der Lohnart auch die Periode zu selektieren.

LOHNARTENLISTE - AUSWAHL. Hier wählen Sie die gewünschten Lohnarten aus.

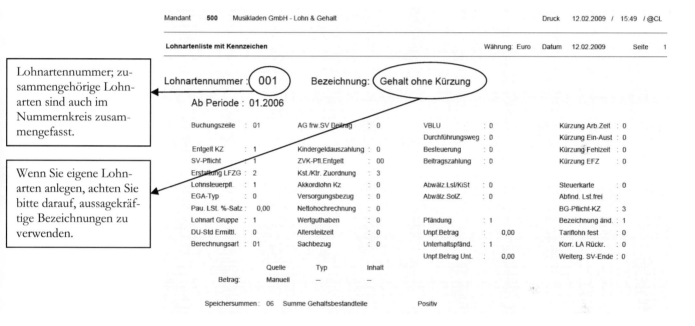

Lohnartennummer; zusammengehörige Lohnarten sind auch im Nummernkreis zusammengefasst.

Wenn Sie eigene Lohnarten anlegen, achten Sie bitte darauf, aussagekräftige Bezeichnungen zu verwenden.

LOHNARTENLISTE VOLLSTÄNDIG. Hier sehen Sie alle erfassten Lohnarten mit allen Kennzeichen.

Neben der Dokumentation der Änderungen ist eine vollständige Lohnartenliste auch ein hilfreiches Nachschlagewerk für die tägliche Arbeit.

Lernzielkontrolle

Testen Sie Ihr

Wissen

1) Wie können Sie ein Personalstammblatt drucken?

2) Welche Möglichkeiten haben Sie, Ihre erfassten Lohndaten auszudrucken?

3) Welche Möglichkeiten der Selektion bietet die Lohnartenliste?

4) Was ist bei der Verwendung mehrerer Selektionsmerkmale zu beachten?

Praktische Übungen

 **Tastaturübungen**

1) Drucken Sie ein Personalstammblatt für Sonja Gruber.

2) Kontrollieren Sie Ihre erfassten Daten.

3) Machen Sie dasselbe für Maria Piendl.

4) Drucken Sie eine Liste der Lohnartenerfassung für alle Mitarbeiter und prüfen Sie Ihre Eingaben.

5) Drucken Sie eine Lohnartenliste von Lohnart 001 bis 004. Wo genau unterscheiden sich diese 4 Lohnarten?

Datensicherung

Im Lohn ist die regelmäßige Datensicherung elementar wichtig. Aus diesem Grund haben wir Ihr ein eigenes Kapitel gewidmet.

B evor Sie mit der ersten Abrechnung beginnen, ist es unbedingt erforderlich, eine Datensicherung zu erstellen. Sollte es während der Abrechnung zu einem Programmabbruch kommen (z.B. wegen Stromausfall), ist der Datenbestand mit hoher Wahrscheinlichkeit hinterher fehlerhaft. Und dann hilft nur noch, auf die Datensicherung zurückzugreifen.

Wichtig sind bei einer Datensicherung insbesondere folgende Punkte:

- Sichern Sie regelmäßig auf ein externes Medium; eine Sicherung nur auf der Festplatte ist keinesfalls ausreichend.

- Sichern Sie vor jeder Abrechnung.

- Archivieren Sie zumindest am Jahresende eine Datensicherung.[43]

- Verwenden Sie unterschiedliche Speichermedien und nicht nur eins.

- Überprüfen Sie regelmäßig, ob Sie Ihre Sicherung auch zurücksichern können.

Wichtig

Neben den Möglichkeiten der Band- und Komplettsicherung bietet die Classic Line eine sehr komfortable Möglichkeit der Mandantensicherung. Zusätzlich können Sie auch die IDEA-Schnittstelle nutzen, um gleich eine CD für den Prüfer zu erstellen. Allerdings aufgepasst: die IDEA-Schnittstelle deckt nur die Wahl des Prüfers zur Datenträgerüberlassung ab, nicht aber das Recht des Prüfers, in Ihrem System zu prüfen. **Insofern kann diese Art der Datensicherung (IDEA) immer nur ergänzend verwendet werden, niemals als Ersatz für die reguläre Datensicherung.**

---

[43] Für die elektronische Betriebsprüfung müssen die Daten der Lohnabrechnung, soweit elektronisch erzeugt, auch elektronisch archiviert werden. Dabei ist daran zu denken, dass die Classic Line momentan nicht in der Lage ist, in der laufenden Lohnbuchhaltung mehr als 2 Jahre vorzuhalten (aktuelles und Vorjahr), d.h. anders als in der Finanzbuchhaltung, wo Sie 10 Jahre parallel buchen können, ist es im Lohn nicht ausreichend, nur den aktuellen Mandanten regelmäßig zu sichern. Eine zusätzliche Sicherung vor jedem Jahresabschluss ist zwingend zu archivieren.

Mandantensicherung

Unter **Administration** → **Mandantenverwaltung** → **Mandant sichern** haben Sie die Möglichkeit, eine Datensicherung wahlweise auf die Festplatte oder auf eine Diskette zu erstellen. Wenn Sie auf die Festplatte sichern, sollten Sie ein entsprechendes Archiv mit Tagesdatum anlegen und regelmäßig eine Sicherung auf CD brennen oder die Festplatte mit einem Bandlaufwerk sichern.

Wir spielen das ganze einmal mit Hilfe einer Sicherung auf unsere Festplatte durch. In diesem Fall ist regelmäßig von den Sicherungen auf der Festplatte ein CD oder andere Sicherung zu erstellen, damit Sie wieder über eine externe Datensicherung verfügen.

Der Vorteil dieser programminternen Sicherung liegt darin, dass Sie vom Anwender selbst durchgeführt werden kann und keine Administrationskenntnisse erforderlich sind (im Gegensatz zur Bandsicherung).

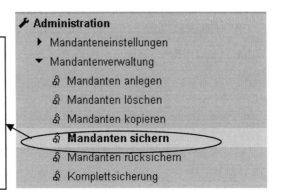

MANDANT SICHERN. Unter Mandantenverwaltung finden Sie den Punkt Mandant sichern.

Einen Punkt weiter haben Sie auch gleich "Mandant rücksichern", wo Sie Ihre Datensicherung wieder einspielen können.

Tragen Sie hier den gewünschten Pfad für die Datensicherung ein.

Neu in der Version 2009 ist die Möglichkeit, den Dateinamen der Datensicherung optional um die Mandantennummer und Datum/Uhrzeit zu erweitern.

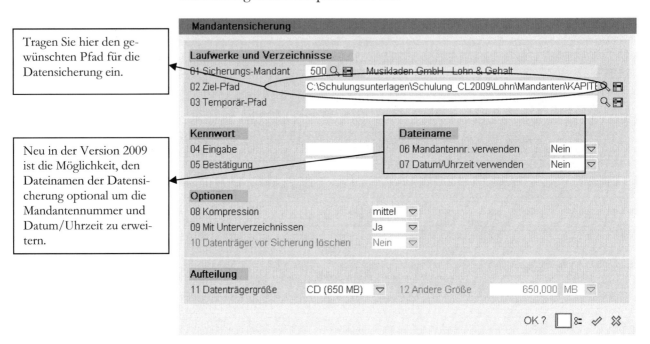

MANDANT SICHERN. Stellen Sie hier den Zielpfad für Ihre Sicherung ein. Alle anderen Angaben sollten Sie unverändert übernehmen.

In früheren Versionen der Classic Line gab es diese Auswahl nicht und der auswechselbare Datenträger wurde in jedem Fall vor der Sicherung gelöscht. Das ist ja bei Disketten auch sinnvoll, führte aber bei Zip-Laufwerken und Memorysticks zu

---

Problemen, da es ja hier vom Platz her keine Rolle gespielt hätte, auch mehrere Datensicherungen auf einen Datenträger zu speichern.

Achtung: Wenn Sie für die Sicherung ein Kennwort vergeben, können Sie die Daten ohne dieses Kennwort nicht mehr zurücksichern. Bitte dokumentieren Sie das Kennwort in diesem Fall an einem sicheren Ort (z.B. Safe), damit auch ohne Sie eine Rücksicherung durchgeführt werden kann (z.B. wenn Sie im Urlaub sind).

Die Abfrage bitte mit nein beantworten. Achtung: Prüfen Sie vor der Sicherung, ob Sie alle Masken geschlossen haben. Wenn Sie noch ein Programm offen haben, kommt es bei der Sicherung zu einer Satzsperre und die Sicherung wird abgebrochen.

Wenn es den Ordner noch nicht gibt, mit ja anlegen oder nein sagen und ein anderes Verzeichnis auswählen.

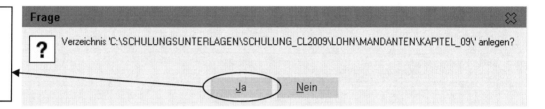

VERZEICHNISPRÜFUNG. Vor dem Start der Sicherung prüft das Programm, ob das angegebene Verzeichnis existiert.

Prüfen Sie bitte vorher, ob Sie im ausgewählten Verzeichnis über die erforderlichen Schreibrechte verfügen und genügend Speicherplatz für die Sicherung vorhanden ist.

Bitte bei Netzwerkinstallationen vorab prüfen, ob noch jemand in der Classic Line arbeitet.

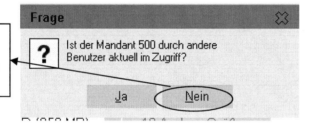

FRAGE. Bitte erst prüfen, ob noch Anwendungen im ausgewählten Mandanten durch Sie selbst oder andere geöffnet sind, bevor Sie diese Meldung beantworten.

Wichtig

Wenn Sie eine Datensicherung zurückspielen wollen, dann müssen Sie folgendes beachten: Sie können nicht auf einen bestehenden Mandanten zurücksichern. Entweder löschen Sie zuvor Ihren Mandanten oder Sie sichern auf eine neue Nummer zurück.

HINWEIS. Mit Bestätigung des Hinweises ist die Datensicherung abgeschlossen.

Lernzielkontrolle

☺ **Testen Sie Ihr**

Wissen

1) Welche Möglichkeiten der Datensicherung kennen Sie?

2) Wie können Sie in der Classic Line bequem Ihre Daten sichern?

3) Warum ist es so wichtig, die Daten **vor** der Abrechnung zu sichern?

4) Was ist bei der Sicherung zu beachten?

5) Wie können Sie Ihre Daten zurücksichern?

6) Was ist bei der Rücksicherung zu beachten?

Praktische Übungen

⌨ **Tastaturübungen**

1) Erstellen Sie eine Mandantensicherung auf Diskette.

2) Legen Sie auf Ihrer lokalen Festplatte einen neuen Ordner für die Datensicherung an: Sicher_CL. Erstellen Sie eine Datensicherung in diesen Ordner und legen Sie bei der Sicherung einen Unterordner mit Tagesdatum an. Verwenden Sie dabei das amerikanische Datumsformat JJMMTT. Auf diese Weise stehen die Tagessicherungen immer in der richtigen Reihenfolge.

Bestätigen Sie mit ja, um den Ordner anzulegen.

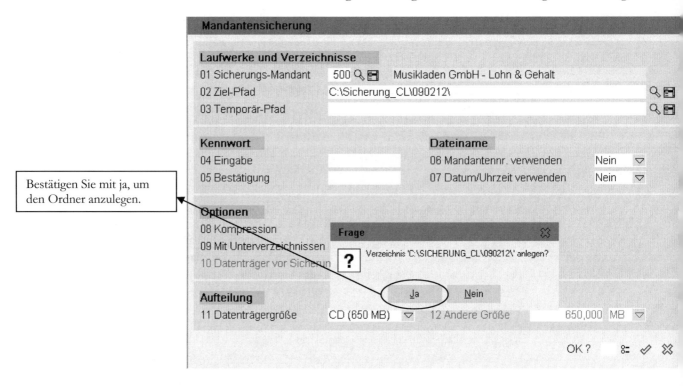

SICHERUNG AUF DIE LOKALE FESTPLATTE. Legen Sie für jede Sicherung einen eigenen Ordner mit dem Tagesdatum an, dann können Sie auf einen Blick die gewünschte Sicherung finden. Diesen Ordner können Sie zusätzlich in regelmäßigen Abständen auf CD oder DVD brennen.

Die Möglichkeiten der Lohnabrechnung

Unsere erste Lohnabrechnung inklusiv Korrektur-möglichkeiten.

Nachdem wir alle Lohndaten erfasst und geprüft und eine Datensicherung erstellt haben, können wir unseren ersten Abrechnungslauf starten. Bei der Übernahme der Abrechnung vom Steuerberater bietet es sich dabei an, 1 oder 2 Monate parallel abzurechnen und die Zahlen abzustimmen. Das hilft, Fehler aufzudecken und gibt mehr Sicherheit.

Unter **Lohn & Gehalt → Abrechnung und Erfassung** gibt es nun verschiedene Möglichkeiten der Abrechnung:

Abrechnung: Das ist die ganz normale monatliche Abrechnung.

Testabrechnung: Sie hat keinerlei Auswirkungen auf die Abrechnung und kann beliebig oft durchgeführt werden. Sie ist z.B. hilfreich um die Auswirkungen einer Gehaltserhöhung auf das Nettoentgelt zu prüfen.[44]

Rückrechnung: Die Rückrechnung dient der Korrektur zurückliegender Monate und kann maximal für 12 Monate oder bis zum April des Vorjahres durchgeführt werden

Die Rückrechnung ist ein in sich geschlossenes System mit allen Listen und Auswertungen, genau, wie in der regulären Abrechnung. Wir werden später noch im Detail darauf eingehen.

---

[44] Die Testabrechnung ist im Grunde nicht erforderlich; wenn Sie für einen einzelnen Mitarbeiter die Zahlen vorab haben wollen, können Sie in der Lohndatenerfassung die Abrechnungsvorschau aufrufen. Wenn Sie für mehrere Mitarbeiter eine Testabrechnung benötigen, können Sie den Mandanten auch auf eine neue Nummer kopieren und in der Kopie eine echte Abrechnung ausführen.

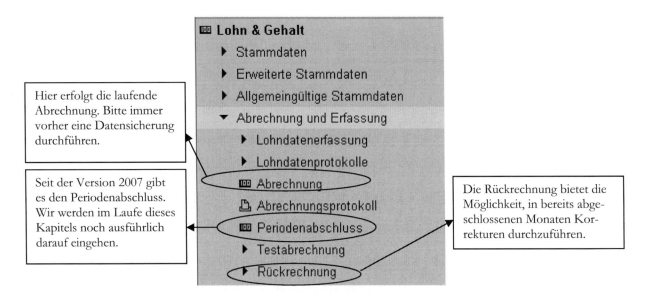

Hier erfolgt die laufende Abrechnung. Bitte immer vorher eine Datensicherung durchführen.

Seit der Version 2007 gibt es den Periodenabschluss. Wir werden im Laufe dieses Kapitels noch ausführlich darauf eingehen.

Die Rückrechnung bietet die Möglichkeit, in bereits abgeschlossenen Monaten Korrekturen durchzuführen.

ABRECHNUNG. Übersicht der Möglichkeiten, eine Abrechnung durchzuführen.

Die Lohnabrechnung

Nach der Erledigung aller Vorarbeiten können wir jetzt unsere Abrechnung für den Monat Oktober durchführen.[45]

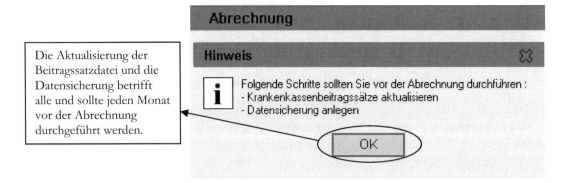

Die Aktualisierung der Beitragssatzdatei und die Datensicherung betrifft alle und sollte jeden Monat vor der Abrechnung durchgeführt werden.

HINWEIS ZUR ABRECHNUNG. Die Krankenkassenbeitragssätze wurden aktualisiert und eine Datensicherung haben wir erstellt.

Anschließend haben wir die Möglichkeit, einen Abrechnungskreis und den Verarbeitungsmonat auszuwählen. Da wir nicht mit unterschiedlichen Abrechnungskreisen arbeiten, können wir den Stern für alle Kreise übernehmen. Als Verarbeitungsmonat wird immer der aktuell zur Abrechnung anstehende Monat vorgeschlagen. Bei uns ist das der Oktober, weil wir den Oktober 2008 in den Lohnkonstanten im Feld Beginn der Abrechnung eingetragen haben.

---

[45] Seit 2007 ist durch die Änderung der Meldepflicht zur Sozialversicherung bereits zum 3.letzten des Monats in vielen Fällen eine Schätzabrechnung erforderlich. Dabei wird das Entgelt der Mitarbeiter bis zum Monatsende geschätzt und aus diesem geschätzten Entgelt werden dann die Beiträge zur Sozialversicherung ermittelt und gemeldet. Zu umgehen ist die Schätzabrechnung nur, wenn Sie entweder mit den Krankenkassen vereinbaren, dass diese grundsätzlich die Beiträge vom Vormonat einziehen und die Differenzen mitgeführt werden oder Sie alternativ Ihre Lohnabrechnung so gestalten, dass es nach dem 25. des Monats keine Änderungen mehr gibt. Wir werden die Schätzabrechnung in einem der nachfolgenden Kapitel besprechen.

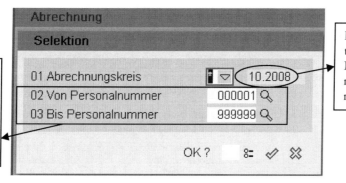

Neu seit der Version 2007 ist die Möglichkeit, neben der Auswahl eines Abrechnungskreises auch einzelne Mitarbeiter für die Abrechnung auszuwählen.

Hier wird vom System automatisch der aktuell abzurechnende Monat vorgeschlagen. Eine manuelle Änderung ist nicht möglich.

SELEKTION. Wählen Sie hier Abrechnungskreis und, falls erforderlich, einzelne Mitarbeiter aus. Der Abrechnungsmonat ist durch den Periodenabschluss automatisch fest vorgegeben.

Nach der Abrechnung empfehle ich Ihnen, ein Abrechnungsprotokoll zu drucken und zu prüfen, ob hier Fehler gemeldet werden. Starten Sie dazu das Abrechnungsprotokoll, direkt unter dem Menüpunkt Abrechnung und wählen Sie die aktuelle Periode.

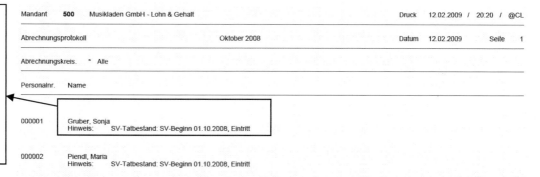

In unserem Abrechnungsprotokoll finden Sie den Hinweis auf eine SV-Meldung wegen SV-Beginn. Diese Meldung ist neben dem Neuanfang eines Mitarbeiters auch beim einem Wechsel des Abrechnungssystems erforderlich.

ABRECHNUNGSPROTOKOLL. Im Abrechnungsprotokoll finden Sie wichtige Hinweise zu Besonderheiten in der Abrechnung.

axistipp

Neben Fehlerhinweisen, wie z.B. fehlende SV-Nummer im Personalstamm oder kein SV-Brutto im Abrechnungszeitraum, finden Sie im Abrechnungsprotokoll auch Hinweise zu meldepflichtigen Tatbeständen oder den Ablauf von befristeten Anstellungsverträgen. Deshalb ist es wichtig, das Abrechnungsprotokoll jeden Monat aufmerksam zu kontrollieren.

Seit der Classic Line 2007 wird grundsätzlich in allen Auswertungen riesengroß und nicht zu übersehen, quer über das Blatt das Wort Info gedruckt wird. Die Auswertung ohne diesen Info Druck ist erst nach einem Periodenabschluss möglich. Allerdings können dann die Abrechungsdaten nur noch über eine Rückrechnung korrigiert werden.

Wenn Sie bereits bei der Abrechnung feststellen, dass Sie etwas vergessen haben, so können Sie die fehlenden Daten nach erfassen und anschließend erneut eine Abrechnung durchführen.

Der VL-Vertrag

Eine Korrektur der laufenden Abrechnung kann **nur vor dem Periodenabschluss** durchgeführt werden. Bereits gedruckte Abrechnungslisten und Auswertungen sind nach einer Korrektur neu zu drucken[46], bereits erfolgte Zahlungen manuell zu korrigieren.

In unserem Beispiel hat Frau Gruber einen neuen VL-Vertrag abgeschlossen und der Chef einen Zuschuss in Höhe von EUR 20,-- genehmigt. Wir bekommen die Unterlagen auf den Tisch, nachdem wir gerade unseren Abrechnungslauf gemacht haben.

Zuerst hinterlegen wir im Personalstamm den VL-Vertrag. Anschließend können wir dann unter "Feste Lohndaten" den Arbeitgeberzuschuss zu den VL erfassen und erneut eine Abrechnung durchführen. Wir werden diesen Teil sehr ausführlich erklären, weil die gesamte Verwaltung der Verträge bereits in der Classic Line 2007 völlig neu konzipiert wurde.

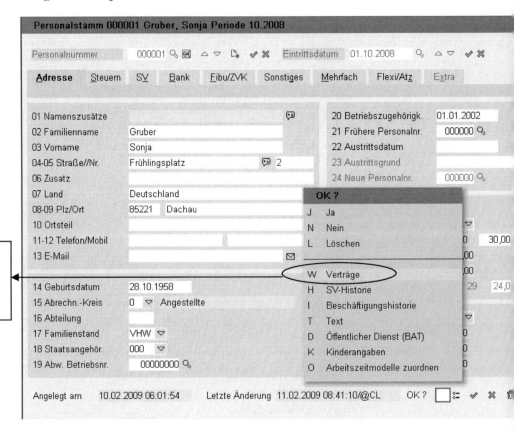

Geben Sie in der OK-Abfrage ein **W** ein oder wählen Sie mit **F2**, um den VL-Vertrag zu erfassen.

AUFRUF DER VL VERTRÄGE IM PERSONALSTAMM. Wenn Sie in der OK-Abfrage **F2** eingeben, finden Sie die Auswahl W für Verträge.

Mit der Eingabe von **W** für Verträge und bestätigen der Eingabe kommen Sie in die Maske zur Erfassung des Vertrages. Die Vertragsverwaltung wurde bereits in der Version 2007 vollkommen neu konzipiert.

---

[46] Wobei sich diese Frage auf Grund des fetten **Info** Wasserzeichens wohl erübrigt und Sie in aller Regel die Auswertungen nach dem Periodenabschluss neu drucken werden.

Um auch auf zukünftige gesetzliche Änderungen besser reagieren zu können, wurden VL-Verträge[47] und Verträge für Direktversicherung und Altersversorgung in einem einzigen Programmpunkt zusammengefasst. Hier ist es jetzt möglich, bis zu 999 Verträge je Mitarbeiter zu verwalten[48]. Dabei ist es jetzt möglich, jedem einzelnen Vertrag eine gültige Laufzeit zu hinterlegen und einzutragen, ob die Zahlung monatlich, oder nur zu bestimmten Terminen erfolgt. Das ist, wenn Sie sich erst einmal an die neue Logik gewöhnt haben, eine deutliche Erleichterung.

Bei der Datenübernahme aus älteren Classic Line Versionen kann es vorkommen, dass es bei der Umstellung der Verträge zu Unstimmigkeiten bei den Vertragsnummern oder den Fälligkeiten kommt. Bitte prüfen Sie in solchen Fällen Ihre Daten besonders sorgfältig, um Fehler in der Abrechnung zu vermeiden. Ich empfehle Ihnen, zumindest für jede Vertragsart nach der Datenkonvertierung eine Stichprobe zu machen und bei der Abrechnung insbesondere die Auszahlungsbeträge für VL-Verträge und Direktversicherungen/Pensionskassen zu prüfen.

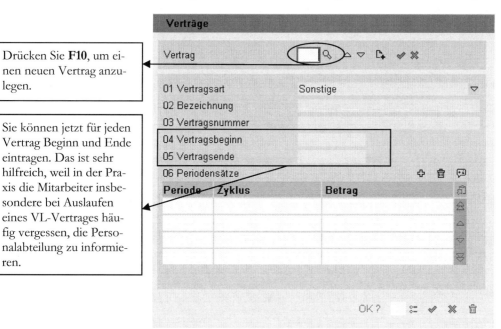

7 Wichtig

Drücken Sie **F10**, um einen neuen Vertrag anzulegen.

Sie können jetzt für jeden Vertrag Beginn und Ende eintragen. Das ist sehr hilfreich, weil in der Praxis die Mitarbeiter insbesondere bei Auslaufen eines VL-Vertrages häufig vergessen, die Personalabteilung zu informieren.

VERTRÄGE. Hier können Sie bis zu 999 Verträge je Mitarbeiter erfassen.

Neben Vertragsart, Bezeichnung und Vertragsnummer gibt es neuerdings auch die Möglichkeit, Vertragsbeginn und Vertragsende mit zu erfassen. Bei Erreichen des Vertragsendes wird der Vertrag automatisch aus der Abrechnung entfernt. Das erspart in der Praxis die ein oder andere Rückrechnung, da es immer wieder vorkommt, dass ein Mitarbeiter vergisst, in der Personalabteilung mitzuteilen, dass sein VL-Vertrag ausgelaufen ist und Sie es oft erst Monate später merken, wenn auf

---

[47] Grundlage für vermögenswirksame Leistungen ist der Abschluss eines entsprechend geförderten VL Vertrages durch den Mitarbeiter. Die häufigsten Formen sind: Bausparvertrag, Fondsparen und Lebensversicherung. Die Laufzeit beträgt 7 Jahre, wobei 6 Jahre eingezahlt werden und der Vertrag im 7.Jahr ruht. Da die Überweisung einen reinen Nettoabzug vom Gehalt des Mitarbeiters darstellt, kann der Arbeitgeber den Vertrag nicht ablehnen. Allerdings ist der Arbeitgeber gesetzlich nicht verpflichtet, einen Zuschuss zu den VL zu bezahlen.

[48] Es gibt ja heute schon Mitarbeiter mit 4 und mehr Verträgen zur Direktversicherung und Pensionskasse und das, obwohl die Konditionen immer weniger attraktiv sind und die tatsächliche Kapitalentwicklung im Moment bei vielen Versicherungen deutlich hinter den ursprünglichen Prognosen zurückbleibt. Aber zumindest verdient an jedem Vertrag ein Versicherungsvertreter bis zu 6 Monatsbeiträge Provision.

einmal das Geld von der Überweisung zurückkommt, weil die Bank nach der Auszahlung des Vertrages das entsprechende Konto aufgelöst hat.

Wählen Sie **Neuen Vertrag anlegen**, um die Vertragsdaten zu erfassen.

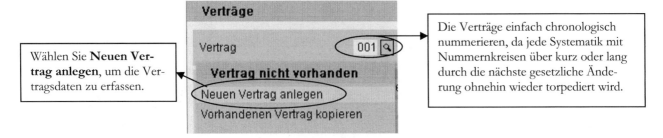

Die Verträge einfach chronologisch nummerieren, da jede Systematik mit Nummernkreisen über kurz oder lang durch die nächste gesetzliche Änderung ohnehin wieder torpediert wird.

NEUEN VERTRAG ANLEGEN. Hier wird jetzt ein neuer Vertrag angelegt. Anschließend gehen wir erneut in die Erfassung der festen Lohndaten, um unsere Korrekturen für den Monat Oktober zu erfassen.

Wählen Sie als erstes die Vertragsart aus (Vermögenswirksame Leistung) und erfassen dann systematisch alle erforderlichen Daten.

In unserem Beispiel wählen Sie Vermögenswirksame Leistung.

VERTRAGSART. Wählen Sie aus, um welche Art von Vertrag es sich hier handelt.

Folgende Vertragsarten sind möglich:

- **Sonstige:** Unter sonstigen Verträgen können Sie Verträge hinterlegen, wie z.B. Kindergartenzuschuss oder ähnliches.

- **Zukunftssicherung:** Darunter fallen alle Formen der Direktversicherung, Pensionsfonds und Pensionskassen. Die angebotene Palette der Verträge wird von Jahr zu Jahr größer und unübersichtlicher. Dabei können die einzelnen Verträge durchaus unterschiedliche Zyklen haben.[49]

- **Vermögenswirksame Leistung:** Hier können derzeit (historisch gewachsen) maximal 3 Sparverträge mit einem Gesamtvolumen von EUR 40,-- / Monat abgeschlossen werden. Dabei kann der Vertrag auch auf eine andere Person lauten (z.B. ein Kind).

- **Arbeitsvertrag:** Neu an dieser Stelle ist die Möglichkeit, auch den Arbeitsvertrag gleich hier im Personalstamm zu hinterlegen. Das bietet sich vor allem bei befristeten Verträgen an.

---

[49] So ist z.B. eine Kombination aus jährlicher Direktversicherung vom Einmalbezug mit einer monatlichen Pensionskasse durchaus möglich und in der Praxis gibt es vereinzelt vier und mehr Verträge pro Mitarbeiter, sehr zum Leidwesen der Damen und Herren, die mit der Gehaltsabrechnung betraut sind.

Nach der Festlegung der Vertragsart tragen Sie bitte eine eindeutige Bezeichnung ein[50], die Vertragsnummer und Vertragsbeginn und Ende. Sollte das Vertragsende noch nicht bekannt sein, lassen Sie das Feld bitte leer.

Geben Sie eine eindeutige Bezeichnung und die Vertragsnummer ein.

Ein VL-Vertrag läuft in der Regel 7 Jahre. 6 Jahre wird eingezahlt, ein Jahr ruht der Vertrag und nach dem 7. Jahr wird die angesparte Summe inkl. staatlicher Sparzulage (abhängig vom Einkommen) ausgezahlt.

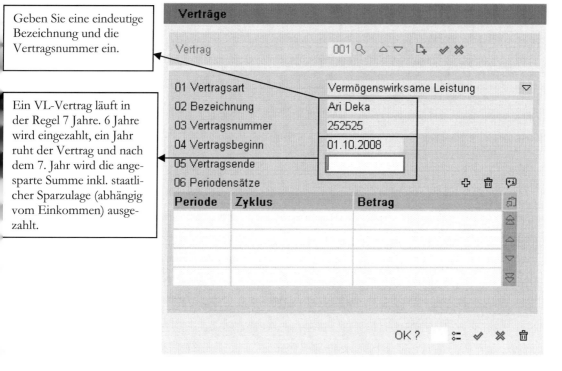

VERTRÄGE. Erfassen Sie die Vertragsdaten.

Wenn Sie alle Eingaben gemacht haben, klicken Sie auf das Pluszeichen in der Zeile 06 Periodensätze, um eine neue Periode für diesen Vertrag anzulegen. Dabei kommt eine Abfrage, ob Sie diesen Datensatz jetzt speichern wollen. Beantworten Sie die Frage mit ja, um fortzufahren.

Wählen Sie ja, um Ihre bisher erfassten Daten zu speichern.

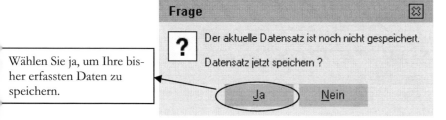

FRAGE. Wählen Sie Ja, um die nächste Maske zu öffnen.

Weiter geht es mit den periodenabhängigen Daten zu dem gerade erfassten VL-Vertrag. Achten Sie darauf, mit welcher Periode Sie anfangen. Spätere Änderungen nach der ersten Abrechnung sind nur noch über eine Rückrechnung möglich und das ist sehr aufwendig.[51]

---

[50] Bitte denken Sie an dieser Stelle daran, dass Ihre Eingaben und Beschreibungen auch für einen außenstehenden Dritten verständlich und nachvollziehbar sein müssen.

[51] Bei Rückrechnungen schleichen sich häufig Fehler ein, manchmal auch zurückzuführen auf Programmfehler. Deshalb ist es unbedingt erforderlich, vor einer Rückrechnung eine zusätzliche Datensicherung zu erstellen und alle Auswertungen besonders sorgfältig zu prüfen. Meine Empfehlung: Meiden Sie die Rückrechnung. Im Zweifel lieber auf die letzte Datensicherung zurückgehen und den Fehler, soweit möglich, in der laufenden Abrechnung korrigieren.

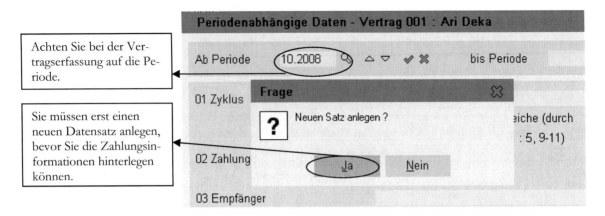

Achten Sie bei der Vertragserfassung auf die Periode.

Sie müssen erst einen neuen Datensatz anlegen, bevor Sie die Zahlungsinformationen hinterlegen können.

PERIODENABHÄNGIGE DATEN. Sagen Sie ja, um einen neuen Datensatz anzulegen.

Jetzt können Sie den Zyklus und die Zahlungsinformationen hinterlegen.

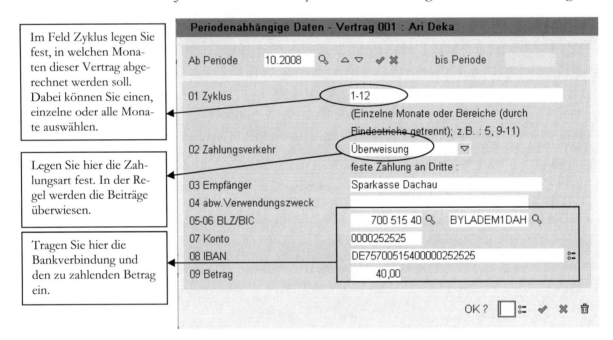

Im Feld Zyklus legen Sie fest, in welchen Monaten dieser Vertrag abgerechnet werden soll. Dabei können Sie einen, einzelne oder alle Monate auswählen.

Legen Sie hier die Zahlungsart fest. In der Regel werden die Beiträge überwiesen.

Tragen Sie hier die Bankverbindung und den zu zahlenden Betrag ein.

PERIODENABHÄNGIGE DATEN. Tragen Sie hier den Zyklus, die Bankverbindung und den Zahlbetrag ein.

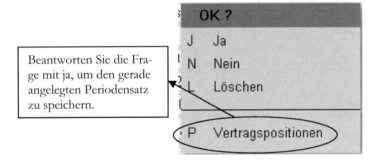

Beantworten Sie die Frage mit ja, um den gerade angelegten Periodensatz zu speichern.

OK-ABFRAGE. In der OK-Abfrage können Sie mit P für Vertragspositionen die dazugehörigen Lohnarten erfassen.

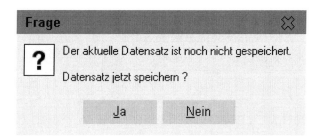

FRAGE. Ein wenig lästig ist laufend die Abfrage, ob Sie den Datensatz speichern wollen. Bitte mit ja bestätigen.

Tragen Sie hier die Lohnart und den Betrag für die Überweisung des Vertrages ein.

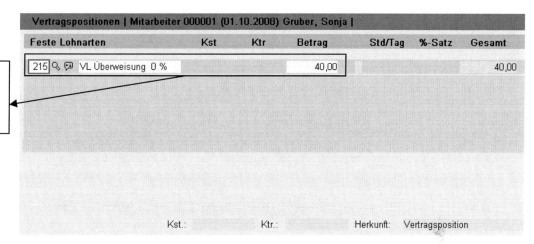

VERTRAGSPOSITIONEN. Über die Vertragspositionen können Sie für den erfassten VL-Vertrag die zughörige Lohnart für die Überweisung eintragen.

Speichern Sie Ihre Eingaben mit Ja. Mit ESC kommen Sie anschließend wieder zurück in die Übersicht zurück.

Zum Schluss der fertige Vertrag im Überblick. Damit können Sie Ihre eigenen Eingaben überprüfen.

Mit einem Klick auf die Sprechblase oder F9 für Details können Sie sich die Einzelheiten zur ausgewählten Periode anzeigen.

An der angelegten Periode sehen Sie, dass für diesen Vertrag mit Beginn 10/2008 monatlich EUR 40,-- überwiesen werden.

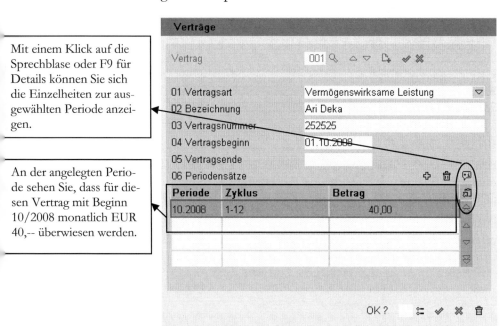

VERTRAG IM ÜBERBLICK. Mit **F9** können Sie die Einzelheiten zum Vertrag anzeigen. Änderungen oder ein Löschen des Vertrages sind nur möglich, solange der Vertrag noch nicht abgerechnet wurde. Drücken Sie ENTER, um in die OK-Abfrage zu gelangen und mit ja zu speichern.

In den Festen Lohndaten sehen sie jetzt den Überweisungsbetrag zur VL hellgrau unterlegt, d.h. diese Lohnart kann in der Erfassung nicht geändert werden. Ergänzen Sie noch den Arbeitgeberzuschuss in Höhe von EUR 40,00 und speichern Sie Ihre Eingabe.

Mit der Lohnart 215 wurde der Überweisungsbetrag laut Vertrag automatisch ergänzt. Jetzt fehlt nur noch der Arbeitgeberzuschuss.

Feste Lohndaten 10.2008 | Mitarbeiter 000001 (01.10.2008) Gruber, Sonja						
Feste Lohnarten	Kst	Ktr	Betrag	Std/Tag	%-Satz	Gesamt
215 🔍 ▽ VL Überweisung 0 %			40,00			40,00
004 🔍 ▽ Gehalt m. allen Kürz			2.600,00		100,00	2.600,00
☐ 🔍 ▽						

FESTE LOHNDATEN. Nach hinterlegen eines VL-Vertrages im Personalstamm wird der Überweisungsbetrag mit der Lohnart 215 automatisch vom Programm ergänzt.

Jetzt ist noch, soweit vertraglich vereinbart, manuell der Arbeitgeberzuschuss zu den VL zu ergänzen. In unserem Beispiel zahlt der Arbeitgeber einen Zuschuss in voller Höhe (das ist im Einzelfall Verhandlungssache, es sei denn es gibt eine entsprechende Vereinbarung im Anstellungsvertrag oder im Tarifvertrag).

Ergänzen Sie den Arbeitgeberzuschuss mit der Lohnart 210. **ESC** und Änderungen speichern und schon ist alles klar für die erneute Abrechnung.

Feste Lohndaten 10.2008 | Mitarbeiter 000001 (01.10.2008) Gruber, Sonja						
Feste Lohnarten	Kst	Ktr	Betrag	Std/Tag	%-Satz	Gesamt
215 🔍 ▽ VL Überweisung 0 %			40,00			40,00
210 🔍 ▽ VL AG-Zuschuß			40,00			40,00
004 🔍 ▽ Gehalt m. allen Kürz			2.600,00		100,00	2.600,00
☐ 🔍 ▽						

FESTE LOHNDATEN. Jetzt noch manuell den Arbeitgeberzuschuss zur VL ergänzen, am Besten direkt unter dem Überweisungsbetrag.

🗀 **Wichtig**

In dem Moment, in dem Sie im Personalstamm einen VL Vertrag erfassen, ergänzt das System die Lohnart für die Überweisung der VL in den festen Lohndaten. Das bedeutet für Sie: Wenn ein VL Vertrag ausläuft, muss er erst im Personalstamm ein Ende des Vertrages erfasst werden, bevor Sie die Lohndatenerfassung korrigieren können.

Beim Speichern müssen wir jetzt unsere Änderungen auf die Folgemonate übertragen und können dann unsere Abrechnung erneut starten unter: **Lohn & Gehalt →
Abrechnung und Erfassung → Abrechnung.** Wenn Sie noch weitere Änderungen haben, ist es sinnvoll, erst alle Änderungen zu erfassen und dann die Abrechnung zu starten. Das macht weniger Arbeit, als die Salamitaktik mit Scheibchen weiser Abrechnung nach jeder Änderung.

📖 **Praxistipp**

Auch diesmal kommt wieder der Hinweis auf die Datensicherung. Bei umfangreicheren Änderungen empfehlen wir Ihnen dringend, diese auch durchzuführen, **bevor** Sie die Abrechnung starten.

Lernzielkontrolle

1) Was ist vor jeder Abrechnung zu tun? Warum ist das so wichtig?

2) Wie wird ein VL-Vertrag im Personalstamm hinterlegt? Schildern Sie die Vorgehensweise mit eigenen Worten.

3) Wie viele Verträge insgesamt können je Mitarbeiter in der Classic Line 2009 hinterlegt werden?

4) Welche Vertragsarten außer der Vermögenswirksamen Leistung sind noch möglich? Nennen Sie jeweils ein Beispiel aus der Praxis.

5) Was versteht man unter Zyklus?

6) Wie lange läuft ein VL-Vertrag in der Regel?

Praktische Übungen

 **Tastaturübungen**

1) Führen Sie die Abrechnung für 10/2008 durch.

2) Erfassen Sie für Sonja Gruber einen VL Vertrag mit folgenden Angaben:
Ari Deka, Vertragsnummer: 252525   Betrag 40,00
Konto 985621   BLZ 700 515 40

3) Erfassen Sie für Frau Gruber ab Oktober 2008 einen Arbeitgeberzuschuss zu den VL in Höhe von EUR 40,--

4) Führen Sie erneut eine Abrechnung für Oktober 2008 durch.

Lernzielkontrolle

Abrechnungslisten – Teil 1

Lernen Sie jetzt die Abrechnungslisten und den Buchungsbeleg kennen.

N ach der Abrechnung gibt es eine Reihe von Auswertungen und Belegen, die gedruckt werden müssen. Dabei ist es inzwischen möglich, einen Teil der Belege elektronisch zu versenden. So können Sie die Lohnsteueranmeldung mit Hilfe des Elster Verfahrens elektronisch an das Finanzamt übermitteln und die Krankenkassenbeiträge mit Hilfe von Dakota per E-Mail versenden. Ab dem 01.01.2009 werden auch die BG Meldungen bei der DEÜV mit übertragen.

Wir werden allerdings in unserem Handbuch die Meldungen auf Papier wählen, da für die elektronischen Meldungen einige technische und organisatorische Voraussetzungen erforderlich sind und Sie mit der Übungsfirma keine echten Meldungen abgeben können.

Unter **Lohn & Gehalt → Abrechnungslisten** finden Sie alle monatlich benötigten Listen und Belege.

Beginnen Sie mit dem Lohnjournal. Es ist die einzige Liste, mit der Sie alle Werte der Abrechnung prüfen können.

Neu ist der Punkt Statistische Bescheinigung. Es ist gekoppelt an das Zusatzpakt Entgeltbescheinigungen.

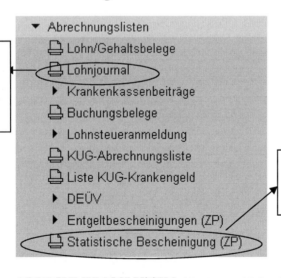

ABRECHNUNGSLISTEN. Alle Listen und Belege im Überblick.

Wir werden die Listen in der Reihenfolge besprechen, in der Sie sinnvoller Weise gedruckt werden. Und diese Reihenfolge weicht von der Chronologie der Menüpunkte ab. So beginnen wir in der Praxis nicht mit dem Lohnbeleg, sondern mit dem Lohnjournal.

Das Lohnjournal

Am Besten ist es, mit dem Lohnjournal anzufangen. Es ist die einzige Auswertung, mit der Sie alle Bestandteile der Abrechnung prüfen können. Während der Lohnbeleg nur die Teile der Abrechnung enthält, die der Arbeitnehmer bekommt oder zu tragen hat, finden Sie im Lohnjournal alle abrechnungsrelevanten Daten, also auch die Arbeitgeberanteile und pauschale Steuern und Abgaben. Darüber hinaus haben Sie im Lohnjournal mehrere Mitarbeiter auf einer Seite und produzieren somit im Falle einer erforderlichen Korrektur deutlich weniger Papier.

Unter **Lohn & Gehalt** → **Abrechnungslisten** → **Lohnjournal** kommen Sie in die Selektion der gewünschten Daten. Das Programm schlägt automatisch den Monat der zuletzt durchgeführten Abrechnung vor, bei uns also die Periode 10/2008. Bei Bedarf können Sie auch ein Lohnjournal für frühere Monate drucken, maximal zurück bis zum Jahresanfang.

Wenn Sie mit verschiedenen Abrechnungskreisen arbeiten, können Sie das Journal auch getrennt nach diesen Abrechnungskreisen ausdrucken.

Wählen Sie hier die Periode aus, für die Sie das Lohnjournal drucken wollen. In unserem Beispiel ist das 10/2008.

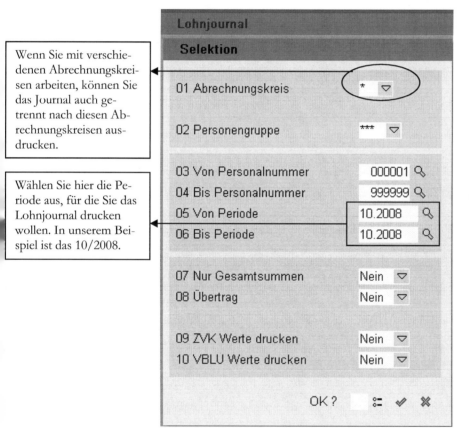

LOHNJOURNAL - SELEKTION. Wählen Sie hier die gewünschten Optionen aus.

Im Standard werden Sie in der Regel ein Lohnjournal für alle Mitarbeiter drucken. Die Auswahl auf einzelne Mitarbeiter einzuschränken ist z.B. hilfreich, wenn Sie einmal die Kosten des einzelnen Mitarbeiters aus Sicht des Arbeitgebers sehen möchten[52].

---

[52] Für die Kalkulation von internen Stundensätzen der einzelnen Mitarbeiter sind zusätzlich folgende Positionen zu berücksichtigen: Urlaubs- und Weihnachtsgeld, Beiträge zur Berufsgenossenschaft, die Umlage (seit 01.01.2006 sind alle Betriebe umlagepflichtig zur U2) und die Fehlzeiten für Urlaub und Krankheit. D.h. in der Praxis, auf den normalen Stundensatz inkl. Lohnnebenkosten kommt noch einmal ein Aufschlag von ca. 25% um die tatsächlichen Kosten des Arbeitgebers für die Kalkulation zu ermitteln.

Auszahlungsbetrag auf einen Blick. Nur, wenn der Auszahlungsbetrag nicht mit dem des Steuerberaters über einstimmt, ist eine komplette Abstimmung erforderlich.

Über dem Namen haben Sie Personalnummer und Monat der Abrechnung, darunter die Beitragsgruppe und die Krankenkasse in der Reihenfolge: KV, AV, RV, PV

Am Ende des Lohnjournals werden die Beträge für alle Mitarbeiter aufsummiert.

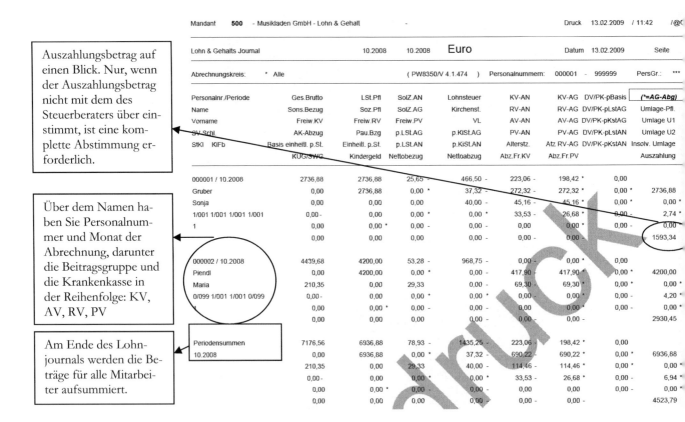

Mandant **500** - Musikladen GmbH - Lohn & Gehalt - Druck 13.02.2009 / 11:42 /@(

Lohn & Gehalts Journal 10.2008 10.2008 Euro Datum 13.02.2009 Seite

Abrechnungskreis: * Alle (PW8350/V 4.1.474) Personalnummern: 000001 - 999999 PersGr.: ***

Personalnr./Periode	Ges.Brutto	LSt.Pfl	SolZ.AN	Lohnsteuer	KV-AN	KV-AG	DV/PK-pBasis	(*=AG-Abg)
Name	Sons.Bezug	Soz.Pfl	SolZ.AG	Kirchenst.	RV-AN	RV-AG	DV/PK-pLStAG	Umlage-Pfl.
Vorname	Freiw.KV	Freiw.RV	Freiw.PV	VL	AV-AN	AV-AG	DV/PK-pKstAG	Umlage U1
SV-Schl.	AK-Abzug	Pau.Bzg	p.LStAG	p.KiSt.AG	PV-AN	PV-AG	DV/PK-pLstAN	Umlage U2
StKl KiFb	Basis einheitl. p.St.	Einheitl. p.St.	p.LSt.AN	p.KiSt.AN	Alterstz.	Atz RV-AG	DV/PK-pKstAN	Insol. Umlage
	KUG/SWG	Kindergeld	Nettobezug	Nettoabzug	Abz.Fr.KV	Abz.Fr.PV		Auszahlung
000001 / 10.2008	2736,88	2736,88	25,65 -	466,50 -	223,06 -	198,42 *	0,00	
Gruber	0,00	2736,88	0,00 *	37,32 -	272,32 -	272,32 *	0,00 *	2736,88
Sonja	0,00	0,00	0,00	40,00 -	45,16 -	45,16 *	0,00 *	0,00
1/001 1/001 1/001 1/001	0,00 -	0,00	0,00 *	0,00 *	33,53 -	26,68 *	0,00 -	2,74
1	0,00	0,00 *	0,00 -	0,00 -	0,00	0,00 *	0,00 *	0,00
	0,00	0,00	0,00	0,00 -	0,00 -	0,00 -		1593,34
000002 / 10.2008	4439,68	4200,00	53,28 -	968,75 -	0,00 -	0,00 *	0,00	
Piendl	0,00	4200,00	0,00 *	0,00 -	417,90 -	417,90 *	0,00 *	4200,00
Maria	210,35	0,00	29,33	0,00 -	69,30 -	69,30 *	0,00 *	0,00
0/099 1/001 1/001 0/099	0,00 -	0,00	0,00 *	0,00 *	0,00 -	0,00 *	0,00 -	4,20
	0,00	0,00 *	0,00 -	0,00 -	0,00 -	0,00 *	0,00 -	0,00
	0,00	0,00	0,00	0,00 -	0,00 -	0,00 -		2930,45
Periodensummen	7176,56	6936,88	78,93 -	1435,25 -	223,06 -	198,42 *	0,00	
10.2008	0,00	6936,88	0,00 *	37,32 -	690,22 -	690,22 *	0,00 *	6936,88
	210,35	0,00	29,33	40,00 -	114,46 -	114,46 *	0,00 *	0,00
	0,00 -	0,00	0,00 *	0,00 -	33,53 -	26,68 *	0,00 -	6,94
	0,00	0,00 *	0,00 -	0,00 -	0,00	0,00	0,00 -	0,00
	0,00	0,00	0,00	0,00 -	0,00 -	0,00 -		4523,79

LOHNJOURNAL. Im Lohnjournal sehen Sie alle abgerechneten Werte der einzelnen Mitarbeiter.

Im Lohnjournal sehen Sie neben den Bezügen, die in verschiedene Komponenten aufgeteilt sind, die Abzüge des Mitarbeiters für Steuer und Sozialversicherung und die Anteile des Arbeitgebers zur Sozialversicherung. Außerdem sehen Sie hier auch pauschale Steuern, die der Arbeitgeber übernimmt. Auch hier haben Sie neuerdings den Infodruck als Wasserzeichen im Formular. Ein endgültiger Druck ohne Wasserzeichen ist erst nach dem Periodenabschluss möglich.

Wenn Sie mit dem Steuerberater parallel abrechnen, ist es beim Abgleich der Daten im ersten Schritt völlig ausreichend, die Auszahlungsbeträge zu vergleichen. Nur, wenn dort Differenzen auftreten, ist es erforderlich, die komplette Abrechnung abzustimmen. Die Lohnabrechnungen sind heute so komplex, dass bereits der kleinste Fehler in der Abrechnung eine Differenz im Auszahlungsbetrag zur Folge hat. Sind also die Auszahlungsbeträge identisch, kann man davon ausgehen, dass die gesamte Abrechnung übereinstimmt.

Am Ende des Lohnjournals werden die Bezüge der einzelnen Mitarbeiter aufsummiert und die Summenpositionen gedruckt.

Anschließend kommt noch ein weiteres Blatt, auf dem die Lohnsteuer, der Solidaritätszuschlag, die Kammerbeiträge und die Kirchensteuern noch einzeln aufgegliedert sind.

Erst, wenn Sie das Lohnjournal geprüft und abgestimmt haben und alle erforderlichen Korrekturen gemacht wurden, ist es sinnvoll, mit den anderen Listen weiterzumachen. Als nächstes werden dann die Lohn- und Gehaltsbelege gedruckt. Hier gibt es seit der Version 3.4 eine interessante Neuerung: es ist im Standard ein Lohnformular hinterlegt, das es ermöglicht, auf weißes Papier zu drucken. Damit entfällt der Kauf teurer Lohnformulare, es sei denn, Sie wollen immer noch verdeckte Lohntaschen drucken.

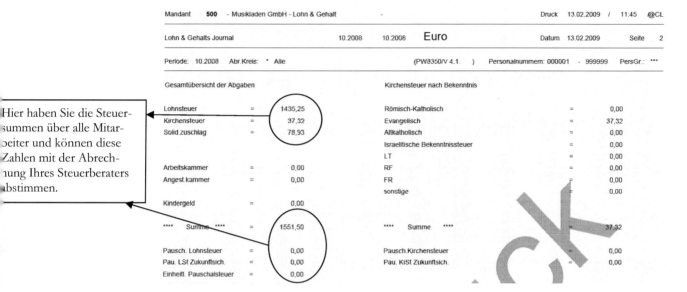

Hier haben Sie die Steuersummen über alle Mitarbeiter und können diese Zahlen mit der Abrechnung Ihres Steuerberaters abstimmen.

LOHNJOURNAL – ÜBERSICHT STEUER. Alle steuerlichen Abgaben im Überblick. Auch hier neuerdings der Infodruck als Wasserzeichen.

Lohn- und Gehaltsbelege

Für den Druck der Lohnbelege gibt es verschiedene Möglichkeiten: Seit der Version 3.4 gibt es im Standard ein druckfertiges Lohnformular zum Druck auf weißes Papier. Alternativ gibt es fertige Formulare für Laserdrucker oder die so genannten Lohntaschen, die verdeckt sind, mit Durchschlag und auf einem Nadeldrucker gedruckt werden. Wir haben zur besseren Übersicht einmal das Lohnformular modern gewählt, damit Sie die einzelnen Felder mit Beschriftung vor sich haben.

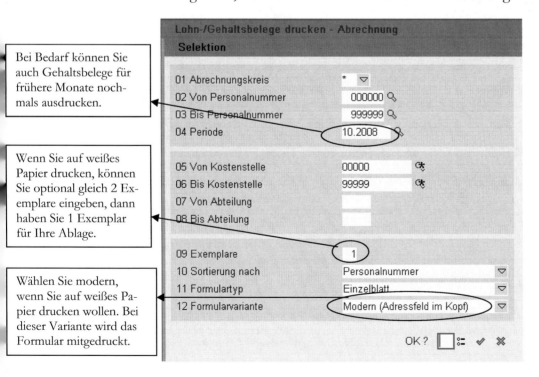

Bei Bedarf können Sie auch Gehaltsbelege für frühere Monate nochmals ausdrucken.

Wenn Sie auf weißes Papier drucken, können Sie optional gleich 2 Exemplare eingeben, dann haben Sie 1 Exemplar für Ihre Ablage.

Wählen Sie modern, wenn Sie auf weißes Papier drucken wollen. Bei dieser Variante wird das Formular mitgedruckt.

LOHNBELEGE DRUCKEN - SELEKTION. Geben Sie hier die gewünschten Optionen ein.

Geben Sie hier alle gewünschten Optionen ein und prüfen Sie vor dem Druck, ob in der Classic Line auch der richtige Drucker für die Lohnformulare eingestellt ist.

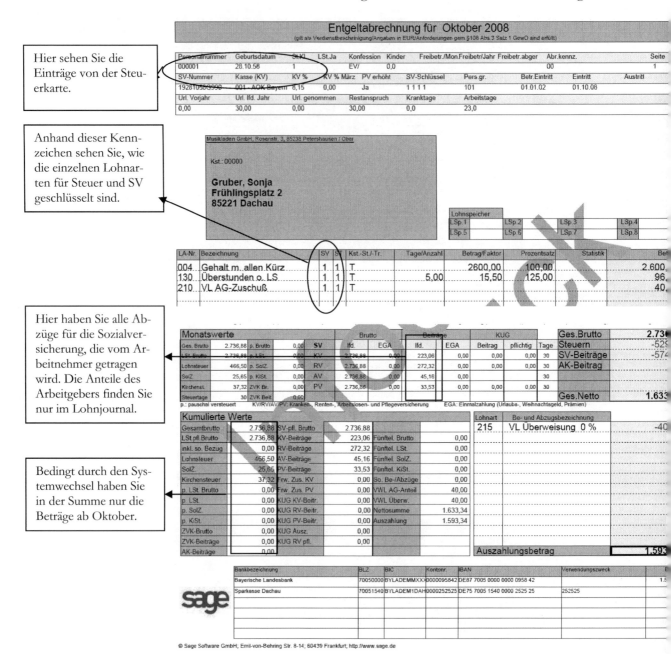

Hier sehen Sie die Einträge von der Steuerkarte.

Anhand dieser Kennzeichen sehen Sie, wie die einzelnen Lohnarten für Steuer und SV geschlüsselt sind.

Hier haben Sie alle Abzüge für die Sozialversicherung, die vom Arbeitnehmer getragen wird. Die Anteile des Arbeitgebers finden Sie nur im Lohnjournal.

Bedingt durch den Systemwechsel haben Sie in der Summe nur die Beträge ab Oktober.

LOHNBELEG. So sieht der Lohnbeleg mit dem Sage Formular aus. Bei Bedarf können Sie dieses Formular jederzeit über den Reportdesigner anpassen.

Im Lohnbeleg sind alle den Mitarbeiter betreffenden Daten und Informationen enthalten. Optional können Sie den Lohnbeleg im Reportdesigner noch nach Ihren Wünschen anpassen. Neben Änderungen des Layout können Sie auch beliebige Felder aus dem Personalstamm oder anderen Dateien ergänzen.[53]

---

[53] Wenn Sie hierzu spezielle Wünsche haben, hilft Ihnen der Autor gerne weiter. Einfach per Mail anfragen unter: info@neueweltverlag.de, Betreff: Formularanpassung CL Lohn. Der Autor setzt sich dann kurzfristig mit Ihnen in Verbindung, um ein individuelles Angebot zu erstellen.

Krankenkassenbeiträge

Für die monatliche Meldung der Krankenkassenbeiträge besteht nach wie vor die Möglichkeit der Meldung in Papierform. Alternativ können Sie inzwischen, nicht nur die SV-Meldungen, sondern auch die monatlichen Beiträge elektronisch an die Krankenkassen zu übermitteln. Wir werden im folgenden die Beiträge in Papierform weitergeben, Ihnen aber zeigen, wie die SV-Meldung elektronisch weitergegeben wird (Monatsmeldung und Jahresmeldung)[54].

Über den Punkt voraussichtliche Beitragsschuld ermitteln können Sie eine sogenannte Schätzabrechnung durchführen, um bereits vor Durchführung der eigentlichen Lohnabrechnung die geschätzte Beitragsschuld zu ermitteln.

In der Version 2009 sind für das neue Jahr eine Reihe zusätzlicher Auswertungen dazugekommen. Diese werden wir nach dem Jahresabschluss ansprechen.

Hier starten Sie den monatlichen Beitragsnachweis.

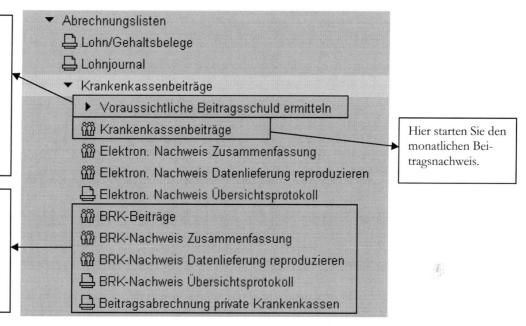

KRANKENKASSENBEITRÄGE. Wir wählen den Punkt Krankenkassenbeiträge und verzichten auf die elektronische Meldung.

Elektronische Beitragsmeldung

Für die Weitergabe der Krankenkassenbeitragsmeldung sind folgende Voraussetzungen zu erfüllen: Sie benötigen eine E-Mail Anbindung, die Dakotaschnittstelle zur Classic Line und einen Schlüssel vom Trust Center (der ITSG), um Ihre Daten zu verschlüsseln. Alternativ zur Dakotaschnittstelle besteht die Möglichkeit zur Weitergabe der Daten über SV-Net, das von den Kassen kostenlos angeboten wird.

Klicken Sie auf OK, um das Programm wieder zu beenden und die fehlenden Stammdaten zu ergänzen.

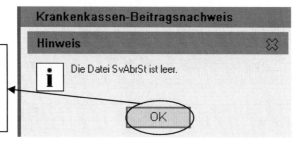

HINWEIS. Die Datei Abrechnungsstellen ist leer, d.h. unsere Firma wurde noch nicht als Abrechnungsstelle angelegt.

---

[54] Bitte denken Sie daran, dass die Weitergabe der SV-Beiträge und SV-Meldungen seit dem 01.01.2006 zwingend in elektronischer Form erfolgen muss. Dabei haben Sie für die SV-Meldungen die Möglichkeit der Weitergabe mit DAKOTA (in der Classic Line derzeit noch ein kostenpflichtiges Modul) oder über SV-Net (kostenlos); das würde allerdings eine manuelle Eingabe der Daten erfordern.

Bevor wir unsere Beitragsmeldungen drucken können, müssen wir unter **Lohn & Gehalt → Allgemeingültige Stammdaten → Abrechnungsstellen** unseren Betrieb als Abrechnungsstelle anlegen. Bitte legen Sie sich dafür die Betriebsnummer und die Firmenanschrift zurecht. Im Folgenden wird jetzt die Abrechnungsstelle mit allen erforderlichen Daten erfasst und der Zulassungsantrag für die DEÜV-Meldung an die AOK gedruckt.

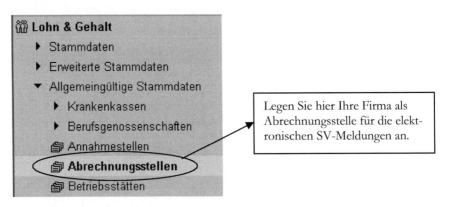

Legen Sie hier Ihre Firma als Abrechnungsstelle für die elektronischen SV-Meldungen an.

ABRECHNUNGSSTELLEN- PROGRAMMAUFRUF.

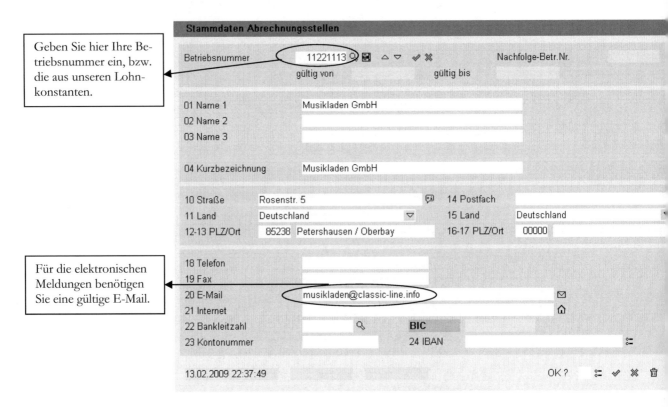

Geben Sie hier Ihre Betriebsnummer ein, bzw. die aus unseren Lohnkonstanten.

Für die elektronischen Meldungen benötigen Sie eine gültige E-Mail.

ABRECHNUNGSSTELLEN - ANLAGE. Erfassen Sie hier die Daten Ihres Betriebes als Abrechnungsstelle.

Wir verwenden an dieser Stelle eine andere Betriebsnummer, als in unseren Lohnkonstanten. Die Betriebsnummer wird abgeprüft, so dass der Spielraum für Tests und Übungen sehr gering ist. Diese Prüfung gab es in den Vorversionen nicht.

Wenn Sie alle Daten erfasst haben und in der OK-Abfrage stehen, geben Sie bitte **F2** ein, für weitere Optionen. Mit **S** und **ENTER** kommen Sie jetzt auf die nächste Seite, auf der Sie die Annahmestellen zuordnen können. Wenn Sie die Meldungen später dann elektronisch weitergeben wollen, müssen Sie noch unter **Lohn & Gehalt → Erweiterte Stammdaten → Lohnkonstanten** auf der Seite 3 eintragen, in welchem Monat Sie mit der monatlichen DEÜV anfangen möchten.

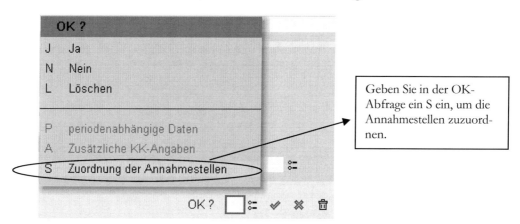

ABRECHNUNGSSTELLEN. Mit **S** und bestätigen kommen Sie auf die nächste Seite.

Tragen Sie hier die Betriebsnummer der AOK-Annahmestelle in Ihrem Bundesland ein; in unserem Beispiel ist es die AOK Bayern.

Die BRK ist erst ab dem 1.1.2009 als Annahmestelle verfügbar. Für unsere Abrechnung müssen wir sie deshalb manuell als Annahmestelle definieren.

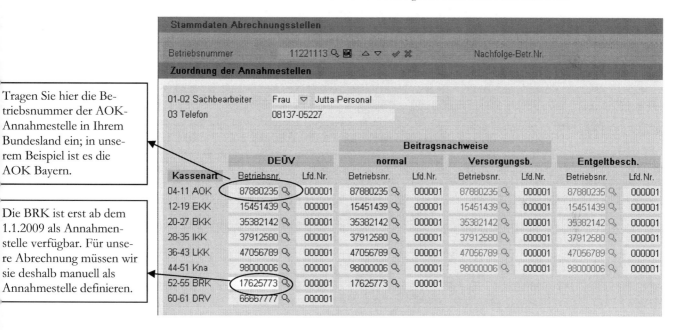

ANNAHMESTELLE DER AOK ZUORDNEN. Da es für die meisten Kassen bundesweit nur eine Annahmestelle gibt, sind mit Ausnahme der AOK bereits alle Felder korrekt vorbelegt.

Wenn Sie bei der BRK und der DRV die Fehlermeldung bekommen, dass es sich hier nicht um eine Annahmestelle handelt, legen Sie bitte diese beiden Kassen manuell als Annahmestelle an.

Die laufende Nummer hinter der Betriebsnummer der Annahmestelle wird bei jeder SV-Meldung fortlaufend weitergezählt. Da wir zum 01.10.2008 neu mit dem Programm anfangen, stehen alle Nummern auf 1.

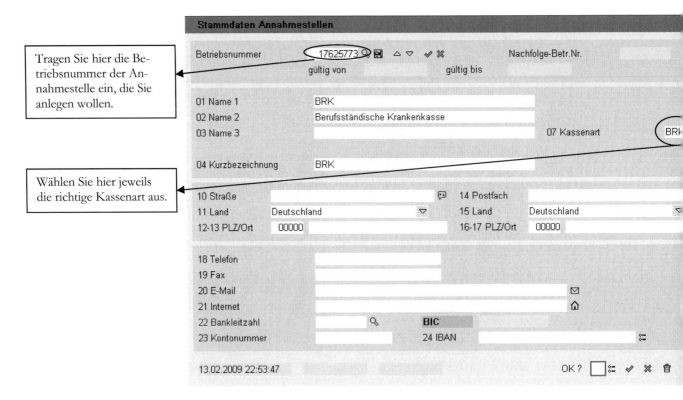

Tragen Sie hier die Betriebsnummer der Annahmestelle ein, die Sie anlegen wollen.

Wählen Sie hier jeweils die richtige Kassenart aus.

ANNAHMESTELLE ANLEGEN. Legen Sie die BRK und die DRV manuell als Annahmestellen an.

Nachdem jetzt alle erforderlichen Vorbereitungen abgeschlossen sind, können wir wieder zurückkommen auf unsere Krankenkassenbeiträge.

Im Krankenkassen-Beitragsnachweis wird vom System automatisch die zuletzt abgerechnete Periode vorgeschlagen. Im Grunde können die Maske also immer bestätigen und erhalten damit alle Beitragsnachweise für den aktuellen Monat.

In der Selektionsmaske ist am Ende das GKV-Zertifikat für die Sage Classic Line eingetragen. Hier sehen Sie neben der Zertifikatsnummer auch, wie lange dieses Zertifikat gültig ist.

Bitte denken Sie daran, dass Sie in der Praxis die Daten nur noch elektronisch melden dürfen. Da es aber für die elektronische Meldung inkl. Einrichtung Dakota bereits vom Hersteller sehr ausführliche Unterlagen gibt, beschränken wir uns in unserem Schulungshandbuch auf den Weg zur Erstellung der Meldung. Wir erzeugen die Meldung auf Papier, um alle Daten für die Abstimmung zu haben und den roten Faden zu erhalten.

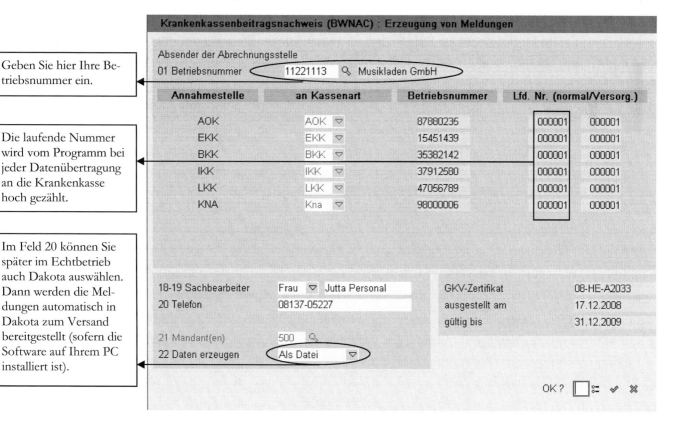

Krankenkassen-Beitragsnachweis

Selektion

Nachweise erstellt bis	09.2008
01 Periode	10.2008 🔍
Letzte Schätzung	--Unbekannt-- /
02 Meldungen erstellen	Nein ▽
03 Von Betriebsnummer	00000000 🔍
04 Bis Betriebsnummer	99999999 🔍
05 Beitragsnachweis drucken	Ja ▽
06 Beitragsliste drucken	Ja (Analog Beitragsnachweis) ▽
07 Erstattungsanträge drucken (ZP)	Ja ▽

(Beitragsnachweis wird elektronisch erstellt.)

GKV-Zertifikat	08-HE-A2033
ausgestellt am	17.12.2008
gültig bis	31.12.2009

OK ? ☐ ✓ ✖

Hier können Sie die Periode auswählen. Vorschlagswert ist grundsätzlich der zuletzt abgerechnete Monat.

Wählen Sie ja, wenn Sie einen lesbaren Beitragsnachweis auf Papier haben wollen.

KRANKENKASSEN-BEITRAGSNACHWEIS. Wählen Sie hier die Periode und die Krankenkassen aus (in der Regel alle).

Krankenkassenbeitragsnachweis (BWNAC) : Erzeugung von Meldungen

Absender der Abrechnungsstelle
01 Betriebsnummer   11221113 🔍 Musikladen GmbH

Annahmestelle	an Kassenart	Betriebsnummer	Lfd. Nr. (normal/Versorg.)	
AOK	AOK ▽	87880235	000001	000001
EKK	EKK ▽	15451439	000001	000001
BKK	BKK ▽	35382142	000001	000001
IKK	IKK ▽	37912580	000001	000001
LKK	LKK ▽	47056789	000001	000001
KNA	Kna ▽	98000006	000001	000001

18-19 Sachbearbeiter	Frau ▽ Jutta Personal	GKV-Zertifikat	08-HE-A2033
20 Telefon	08137-05227	ausgestellt am	17.12.2008
		gültig bis	31.12.2009
21 Mandant(en)	500 🔍		
22 Daten erzeugen	Als Datei ▽		

OK ? ☐ ✓ ✖

Geben Sie hier Ihre Betriebsnummer ein.

Die laufende Nummer wird vom Programm bei jeder Datenübertragung an die Krankenkasse hoch gezählt.

Im Feld 20 können Sie später im Echtbetrieb auch Dakota auswählen. Dann werden die Meldungen automatisch in Dakota zum Versand bereitgestellt (sofern die Software auf Ihrem PC installiert ist).

KRANKENKASSEN-BEITRAGSNACHWEIS. Geben Sie Ihre Betriebsnummer ein, aktualisieren Sie das Erstellungsdatum und wählen Sie, in welcher Form die Daten erzeugt werden sollen (Datei oder Dakota).

Der Beitragsnachweis besteht für jede Krankenkasse aus 2 Teilen; einer detaillierten Aufstellung mit den einzelnen Mitarbeitern für den Arbeitgeber und einer Summenaufstellung für die Krankenkasse.

Arbeitgeber:(500) Musikladen GmbH - Lohn & Gehalt (PW8340/CLWin 4.1.471)	Druck 14.02.2009 / 03:34 / @(
Beitragsabrechnung für Oktober 2008	Datum 14.02.2009 Seite
Beitragskonto: 11221113 Betriebsnr.: 87540905	

Im Kopfbereich finden Sie Adresse und Beitragssätze der Krankenkasse, so wie den Abrechnungszeitraum.

Kassennr.:001 Rechtskreis West		Beitragssätze in %			Abrechnungszeitrau
AOK Bayern Die Gesundheitskasse	KV allg.= 14,50	RV = 19,90	U1 = 1,50	Kp = 13,00	Vom: 01.10.20
Direktion München	KV erhö.= 17,40	AV = 3,30	U2 = 0,10	Rp = 15,00	
Landsbergerstr. 150-152	KV ermä.= 13,10	PV1 = 1,00	PV2 = 0,95		Bis: 31.10.20
80339 München					

Lfd-Nr Pers-Nr Pers-Gr Name, Vorname								Gesam
Zurechnung SV-Schlüssel	Arb-Entgelt	KV-Pfl.	RV-Pfl.		Beiträge nach Beitragsgruppen			
BBG RV/AV-KV SV-Tage	Entgelt-Art	PV-Pfl.	AV-Pfl.	KV	RV	AV	PV	Beitr

Im Mittelteil sind alle einzelnen Mitarbeiter mit den abzuführenden Beiträgen aufgeführt.

0001 000001 101 Gruber, Sonja							
Aktuell 1 1 1 1	2736,88	2736,88	2736,88 AN:	223,06	272,32	45,16	33,53
West-West 30 30 30 30	Lfd. Bezug	2736,88	2736,88 AG:	198,42	272,32	45,16	26,68 1119,
Aufwendungsausgleichsgesetz (AAG)	Brutto: 2736,88 U1: 0,00		U2: 2,74	Insolvenzgeld	Brutto: 0,00	Umlage: 0,00	

0002 000002 101 Piendl, Maria							
Aktuell 0 1 1 0	4200,00	0,00	4200,00 AN:	0,00	417,90	69,30	0,00
West-West 0 30 30 0	Lfd. Bezug	0,00	4200,00 AG:	0,00	417,90	69,30	0,00 978,
Aufwendungsausgleichsgesetz (AAG)	Brutto: 4200,00 U1: 0,00		U2: 4,20	Insolvenzgeld	Brutto: 0,00	Umlage: 0,00	

***** Endsummen Gesamt Brutto: 6936,88 Gesamtbeitrag: 2097

Im unteren Bereich haben Sie die Summen nach Beitragsgruppen, so, wie Sie auch an die Krankenkasse gemeldet werden.

Gesamtsummen

BeitrGr	Brutto	Beitrag	BeitrGr	Brutto	Beitrag	BeitrGr	Brutto	Beitrag	BeitrGr	Brutto	Beitr
1000	2736,88	421,48	0100	6936,88	1380,44	0010	6936,88	228,92	0001	2736,88	60,
2000	0,00	0,00	0200	0,00	0,00	0020	0,00	0,00			
3000	0,00	0,00	0300	0,00	0,00						
6000	0,00	0,00	0400	0,00	0,00				U1	0,00	0,
			0500	0,00	0,00				U2	6936,88	6,
			0600	0,00	0,00				Insolv.	0,00	0,
KV	2736,88	421,48	RV	6936,88	1380,44	AV	6936,88	228,92	PV	2736,88	60,

EINZELAUFSTELLUNG. Die Einzelaufstellung bleibt beim Arbeitgeber.

Der nachfolgende Beitragsnachweis wurde früher per Fax oder Post an die Krankenkasse übermittelt. Heute erfolgt die Übertragung elektronisch in maschinenlesbarer Form, um den Krankenkassen die Arbeit zu erleichtern.

Bitte prüfen Sie die im Kopfbereich angedruckten Beitragssätze, bevor Sie die Meldung an die Krankenkasse weiterleiten.

Datum : 14.02.2009

Arbeitgeber	Betriebs-/Beitragskonto des Arbeitgebers
Musikladen GmbH - Lohn & Gehalt	11221113 / 11221113

Zeitraum : von : 10.2008
bis : 10.2008

Rechtskreis   Ost ( )   West (X)

AOK Bayern Die Gesundheitskasse
Direktion München
Landsbergerstr. 150-152

80339 München

Dauer-Beitragsnachweis ( )

bisheriger Dauer-Beitragsnachweis (_)
gilt erneut ab nächstem Monat

Beitragsnachweis enthält Beiträge ( )
aus Wertguthaben, das abgelaufenen
Kalenderjahren zuzuordnen ist

**Dieser Beitragsnachweis liegt in
elektronischer Form vor!**

BEITRAGSNACHWEIS

	Beitragsgruppe	Euro Cent
Beiträge zur Krankenversicherung -allgemeiner Beitrag-	1 0 0 0	421,48
Beiträge zur Krankenversicherung -erhöhter Beitrag-	2 0 0 0	0,00
Beiträge zur Krankenversicherung -ermäßigter Beitrag-	3 0 0 0	0,00
Beiträge zur Krankenversicherung für geringfügig Beschäftigte	6 0 0 0	0,00
Beiträge zur Rentenversicherung -voller Beitrag-	0 1 0 0	1380,44
Beiträge zur Rentenversicherung -halber Beitrag-	0 3 0 0	0,00
Beiträge zur Rentenversicherung für geringfügig Beschäftigte	0 5 0 0	0,00
Beiträge zur Arbeitsförderung -voller Beitrag-	0 0 1 0	228,92
Beiträge zur Arbeitsförderung -halber Beitrag-	0 0 2 0	0,00
Beiträge zur sozialen Pflegeversicherung	0 0 0 1	60,21
Umlage nach LFZG für Krankheitsaufwendungen	U 1	0,00
Umlage nach LFZG für Mutterschaftsaufwendungen	U 2	6,94
Insolvenzgeldumlage	0 0 5 0	0,00
Gesamtsumme		2097,99

Es wird bestätigt, daß die Angaben mit denen
der Lohn- und Gehaltsunterlagen übereinstimmen
und in diesen sämtliche Entgelte enthalten sind.

Beiträge für freiwillig Krankenversicherte

Krankenversicherung	0,00
Pflegeversicherung	0,00
Erstattung gemäß AAG zu zahlender	0,00
Betrag/Guthaben	2097,99

Maschinell erstellter Ausdruck - ohne Unterschrift gültig

Hier sehen Sie den an die AOK zu zahlenden Gesamtbetrag.

BEITRAGSNACHWEIS – EXEMPLAR FÜR DIE KRANKENKASSE. Ergänzen Sie im Kopfteil weitere Informationen (z.B. Dauerbeitragsnachweis) falls gewünscht.

Gerade in kleineren Firmen mit weniger als 10 Beschäftigten ist die Weitergabe der Daten per SV-Net durchaus eine Alternative sein. Nicht nur die Dakota Schnittstelle für die Classic Line kostet Geld auch die regelmäßig alle 2-3 Jahre zu erneuernde, elektronische Signatur für Dakota kostet laufend.

Der Buchungsbeleg

Wenn Sie die Abrechnungslisten chronologisch von oben nach unten abarbeiten, kommt als nächstes der Buchungsbeleg. Er enthält alle für die Finanzbuchhaltung erforderlichen Angaben aus der Lohnabrechnung. Der Buchungsbeleg kann wahlweise automatisch in die Classic Line Finanzbuchhaltung übergeben oder manuell gebucht werden.[55]

Die Zuordnung der Lohnarten in den Buchungsbeleg erfolgt über Buchungszeilen. In jeder Lohnart wird eine Buchungszeile eingetragen und in der Buchungszeile das Konto aus der Finanzbuchhaltung. Unter **Lohn & Gehalt → Stammdaten → Erweiterte Stammdaten → Buchungszeilen** können Sie die einzelnen Buchungszeilen jederzeit nach Ihren Wünschen verändern. Sie sollten allerdings nach einer individuellen Änderung der Buchungszeilen kontrollieren, ob der Buchungsbeleg noch aufgeht, d.h. die Summe der Buchungen im Soll auch gleich der Summe der Buchungen im Haben ist. Das ist insbesondere bei der Neuanlage zusätzlicher Buchungszeilen oder bei der Anlage neuer Lohnarten wichtig.

In der Buchungszeile wird jeweils das gültige Soll- oder Habenkonto eingetragen. Als Gegenkonto wird bei der Übergabe in die Fibu das Lohnverrechnungskonto eingetragen.

Buchungszeilen

Schlüsselauswahl

Nr.	BuKz	Buchungstext	Sollkonto	Habenkonto	S/H	Vorst.
01		Gehälter	41000	00000	S	00
02		Löhne	41000	00000	S	00
03		Einmalbezüge	41000	00000	S	00
05		KUG-Auszahlung/ ATZ-Aufstockung	41000	00000	S	00
07		Versorgungsbezüge (Betr.-renten)	41650	00000	S	00
08		Zuschuß zum Muttersch.-geld	41500	00000	S	00
09		LFZ Krankheit gewerbl.	41100	00000	S	00
10		AG-Zuschuß VL	41700	00000	S	00
11		Überweisung VL	00000	17500	H	00
12		Direktversicherung (Beiträge)	41650	00000	S	00
13		Abzuführ. DV (Überweisung)	00000	17460	H	00
14	AZVK	AG-Beiträge zu Versorg.-kassen	41600	00000	S	00
15	VZVK	Überweis. VBLU/ ZVK (AG+AN-Ant.)	00000	17460	H	00
16		Erstatt. Fahrten Whg-Arbeit	41750	00000	S	00
17		freiw. soz. Aufw. LSt-pfl.	41450	00000	S	00

BUCHUNGSZEILEN. Mit **F2** können Sie die gewünschte Buchungszeile auswählen.

Ergänzt wurden in der Version 2007 bereits eigene Konten und Buchungszeilen für die Differenzen in der Sozialversicherung zwischen Schätzabrechnung und tatsächlicher Abrechnung. Als Beispiel können Sie den aktuellen Demomandanten verwenden.

---

[55] Bei der Übertragung des Buchungsbeleges in die Finanzbuchhaltung werden vorhandene Buchungen auf Kostenstellen und/oder Kostenträger nicht mit in die Finanzbuchhaltung übertragen. Für die Kostenrechnung gibt es einen eigenen Menüpunkt unter: **Lohn & Gehalt → Auswertungen → FiBu Auswertungen → Kostenübernahme in FiBu.** Hier werden einzig und alleine die Kostenbuchungen in die Buchhaltung übertragen. D.h. für die Praxis mit Kostenrechnung: Erst wird der Buchungsbeleg übertragen und dann, im nächsten Schritt, erfolgt vollkommen eigenständig die Übertragung der Kostenbuchungen.

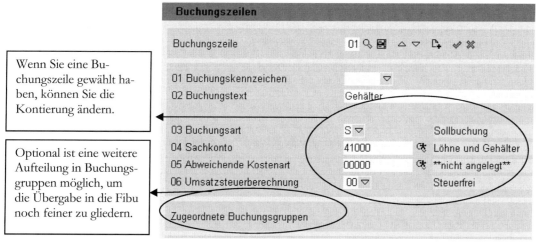

Wenn Sie eine Buchungszeile gewählt haben, können Sie die Kontierung ändern.

Optional ist eine weitere Aufteilung in Buchungsgruppen möglich, um die Übergabe in die Fibu noch feiner zu gliedern.

BUCHUNGSZEILEN - DETAIL. Hier können Sie die Kontenzuordnung der Buchungszeile individuell ändern oder neue Buchungszeilen anlegen.

Praxistipp

Wenn Sie im Buchungsbeleg Änderungen vornehmen, ist es wichtig, zu prüfen, ob die Summen Soll und Haben nach der Änderung auch noch passen. Um solche Dinge zu testen, bietet es sich an, den eigenen Mandanten auf eine andere Nummer zu kopieren und in der Kopie die Änderungen inkl. Übergabe in die Finanzbuchhaltung durchzuführen und zu prüfen.

Unter **Lohn & Gehalt** → **Abrechnungslisten** → **Buchungsbeleg** drucken Sie den Buchungsbeleg.

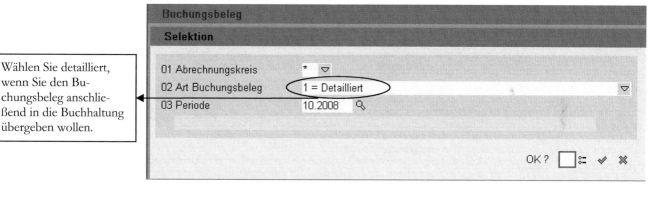

Wählen Sie detailliert, wenn Sie den Buchungsbeleg anschließend in die Buchhaltung übergeben wollen.

BUCHUNGSBELEG - SELEKTION. Für die automatische Übergabe in die Finanzbuchhaltung ist ein detaillierter Buchungsbeleg erforderlich.

Alternativ zur automatischen Übergabe, können Sie auch den Buchungsbeleg drucken und anschließend manuell in der Finanzbuchhaltung erfassen. Das ist z.B. erforderlich, wenn die Finanzbuchhaltung mit einem anderen Programm als der Classic Line gemacht wird.

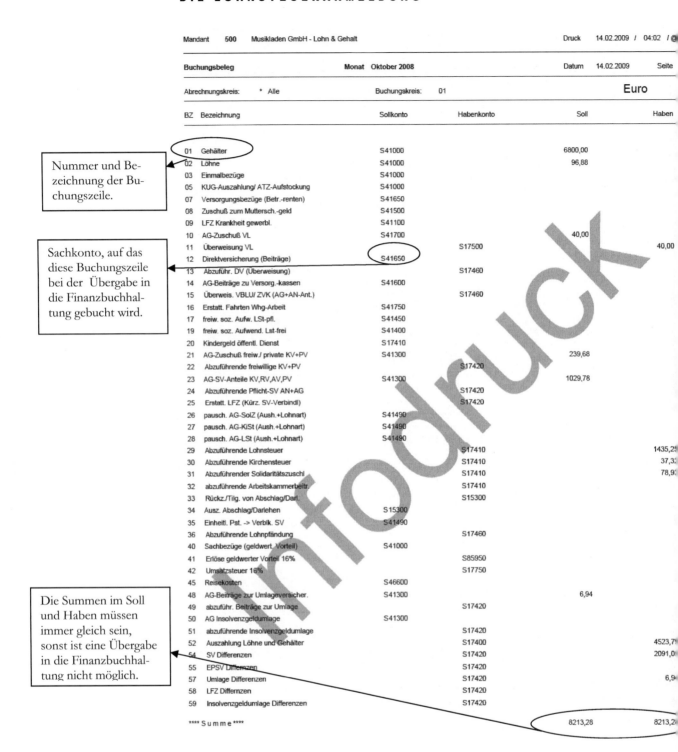

Mandant	500	Musikladen GmbH - Lohn & Gehalt			Druck	14.02.2009 / 04:02 /

Buchungsbeleg	Monat	Oktober 2008		Datum	14.02.2009	Seite

Abrechnungskreis:	* Alle	Buchungskreis:	01	**Euro**

BZ	Bezeichnung	Sollkonto	Habenkonto	Soll	Haben
01	Gehälter	S41000		6800,00	
02	Löhne	S41000		96,88	
03	Einmalbezüge	S41000			
05	KUG-Auszahlung/ ATZ-Aufstockung	S41000			
07	Versorgungsbezüge (Betr.-renten)	S41650			
08	Zuschuß zum Muttersch.-geld	S41500			
09	LFZ Krankheit gewerbl.	S41100			
10	AG-Zuschuß VL	S41700		40,00	
11	Überweisung VL		S17500		40,00
12	Direktversicherung (Beiträge)	S41650			
13	Abzuführ. DV (Überweisung)		S17460		
14	AG-Beiträge zu Versorg.-kassen	S41600			
15	Überweis. VBLU/ ZVK (AG+AN-Ant.)		S17460		
16	Erstatt. Fahrten Whg-Arbeit	S41750			
17	freiw. soz. Aufw. LSt-pfl.	S41450			
19	freiw. soz. Aufwend. Lst-frei	S41400			
20	Kindergeld öffentl. Dienst	S17410			
21	AG-Zuschuß freiw./ private KV+PV	S41300		239,68	
22	Abzuführende freiwillige KV+PV		S17420		
23	AG-SV-Anteile KV,RV,AV,PV	S41300		1029,78	
24	Abzuführende Pflicht-SV AN+AG		S17420		
25	Erstatt. LFZ (Kürz. SV-Verbindl)		S17420		
26	pausch. AG-SolZ (Aush.+Lohnart)	S41490			
27	pausch. AG-KiSt (Aush.+Lohnart)	S41490			
28	pausch. AG-LSt (Aush.+Lohnart)	S41490			
29	Abzuführende Lohnsteuer		S17410		1435,2
30	Abzuführende Kirchensteuer		S17410		37,3
31	Abzuführender Solidaritätszuschl		S17410		78,9
32	abzuführende Arbeitskammerbeitr.		S17410		
33	Rückz./Tilg. von Abschlag/Darl.		S15300		
34	Ausz. Abschlag/Darlehen	S15300			
35	Einheitl. Pst. -> Verbdk. SV	S41490			
36	Abzuführende Lohnpfändung		S17460		
40	Sachbezüge (geldwert. Vorteil)	S41000			
41	Erlöse geldwerter Vorteil 16%		S85950		
42	Umsatzsteuer 16%		S17750		
45	Reisekosten	S46600			
48	AG-Beiträge zur Umlageversicher.	S41300		6,94	
49	abzuführ. Beiträge zur Umlage		S17420		
50	AG Insolvenzgeldumlage	S41300			
51	abzuführende Insolvenzgeldumlage		S17420		
52	Auszahlung Löhne und Gehälter		S17400		4523,7
54	SV Differenzen		S17420		2091,0
55	EPSV Differenzen		S17420		
57	Umlage Differenzen		S17420		6,9
58	LFZ Differnzen		S17420		
59	Insolvenzgeldumlage Differenzen		S17420		

**** S u m m e ****   8213,28   8213,2

Nummer und Bezeichnung der Buchungszeile.

Sachkonto, auf das diese Buchungszeile bei der Übergabe in die Finanzbuchhaltung gebucht wird.

Die Summen im Soll und Haben müssen immer gleich sein, sonst ist eine Übergabe in die Finanzbuchhaltung nicht möglich.

BUCHUNGSBELEG. Eine Übergabe in die Finanzbuchhaltung ist nur möglich, wenn Soll und Haben gleich sind.

🗁 **Wichtig**

Eine automatische Übergabe des Buchungsbeleges in die Finanzbuchhaltung ist nur möglich, wenn der Buchungsbeleg aufgeht, d.h. Soll und Haben gleich sind. Ist dies nicht der Fall, wird die Übergabe in die Finanzbuchhaltung automatisch gesperrt. In diesem Fall korrigieren Sie bitte die fehlerhaften Buchungszeilen (dabei können Sie den Standard Buchungsbeleg zur Hilfe nehmen) und drucken den Buchungsbeleg erneut aus und übergeben die Werte in die Finanzbuchhaltung.

Seit der Version 2007 ist neben dem endgültigen Druck der Abrechnungslisten (ohne das Wasserzeichen Infodruck) auch eine Übergabe des Buchungsbeleges in die

Finanzbuchhaltung erst nach dem Periodenabschluss möglich. Aus diesem Grund werden wir hier erst einmal ein Kapitel einschieben.

Lernzielkontrolle

Testen Sie Ihr Wissen

1) Warum sollten Sie bei den Abrechnungslisten mit dem Lohnjournal zu beginnen?

2) Welche Möglichkeiten gibt es, den Lohnbeleg zu drucken?

3) Wie können Sie Ihre monatlichen Krankenkassenbeiträge an die Krankenkasse übermitteln?

4) Was versteht man unter dem Begriff "Abrechnungsstelle"?

5) Welche Informationen benötigen Sie, um eine Abrechnungsstelle anzulegen?

6) Was verbirgt sich hinter dem Begriff "Annahmestellen"?

7) Wie erfolgt die Zuordnung einzelner Lohnarten zum Buchungsbeleg?

8) Ist eine Übergabe des Buchungsbeleges nach dem Infodruck möglich?

Praktische Übungen

Tastaturübungen

1) Drucken Sie das Lohnjournal und prüfen Sie Ihre Abrechnungen.

2) Drucken Sie die Lohnbelege.

3) Erfassen Sie die Firma Musikladen als Abrechnungsstelle und erstellen Sie die Beitragsmeldungen für die Krankenkassen.

4) Ergänzen Sie die BRK und die DRV als Annahmestelle, soweit in Ihrem Datenbestand erforderlich.

5) Drucken Sie einen detaillierten Buchungsbeleg und prüfen Sie die Zahlen.

Periodenabschluss und Abrechnungslisten – Teil 2

*In diesem Kapitel erfahren Sie die wichtigsten Zu-
sammenhänge des neuen Periodenabschlusses und
wie es mit den Abrechnungslisten danach weitergeht.*

Bevor Sie an dieser Stelle weitermachen können mit der Übergabe des Buchungsbeleges in die Finanzbuchhaltung und den endgültigen Druck der
Abrechnungslisten, ist ein Periodenabschluss durchzuführen.

Wie Sie bereits in vielen Bereichen der Stammdatenerfassung gesehen haben, ist es
seit der Version 2007 in der Classic Line möglich, die wichtigsten für die Lohnabrechnung relevanten Daten mit einer Periode (einem Gültigkeitszeitraum) zu erfassen. Um diese Zusatzinformation auch tatsächlich abgreifen zu können, und Fehler
in der Abrechnung auf Grund nachträglicher Korrekturen zu minimieren, wurde die
so genannte Korrekturabrechnung aus dem Programm entfernt und statt dessen ein
Periodenabschluss eingeführt. Dieser ist für den endgültigen Druck der Auswertungen zwingend erforderlich.

Grundsätzlich empfehle ich Ihnen an dieser Stelle, vor dem Periodenabschluss eine
Datensicherung zu erstellen oder den Mandant auf eine andere Nummer zu kopieren. Nach erfolgtem Periodenabschluss sind Korrekturen nur noch über eine Rückrechnung möglich.

Der Periodenabschluss

Der Periodenabschluss im Lohn ist vergleichbar mit dem Periodenabschluss in der
Finanzbuchhaltung: Abgeschlossene Perioden können nicht mehr verändert werden. Allerdings gibt es einen wesentlichen Unterschied: Während ich in der Finanzbuchhaltung theoretisch in 10 Jahren a 14 Buchungsperioden parallel arbeiten kann
(was in der Praxis niemand machen würde) ist im Lohn eine Abrechnung immer
nur in der aktuellen Periode möglich.[56]

Für alle, die bereits mit dem Classic Line Lohn in einer früheren Version gearbeitet
haben, erfordert die neue Systematik mit dem Periodenabschluss ein gewisses Um-

---

[56] Das ist ja auch durchaus sinnvoll, wollen doch alle Mitarbeiter immer pünktlich am Monatsende Ihr
Geld und der Zahlungslauf erfolgt erst nach dem Periodenabschluss.

denken. Und das betrifft nicht nur den Periodenabschluss an sich, sondern auch die periodengerechte Erfassung der Stammdaten.[57]

Nachdem wir mittlerweile unsere Abrechnung kontrolliert und alle Änderungen eingepflegt haben, können wir den Periodenabschluss durchführen und unsere endgültigen Abrechnungslisten drucken, die Übergabe in die Finanzbuchhaltung durchführen und unsere Lohnsteueranmeldung erstellen.[58]

Den Periodenabschluss finden Sie unter: **Lohn & Gehalt → Abrechnung und Erfassung → Periodenabschluss.**

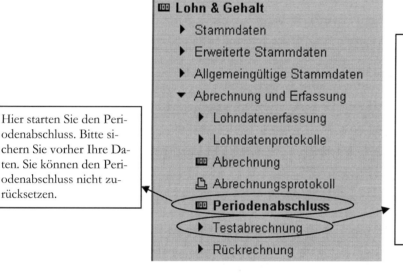

Hier starten Sie den Periodenabschluss. Bitte sichern Sie vorher Ihre Daten. Sie können den Periodenabschluss nicht zurücksetzen.

Die Testabrechnung kommt im Grunde kaum zum Einsatz, da Sie für einzelne Mitarbeiter bereits in der Lohndatenerfassung die Möglichkeit haben, eine Testabrechnung zu drucken. Bei mehreren Mitarbeitern empfehle ich, statt einer Testabrechnung eine Mandantenkopie zu erstellen und in der Kopie echt abzurechnen. Das macht auch nicht mehr Arbeit und liefert oft zuverlässigere Ergebnisse.

PERIODENABSCHLUSS. Gleich nach dem Abrechnungsprotokoll finden Sie den Periodenabschluss.

Bitte beachten Sie den folgenden Hinweis.

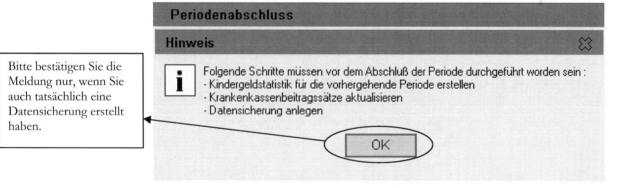

Bitte bestätigen Sie die Meldung nur, wenn Sie auch tatsächlich eine Datensicherung erstellt haben.

PERIODENABSCHLUSS - HINWEIS. Bitte bestätigen Sie die Meldung erst, nachdem Sie Ihre Daten erfolgreich gesichert haben.

Bei der Arbeit mit unterschiedlichen Abrechnungskreisen ist es auch möglich, den Abschluss nur für einen einzelnen Abrechnungskreis durchzuführen.

---

[57] Der Fairness halber sei an dieser Stelle erwähnt, dass der Autor bei der Erfassung seines ersten VWL-Vertrages den Vertrag auch erst einmal wieder löschen musste, weil die falsche Periode eingetragen war.

[58] Dabei verweisen wir für die bereits als Infodruck erstellten Auswertungen auf das Kapitel 11, denn es gibt neben dem Periodenabschluss keinerlei Unterschiede zum endgültigen Druck. Nur das Wasserzeichen mit dem Infodruck ist dann in den Auswertungen nicht mehr zu sehen.

Hier sehen Sie den gewählten Abrechnungskreis und die Periode, für die der Abschluss durchgeführt wird. Optional können Sie statt dem * für alle auch die Nummer eines einzelnen Kreises eingeben.

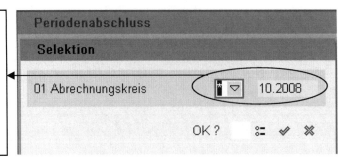

SELEKTION. Wählen Sie, für welchen Abrechnungskreis der Abschluss durchgeführt werden soll.

Wenn Sie mit dem Stern in der Selektion bestätigen, werden alle vorhandenen Abrechnungskreise abgeschlossen. Nach dem Periodenabschluss können Sie jetzt alle bereits im Infodruck erstellten Abrechnungslisten endgültig drucken und Ihren Buchungsbeleg in die Finanzbuchhaltung übergeben.

Ein Arbeiten mit unterschiedlichen Abrechnungskreisen ist z.B. hilfreich, wenn Sie Ihre Mitarbeiter zu unterschiedlichen Zeitpunkten abrechnen, einen Teil zum 15. des Monats und einen anderen Teil zum Monatsende.

Abrechnungslisten Teil 2

Drucken Sie jetzt erneut einen detaillierten Buchungsbeleg.

Wenn Sie den Buchungsbeleg detailliert gedruckt haben, haben Sie nach dem Druck die Möglichkeit, die Buchungen automatisch in die Finanzbuchhaltung zu übertragen. Dabei spielt es keine Rolle, ob die Finanzbuchhaltung in einem anderen Mandanten geführt wird, oder nicht. Sie können bei der Übergabe in die Finanzbuchhaltung festlegen, in welchen Mandanten die Buchungen übergeben werden sollen.

Bitte prüfen Sie Ihren Buchungsbeleg vor der Übergabe in die Finanzbuchhaltung, denn eine nachträgliche Korrektur ist nicht möglich.

Finanzbuchhaltung und Lohn & Gehalt können auch in 2 getrennten Mandanten geführt werden.

Bei der erstmaligen Übergabe ist das Lohnverrechnungskonto einzugeben; später werden die Werte der letzten Übergabe automatisch vorgeschlagen.

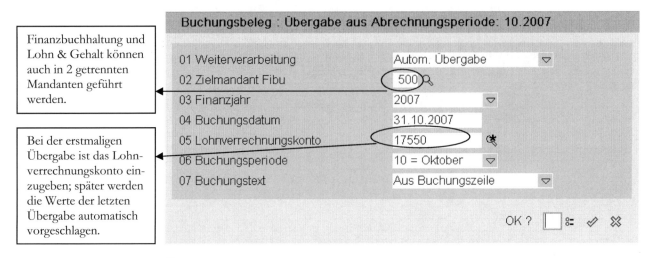

ÜBERGABE BUCHUNGSBELEG. Wählen Sie hier die gewünschten Optionen für die Übergabe aus. Optional können Sie die Buchungen auch in einen Stapel übergeben oder in einen abweichenden Mandanten.

Achten Sie bei der Übergabe in die Buchhaltung insbesondere auf das Belegdatum und die Buchungsperiode. Im Feld 1 können Sie optional auch auswählen, Übergabe in Stapel, d.h. der Beleg wird nicht automatisch gebucht, sondern nur als Buchungsstapel zur weiteren Verarbeitung zur Verfügung gestellt.

Mandant	500	Musikladen GmbH - Lohn & Gehalt			Druck	14.02.2009 / 04:19 / @CL

Buchungsbeleg	Monat Oktober 2008		Datum	14.02.2009	Seite	1

Abrechnungskreis:	* Alle	Buchungskreis:	01	**Euro**

BZ	Bezeichnung	Sollkonto	Habenkonto	Soll	Haben
01	Gehälter	S41000		6800,00	
02	Löhne	S41000		96,88	
03	Einmalbezüge	S41000			
05	KUG-Auszahlung/ ATZ-Aufstockung	S41000			
07	Versorgungsbezüge (Betr.-renten)	S41650			
08	Zuschuß zum Muttersch.-geld	S41500			
09	LFZ Krankheit gewerbl.	S41100			
10	AG-Zuschuß VL	S41700		40,00	
11	Überweisung VL		S17500		40,00
12	Direktversicherung (Beiträge)	S41650			
13	Abzuführ. DV (Überweisung)		S17460		
14	AG-Beiträge zu Versorg.-kassen	S41600			
15	Überweis. VBLU/ ZVK (AG+AN-Ant.)		S17460		
16	Erstatt. Fahrten Whg-Arbeit	S41750			
17	freiw. soz. Aufw. LSt-pfl.	S41450			
19	freiw. soz. Aufwend. Lst-frei	S41400			
20	Kindergeld öffentl. Dienst	S17410			
21	AG-Zuschuß freiw./ private KV+PV	S41300		239,68	
22	Abzuführende freiwillige KV+PV		S17420		
23	AG-SV-Anteile KV,RV,AV,PV	S41300		1029,78	
24	Abzuführende Pflicht-SV AN+AG		S17420		
25	Erstatt. LFZ (Kürz. SV-Verbindl)		S17420		
26	pausch. AG-SolZ (Aush.+Lohnart)	S41490			
27	pausch. AG-KiSt (Aush.+Lohnart)	S41490			
28	pausch. AG-LSt (Aush.+Lohnart)	S41490			
29	Abzuführende Lohnsteuer		S17410		1435,25
30	Abzuführende Kirchensteuer		S17410		37,32
31	Abzuführender Solidaritätszuschl		S17410		78,93
32	abzuführende Arbeitskammerbeitr.		S17410		
33	Rückz./Tilg. von Abschlag/Darl.		S15300		
34	Ausz. Abschlag/Darlehen	S15300			
35	Einheitl. Pst. -> Verblk. SV	S41490			
36	Abzuführende Lohnpfändung		S17460		
40	Sachbezüge (geldwert. Vorteil)	S41000			
41	Erlöse geldwerter Vorteil 16%		S85950		
42	Umsatzsteuer 16%		S17750		
45	Reisekosten	S46600			
48	AG-Beiträge zur Umlageversicher.	S41300		6,94	
49	abzuführ. Beiträge zur Umlage		S17420		
50	AG Insolvenzgeldumlage	S41300			
51	abzuführende Insolvenzgeldumlage		S17420		
52	Auszahlung Löhne und Gehälter		S17400		4523,79
54	SV Differenzen		S17420		2091,05
55	EPSV Differnzen		S17420		
57	Umlage Differenzen		S17420		6,94
58	LFZ Differnzen		S17420		
59	Insolvenzgeldumlage Differenzen		S17420		
**** S u m m e ****				8213,28	8213,28

Nachdem wir auf eine Schätzabrechnung verzichtet haben, wird der gesamte SV-Beitrag als Differenz ausgewiesen.

BUCHUNGSERFASSUNGSPROTOKOLL. So sieht das Buchungserfassungsprotokoll aus der Finanzbuchhaltung mit dem Buchungsbeleg aus dem Lohn aus.

Die Lohnsteueranmeldung

Nach dem Buchungsbeleg können Sie jetzt die Lohnsteueranmeldung drucken. Eine Weitergabe an das Finanzamt ist wahlweise in gedruckter oder elektronischer Form möglich. Für die elektronische Weitergabe mit dem Elsterverfahren sind allerdings einige Vorarbeiten zu erledigen. So sind die Elsterdateien zu installieren und Sie benötigen einen Internetzugang. Wir werden am Ende des Buches unter Tipps und Tricks auch noch auf die elektronische Übermittlung der Daten eingehen.

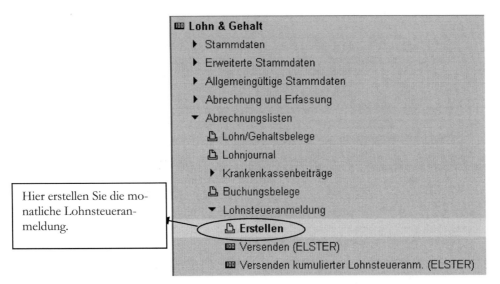

Hier erstellen Sie die monatliche Lohnsteueranmeldung.

LOHNSTEUERANMELDUNG ERSTELLEN. Wählen Sie Erstellen aus, um das amtliche Formular zu drucken.

Beim Druck der Lohnsteueranmeldung ist bereits ein amtliches Formular hinterlegt, so dass Sie den Ausdruck unmittelbar an das Finanzamt weiterleiten können. Im Gegensatz zu den Krankenkassenbeitragsmeldungen muss die Lohnsteueranmeldung unterschrieben werden.

Machen Sie eine berichtigte Meldung, wenn Sie nach Abgabe der Lohnsteueranmeldung noch Korrekturen vorgenommen haben.

Bitte wählen Sie bei Druckvariante das amtliche Formular und bei ELSTER Keine Verarbeitung.

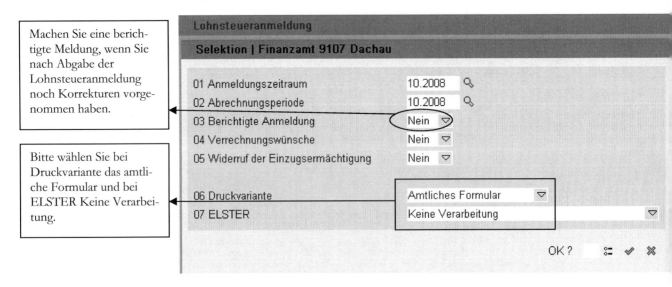

LOHNSTEURANMELDUNG. Wählen Sie hier die gewünschten Optionen aus.

Wählen Sie den gewünschten Zeitraum aus, die Druckvariante und im **Feld 07**, ob eine Übertragung per Elster erfolgen soll. Bei Bedarf ist eine Wiederholung jederzeit möglich (Druck und Versendung).

🗁 **Wichtig**

Seit dem 01.01.2009 ist für die Übertragung der Lohnsteueranmeldung und Bescheinigung eine Signatur erforderlich. Diese können Sie unter www.elster.de auf der Seite Elsteronline beantragen. Von den 3 angebotenen Varianten empfehle ich Ihnen das kostenlose Softwarezertifikat. Bitte denken Sie daran, das Zertifikat auch auf einem externen Datenträger zu speichern, damit eine spätere Verwendung auf einem anderen PC möglich ist.

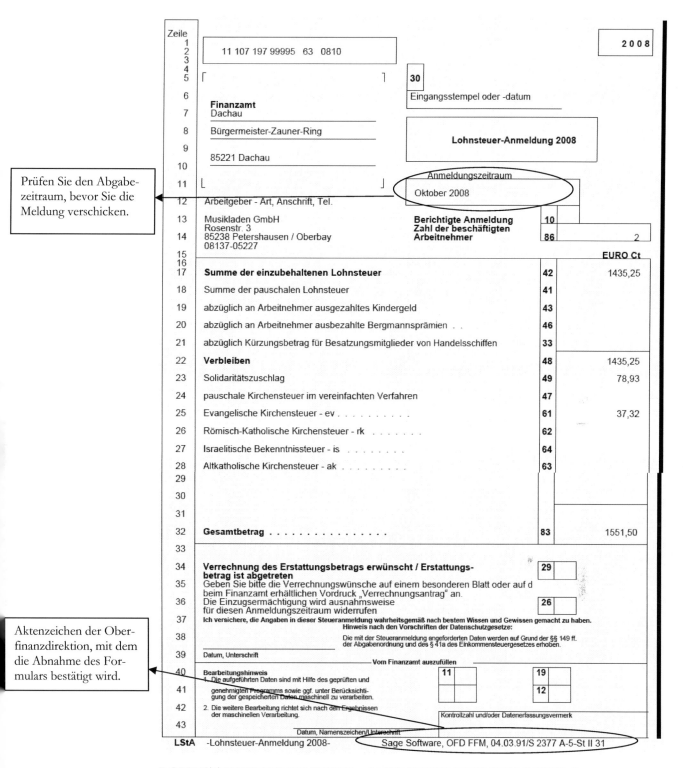

Prüfen Sie den Abgabe-
zeitraum, bevor Sie die
Meldung verschicken.

Aktenzeichen der Ober-
finanzdirektion, mit dem
die Abnahme des For-
mulars bestätigt wird.

LOHNSTEUERANMELDUNG – AMTLICHES FORMULAR TEIL 2.

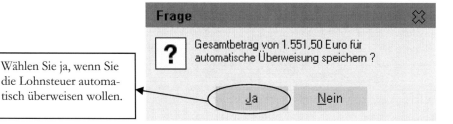

Wählen Sie ja, wenn Sie
die Lohnsteuer automa-
tisch überweisen wollen.

ABFRAGE. Wollen Sie den Betrag für die automatische Überweisung speichern?.

Nach dem Druck der Lohnsteueranmeldung werden Sie gefragt, ob Sie den Gesamtbetrag für die automatische Überweisung speichern möchten. Wenn Sie dem Finanzamt eine Einzugsermächtigung erteilt haben, sollten Sie diese Frage mit nein beantworten. Wenn Sie die Zahlung selbst leisten, bitte den Betrag speichern.

Die Monats-DEÜV

Mit Hilfe der Monats-DEÜV werden die laufenden An- und Abmeldungen bei der Krankenkasse gemacht. Vorteil im Vergleich zur bisherigen, schriftlichen Meldung ist, dass es ausreicht, Ein- und Austritte und sonstige SV-Meldungen am Monatsende elektronisch zu melden. Die bisher gültige Frist von 10 Tagen ist damit aufgehoben.

Einzig die so genannte Sofortmeldung für neue Mitarbeiter ohne eigene Sozialversicherungsnummer müssen nach wie vor innerhalb von 10 Tagen an die zuständige Krankenkasse weitergeleitet werden.

Wir werden die Monats-DEÜV ganz bewusst sehr ausführlich erklären und dafür beim Jahreswechsel bei den Jahresmeldungen auf dieses Kapitel verweisen.

Hier erzeugen Sie Ihre monatlichen SV-Meldungen für die Krankenkassen.

Über diesen Menüpunkt können Sie Ihre Meldung wiederholen, falls erforderlich.

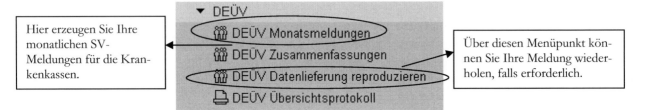

MONATS-DEÜV. Hier können Sie Ihre DEÜV-Monatsmeldungen erzeugen und bei Bedarf auch reproduzieren.

Auch hier haben Sie die Möglichkeit, eine Meldung für einzelne Abrechnungskreise oder einzelne Mitarbeiter zu erzeugen. In der Praxis sollten Sie generell für alle Mitarbeiter prüfen, ob ein SV-Meldung erforderlich ist.

Wählen Sie aus, für welchen Abrechnungskreis oder für welche Mitarbeiter Sie einen Meldelauf machen wollen. Bei der Sortierung ist es auch möglich, statt nach Personalnummer, nach Namen zu sortieren.

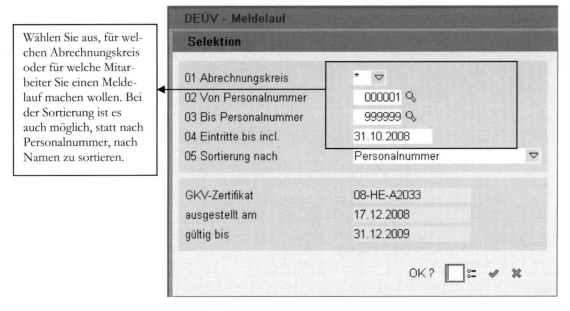

SELEKTION. Geben Sie die gewünschte Auswahl ein.

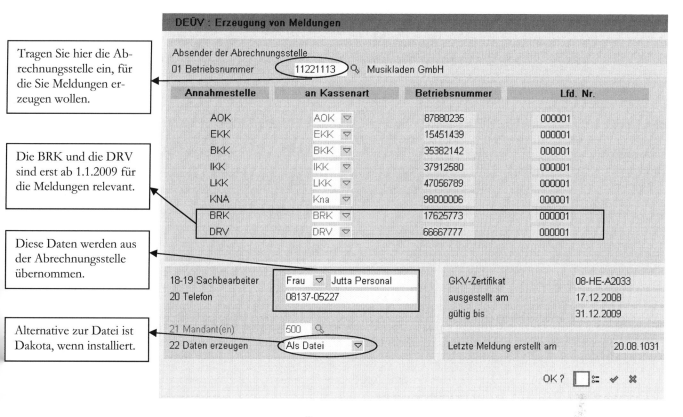

Tragen Sie hier die Abrechnungsstelle ein, für die Sie Meldungen erzeugen wollen.

Die BRK und die DRV sind erst ab 1.1.2009 für die Meldungen relevant.

Diese Daten werden aus der Abrechnungsstelle übernommen.

Alternative zur Datei ist Dakota, wenn installiert.

ERZEUGEN VON DEÜV- MELDUNGEN. Wählen Sie die Abrechnungsstelle, das Erstellungsdatum und die Form der Meldung aus.

Es folgt ein so genanntes Laufprotokoll über alle Mitarbeiter, für die eine SV-Meldung erforderlich ist. In unserem Beispiel sind 2 Mitarbeiterinnen zu melden. Beide mit dem Meldegrund 10: Anmeldung wegen Beginn einer Beschäftigung.[59]

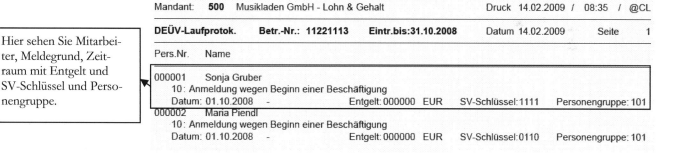

Hier sehen Sie Mitarbeiter, Meldegrund, Zeitraum mit Entgelt und SV-Schlüssel und Personengruppe.

LAUFPROTOKOLL. Bitte prüfen Sie an Hand des Laufprotokolls, ob Ihre Meldungen richtig und vollständig sind.

Nachdem Sie das Laufprotokoll geprüft haben, können Sie die Meldungen mit ja akzeptieren und drucken.

---

[59] Der Wechsel des Abrechnungssystems ist ein meldepflichtiger Tatbestand. Die Abmeldung zum 30.9. muss wahlweise aus dem Altsystem oder manuell erzeugt werden.

Bitte lesen Sie die Hinweise genau durch, bevor Sie eine Meldung bestätigen. Bei Unsicherheit brechen Sie ab und klären Sie offene Fragen.

Sagen Sie ja, um mit dem Druck der Meldebescheinigung für Ihre Mitarbeiter weiterzumachen.

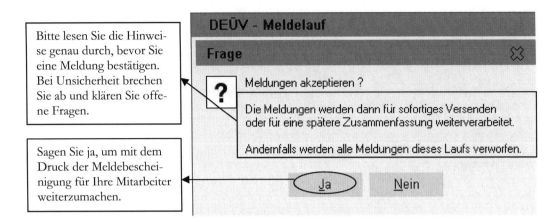

FRAGE. Wollen Sie die Meldungen akzeptieren? Wenn Sie an dieser Stelle abbrechen, können Sie die Meldung jederzeit wieder neu starten.

Es folgt der Druck der SV-Meldung in 2-facher Ausführung. Ein Exemplar ist für den Mitarbeiter, ein Exemplar ist für Ihre Unterlagen im Personalbüro. Sollte mal ein Exemplar verloren gehen, so haben Sie immer noch die Möglichkeit, die Meldung zu reproduzieren und fehlende Belege nachzudrucken.[60]

In der Meldebescheinigung finden Sie alle SV-relevanten Informationen zum jeweiligen Mitarbeiter.

In der Regel gibt es pro Mitarbeiter 1-2 Meldungen pro Jahr, entweder bei Ein- und Austritt und einmal die Jahresmeldung. Dazu können dann noch Meldungen für Fehlzeiten oder einen Wechsel der Krankenkasse kommen, oder eine Änderung der Personengruppe.

---

[60] In so einem Fall bietet es sich an, einen PDF-Drucker einzurichten, dann können Sie ganz gezielt einzelne Seiten ausdrucken.

DIE MONATS-DEÜV

Musikladen GmbH
Rosenstr. 3
85238 Petershausen / Ober

Datum: 14.02.2009

Sonja Gruber
Frühlingsplatz 2
85221 Dachau

Wichtiges Dokument - Sorgfältig aufbewahren !
Bescheinigung nach §25 der DEÜV über die Abgabe einer maschinellen Meldung.

Personalnummer	: 000001	Versicherungsnummer	: 19281058G990
Geburtsdatum	: 28.10.1958	AG-Beziehung	: keine

Folgende Angaben über beitragspflichtige Beschäftigungszeiten und
versicherungspflichtiges Bruttoarbeitsentgelt wurden unter obigem Datum auf
Datenträger nach DEÜV an den zuständigen Krankenversicherungs- bzw.
Rentenversicherungsträger übermittelt:
**(Bitte mit den entsprechenden Entgeltabrechnungsnachweisen auf
Übereinstimmung überprüfen.)**

Hier sehen Sie den Meldegrund, den Meldetermin und die Krankenkasse, an die gemeldet wird.

10 : Anmeldung wegen Beginn einer Beschäftigung
zum   :01.10.2008
Krankenkasse   :AOK Bayern Die Gesundheitskass   (87540905)
Staatsangehörigkeit   :000 Deutschland
Betriebsnummer   :11221113
Personengruppe   :101 = Normal
KV-Schlüssel   :1 = Allgemeiner Beitrag
RV-Schlüssel   :1 = Voller Beitrag ArV
AV-Schlüssel   :1 = Voller Beitrag
PV-Schlüssel   :1 = Voller Beitrag
Tätigkeitsschlüssel   :77242
Rechtskreis   :WEST
Mehrfachbeschäftigter   :NEIN
Gleitzone   :0 = kein Entgelt innerhalb der Gleitzone/Verzicht

SV-MELDEBESCHEINIGUNG. Je ein Exemplar für den Mitarbeiter und eines für den Arbeitgeber.

Bestätigen Sie mit ja, um die Meldungen zu übermitteln (per Dakota oder per Diskette).

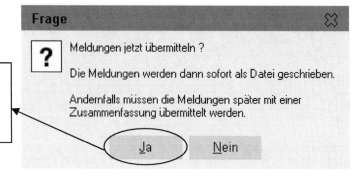

ABFRAGE. Wollen Sie den Betrag für die automatische Überweisung speichern?.

Nach erfolgreichem Druck der Bescheinigungen können Sie Ihre Meldungen übermitteln.

<table>
<tr><td>

Wenn Sie keine Dakota Schnittstelle eingerichtet haben, können Sie die Meldung auch auf Diskette oder Festeplatte speichern.

</td><td>

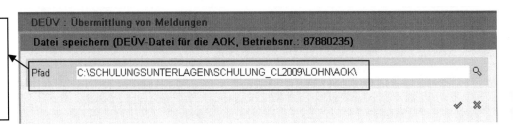

</td></tr>
</table>

DATEI SPEICHERN. Geben Sie einen Pfad zum Speichern der Datei an. Bitte beachten Sie, dass das angegebene Zielverzeichnis gelöscht wird, wenn es nicht leer ist. Das gilt für Disketten und Ordner auf Ihrer Festplatte gleichermaßen.

Das Anschließende Protokoll der Datensätze ist ein wenig kryptischer, als die Meldebescheinigung. Hier braucht es schon ein wenig Geduld beim lesen, will man die einzelnen Meldungen hier noch einmal nachvollziehen.

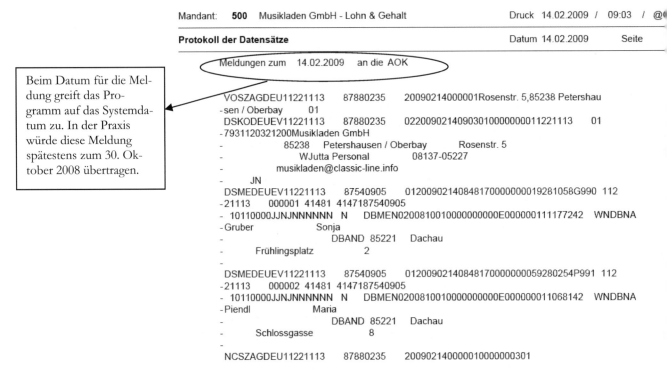

PROTOKOLL DER DATENSÄTZE. Das Protokoll ist für Ihre Unterlagen bestimmt.

So ein Protokoll erhalten Sie für jede Krankenkasse, aber das ist im Grunde einfacher, als für jeden Mitarbeiter eine manuelle Meldung mit Durchschreibesatz zu erstellen, wie es noch vor wenigen Jahren gängige Praxis war.

Nach dem Protokoll kommt noch ein Begleitschreiben für die Krankenkasse mit der Information, wann von wem mit welcher Software diese Meldung erzeugt wurde und wie viele Datensätze die Meldung enthält.

500 Musikladen GmbH - Lohn & Gehalt   Datum: 14.02.2009

Absender   : Musikladen GmbH
                    Rosenstr. 5
                    85238 Petershausen /   Betriebsnummer: 11221113
Sachbearbeiter   : Jutta Personal
Telefon   : 08137-05227

Empfänger:

AOK Bayern Die Gesundheitskass   Betriebsnummer: 87880235
Carl-Wery-Str. 28
81739 München

Datenübermittlung nach der Datenübermittlungs-Verordnung (DEÜV)

Wir senden Ihnen nachfolgend aufgeführten Datenträger zu, mit der Bitte um Übernahme und Weiterleitung der Meldedaten.

Dateiname   :DEUEV

Dateinummer   :000001

Meldungen erstellt am :14.02.2009

Anzahl Sätze   :3

verwendete Software :Sage Software - Classic Line - 4.1.471

_____

(Name, Unterschrift)

BEGLEITSCHREIBEN. Neben dem Protokoll wird noch ein Begleitschreiben für die Krankenkasse gedruckt.

Bei mehreren Krankenkassen haben Sie für jede Krankenkasse eine Datei und die entsprechenden Protokolle und Begleitschreiben.

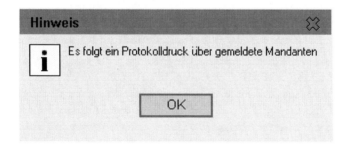

HINWEIS. Zum Abschluss wird noch ein Protokoll gedruckt über alle erzeugten Meldungen.

Im abschließenden Protokoll sehen Sie im Überblick, für welchen Mandanten wie viele Datensätze an welche Annahmestelle gemeldet wurden.

Mandant:	**500**	Musikladen GmbH - Lohn & Gehalt		Druck 14.02.2009 / 09:07 / @C

DEÜV-Meldungen erzeugt für folgende Mandanten	Datum 14.02.2009	Seite

Mandant	Anzahl Sätze:	AOK	EKK	BKK	IKK	LKK	Kna	BRK	DR
(500) Musikladen GmbH - Lohn & Gehalt		0002	0000	0000	0000	0000	0000	0000	000

Unter jeder Annahmestelle steht die Zahl der gemeldeten Datensätze.

DEÜV MELDEPROTOKOLL. Hier sehen Sie, wie viele Mitarbeiter (bzw. Datensätze) an die einzelnen Annahmestellen gemeldet wurden.

Lernzielkontrolle

☺ **Testen Sie Ihr Wissen**

1) Was passiert beim Periodenabschluss?

2) Welche Optionen haben Sie bei der Übergabe des Buchungsbeleges in die Finanzbuchhaltung?

3) Warum kann es sinnvoll sein, die Lohnbuchhaltung und die Finanzbuchhaltung in unterschiedlichen Mandanten zu führen?

4) Welche Möglichkeiten zur Weitergabe der Lohnsteueranmeldung werden in der Classic Line 2009 unterstützt?

5) Ist eine Wiederholung der Versendung der Lohnsteueranmeldung möglich?

6) Beschreiben Sie mit eigenen Worten den Ablauf der Monats-DEÜV.

7) Welche SV-Meldungen kennen Sie?

8) Wie oft pro Jahr ist für jeden Mitarbeiter mindestens eine SV-Meldung abzugeben und warum?

Praktische Übungen

⌨ **Tastaturübungen**

1) Drucken Sie Ihren endgültigen Buchungsbeleg.

2) Übergeben Sie den Buchungsbeleg mit folgenden Angaben in Finanzbuchhaltung des aktuellen Lohnmandanten:
Buchungsdatum: 31.10.2008, Periode 10, Lohnverrechnungskonto 17550.

3) Drucken Sie die Lohnsteueranmeldung auf dem amtlichen Formular ohne Versendung per Elster.

4) Erstellen Sie die Monats-DEÜV mit Auswahl Datei zum 31.10.2008. Speichern Sie die Krankenkassendaten auf Diskette.

5) Wenn Sie auch in der Finanzbuchhaltung arbeiten, prüfen Sie die Übergabe des Lohnbeleges im Buchungserfassungsprotokoll.

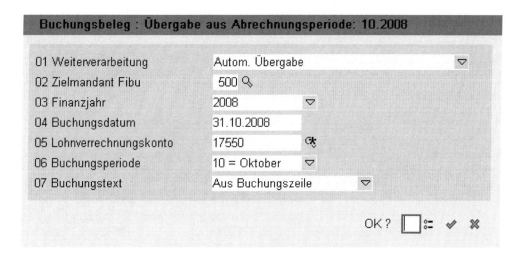

BUCHUNGSBELEG. Hier sehen Sie die Einstellungen für die Übergabe des Buchungsbeleges für Oktober.

Der Zahlungsverkehr

In diesem Kapitel gibt es einen kurzen Überblick über die Möglichkeiten des Zahlungsverkehrs im Bereich Lohn & Gehalt.

Die Möglichkeiten für den Zahlungsverkehr entsprechen den der Finanzbuchhaltung:

- Barzahlungsliste

- Überweisungen

- Clearing

- Scheckdruck

Aus diesem Grund werden wir in diesem Kapitel nur kurz auf die Besonderheiten im Lohn eingehen und Sie bitten, die ausführlicheren Erläuterungen zum Zahlungsverkehr in unserem Schulungshandbuch zur Finanzbuchhaltung nachzulesen.

✐ Neu

Im Vergleich zur Vorversion gibt es in der Version 2009 im Zahlungsverkehr einige Änderungen im Zahlungsverkehr. Das beginnt mit einer Änderung der Menüstrukur, setzt sich fort mit neuen Programmbezeichnungen und findet seinen Höhepunkt in der neuen Möglichkeit der Ausgabe der Zahlungen im SEPA Format.

Zahlungsaufträge erstellen

Bevor Sie auswählen, in welcher Form Sie Ihre Zahlungen wollen (bar, Scheck, Überweisung) sind Zahlungsaufträge zu erstellen. Hier legen Sie fest, welche Beträge gezahlt werden sollen.

Statt Banksammler heißt der entsprechende Menüpunkt jetzt: Zahlungsaufträge erstellen. Zu finden unter **Lohn & Gehalt → Zahlungsverkehr → Zahlungsaufträge erstellen.** Hier werden nach Ihren Vorgaben die zur Zahlung fälligen Beträge zur Verfügung gestellt. Erst nach diesem Arbeitsschritt haben Sie die Möglichkeit, sich für einen Zahlungsweg zu entscheiden. Dabei können Sie jederzeit für einzelne Zahlungen unterschiedliche Zahlungswege wählen. Wichtig ist nur, dass Sie bei unterschiedlichen Kombinationen, wie Barzahlung und Überweisung nicht versehentlich Doppelzahlungen leisten. Das ist insbesondere wichtig, wenn Zahlungen, wie z.B. ein Vorschuss in bar nicht von der Lohnbuchhaltung veranlasst, sondern direkt an der Kasse ausgezahlt werden.

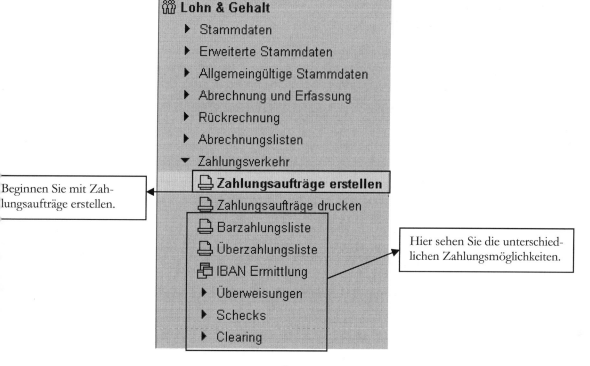

Beginnen Sie mit Zahlungsaufträge erstellen.

Hier sehen Sie die unterschiedlichen Zahlungsmöglichkeiten.

ZAHLUNGSAUFTRÄGE ERSTELLEN. Hier starten Sie das Programm für den Zahlungsverkehr im Lohn & Gehalt.

Unter Zahlungsaufträge erstellen können Sie auswählen, von welcher Hausbank Sie die Zahlungen leisten wollen, für welchen Abrechnungskreis gezahlt werden soll und für welche Periode. Anschließend können Sie auch noch bestimmen, welche Empfänger Zahlungen erhalten sollen. Die Auswahlmöglichkeit ist insbesondere erforderlich, weil in der Regel Gehaltszahlungen, Krankenkassenbeiträge und die Lohnsteuer zu unterschiedlichen Zeitpunkten zur Zahlung fällig sind. Zusätzlich haben Sie die Möglichkeit, mehrere Zahlungsläufe für unterschiedliche Hausbanken durchzuführen.

Wenn Sie hier keine Haus-
bank eintragen, wird die
im Bankenstamm zuge-
ordnete Hausbank ver-
wendet.

Wählen Sie, für welche
Periode Sie Zahlungen
leisten wollen.

Legen Sie fest, was gezahlt
werden soll.

Völlig neu ist hier die
Möglichkeit, die Fälligkeit
der Zahlung mit Hilfe ei-
ner Formel zu berechnen.

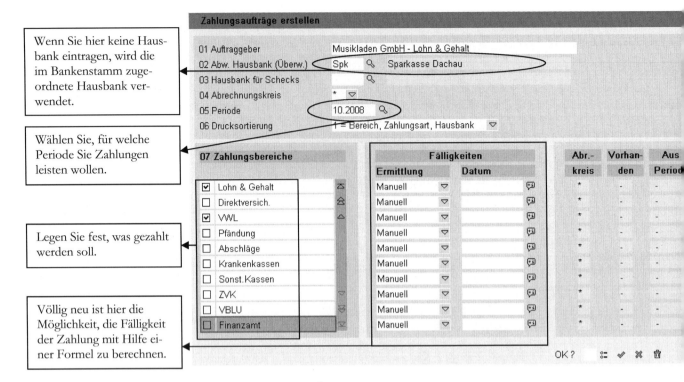

ZAHLUNGSAUFTRÄGE ERSTELLEN. Sobald Sie alle Optionen gewählt haben, drucken Sie Ihre Zahlungsaufträge. Bitte prüfen Sie diese auf Vollständigkeit und Richtigkeit, bevor Sie die Zahlungen weitergeben..

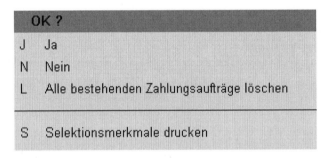

BANKSAMMLER. Über die OK-Abfrage haben Sie auch die Möglichkeit bereits erzeugte Zahlungsaufträge wieder zu löschen.

📖 **Praxistipp**

Auf Grund unserer in langer Praxis mit dem Programm gemachten Erfahrungen empfehle ich Ihnen, grundsätzlich vor der Erstellung neuer Zahlungsaufträge alle bestehenden Zahlungsaufträge zu löschen.

Beim Druck erhalten Sie für jeden Bereich einen eigenen Banksammler. In unserem Beispiel einen für die Gehaltszahlungen an die Mitarbeiter und einen für die VL.

500	Musikladen GmbH - Lohn & Gehalt		Druck	14.02.2009	/	11:38	/ @CL
Bankenliste ohne Hausbank (Lohn)			Datum	14.02.2009		Seite	
Bankleitzahl	BIC	Institut Kurzbezeichnung	Ort				Hausbank (Loh
70050000	BYLADEMMXXX	BayernLB München	München				
70051540	BYLADEM1DAH	Sparkasse Dachau	Dachau				

BANKENLISTE OHNE HAUSBANK. Ist weder im Bankenstamm noch unter Zahlungsaufträge erstellen eine Hausbank eingetragen, erhalten Sie eine Bankenliste ohne Hausbank für alle Banken, die an irgendeiner Stelle im Lohn für eine Zahlung zugeordnet sind.

ZAHLUNGSAUFTRÄGE ERSTELLEN

Mandant	**500**	Musikladen GmbH - Lohn & Gehalt		Druck	14.02.2009 / 11:42 / @CL

Zahlungsaufträge Überw.	14.02.2009	Währung: Euro	Datum 14.02.2009	Seite 1

Abrechnungskreis: * Alle   Lohn & Gehalt   Oktober 2008

Kreditinstitut   : Hausbank nicht angelegt   Bankleitzahl: 000 000 00
Auftraggeber   : Musikladen GmbH - Lohn & Gehalt   Konto-Nummer:

Bankbezeichnung	BLZ	BIC	Kontonummer	IBAN	
Empfänger	Verwendungszweck 1		Verwendungszweck 2		B E T R A G
Herkunft			Fälligkeit		Exist.
Bayerische Landesbank	70050000	BYLADEMMXXX	0000095842	DE87 7005 0000 0000 0958 42	
Gruber, Sonja	Lohn/Gehalt 10.2008		000001 Gruber, Sonja		1593,34
000001 Gruber, Sonja					0
Bayerische Landesbank	70050000	BYLADEMMXXX	0000045265	DE03 7005 0000 0000 0452 65	
Piendl, Maria	Lohn/Gehalt 10.2008		000002 Piendl, Maria		2930,45
000002 Piendl, Maria					0
***** Anzahl ***** 2 *****				***** Summe *****	4523,79

BANKSAMMLER 1. Der erste Banksammler ist für die Zahlungen an die Mitarbeiter.

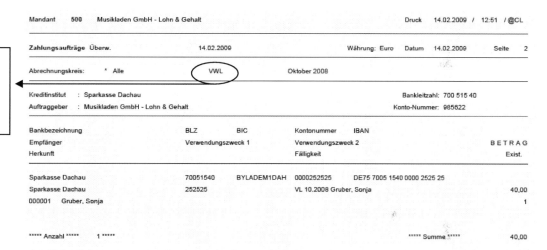

Mandant	**500**	Musikladen GmbH - Lohn & Gehalt		Druck	14.02.2009 / 12:51 / @CL

Zahlungsaufträge Überw.	14.02.2009	Währung: Euro	Datum 14.02.2009	Seite 2

Abrechnungskreis: * Alle   VWL   Oktober 2008

Kreditinstitut   : Sparkasse Dachau   Bankleitzahl: 700 515 40
Auftraggeber   : Musikladen GmbH - Lohn & Gehalt   Konto-Nummer: 985622

Bankbezeichnung	BLZ	BIC	Kontonummer	IBAN	
Empfänger	Verwendungszweck 1		Verwendungszweck 2		B E T R A G
Herkunft			Fälligkeit		Exist.
Sparkasse Dachau	70051540	BYLADEM1DAH	0000252525	DE75 7005 1540 0000 2525 25	
Sparkasse Dachau	252525		VL 10.2008 Gruber, Sonja		40,00
000001 Gruber, Sonja					1
***** Anzahl ***** 1 *****				***** Summe *****	40,00

BANKSAMMLER 2. Unser 2. Banksammler ist für die VL.

Dadurch, dass verschiedene Banksammler erzeugt werden, wird das Abstimmen der Zahlungen erleichtert, weil Sie diese jetzt nach Vertragsart sortiert, einzeln abstimmen können.

Prüfen Sie die Daten und machen Sie weiter mit der gewünschten Zahlungsart.

Alle weiteren Schritte im Zahlungsverkehr entsprechen dem Zahlungslauf in der Finanzbuchhaltung.

    147

Margin notes:

Neu in den Zahlungsaufträgen sind IBAN und BIC.

Zu Abstimmung sehen Sie bei jeder Zahlungsart die Anzahl der Zahlungsempfänger.

In der Kopfzeile sehen Sie, welche Art Zahlungen in dem vorliegenden Zahlungsauftrag zu finden sind.

Lernzielkontrolle

☺ **Testen Sie Ihr**

Wissen

1) Welche Zahlungsmöglichkeiten werden im Classic Line Lohn unterstützt?

2) Wie können Sie bereits erstellte Zahlungsaufträge wieder löschen?

3) Erläutern Sie mit eigenen Worten den Ablauf des Zahlungsverkehrs im Lohn.

Praktische Übungen

⌨ Tastaturübungen

1) Erstellen Sie einen Zahlungsauftrag für Lohn und Gehalt und VL für Oktober 2008.

2) Drucken Sie die Zahlungsaufträge und prüfen Sie die Daten.

3) Erstellen Sie eine DTAUS für den automatischen Zahlungsverkehr.

Die laufende Lohnbuch-haltung

In diesem Kapitel werden wir neue Mitarbeiter anlegen und Besonderheiten in der Lohnabrechnung üben.

E s gibt eine Vielzahl von Besonderheiten in der Lohnabrechnung, von denen wir im Folgenden eine kleine Auswahl durchspielen werden. In der Praxis werden Sie regelmäßig auf neue Konstellationen in der Lohn- und Gehaltsabrechnung stoßen. Bei Unsicherheit fragen Sie im Zweifel bei den zuständigen Stellen nach, bevor Sie die Abrechnung machen. Eine gute Möglichkeit ist es dabei, bei neuen Mitarbeitern eine Testabrechnung zu drucken und per Fax an die zuständige Krankenkasse zu schicken, mit der Bitte um Überprüfung.

Außerdem möchten wir an dieser Stelle darauf hinweisen, dass im Lohnbüro ein Nachschlagewerk mit den aktuellen Grundlagen für die Lohnabrechnung unerlässlich ist (z.B. **Lexikon für das Lohnbüro von Jehle Rehm**, oder ein vergleichbares Nachschlagewerk).

Geringfügig Beschäftigte

Für geringfügig Beschäftige gibt es bei der Erfassung der Personaldaten einige Besonderheiten zu beachten. Wir wollen deshalb für den November (Eintrittsdatum 01.11.2008) einen neuen Mitarbeiter als geringfügig Beschäftigten anlegen.

Eine Besonderheit bei den Aushilfen ist, dass eine Anmeldung seit 01.04.2003 grundsätzlich bei der Bundesknappschaft erfolgt.

Um die meisten Besonderheiten gleich mit einem Beispiel abzubilden, stellen wir eine Reinigungskraft aus Südafrika, aus Kapstadt ein. Unser neuer Mitarbeiter verfügt über eine gültige Aufenthaltsgenehmigung und eine Arbeitserlaubnis bis zum 30.06.2009. Außerdem haben wir folgende Informationen:

Ali Mambusa, geboren am 14.11.1946 in Kapstadt, Südafrika.
Schillerstr. 15 in 80336 München. Familienstand: ledig; Konfession: keine.
Es liegen keine weiteren Informationen vor. Der Lohn wird bar ausgezahlt.

Herr Mambusa erhält für seine Tätigkeit als Hausmeister monatlich EUR 375,--.

Wir zeigen im Folgenden nur noch die Masken, in denen besondere Eingaben zu machen sind.

Mit **F10** wird automatisch die nächste Personalnummer vergeben.

Stellen Sie die Urlaubsautomatik auf ja, dann werden für jeden abgerechneten Monat 2 Urlaubstage gutgeschrieben.

Ordnen Sie den Abrechnungskreis 1 zu und ändern Sie in den Stammdaten die Bezeichnung auf Aushilfen.

Staatsangehörigkeit: Südafrika.

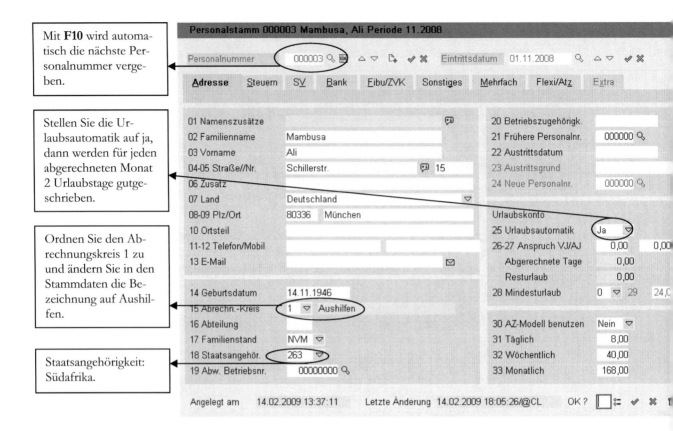

PERSONALSTAMM - ADRESSE. Bei Aushilfen bietet es sich an, die Urlaubsautomatik zu benutzen.

Für die Urlaubsverwaltung können Sie wahlweise die Zahl der Urlaubstage im Personalstamm eintragen oder die Urlaubsautomatik verwenden. Mit der Urlaubsautomatik werden automatisch pro Monat 2 Urlaubstage gutgeschrieben.

Auf der Seite Steuern sind für unsere Aushilfe die ersten beiden Felder von besonderer Bedeutung. Tragen Sie im **Feld 01** die 6 für Pauschal ein und im **Feld 02** Keine.

Das Feld Religion bleibt leer, weil Herr Mambusa aus der Kirche ausgetreten ist.

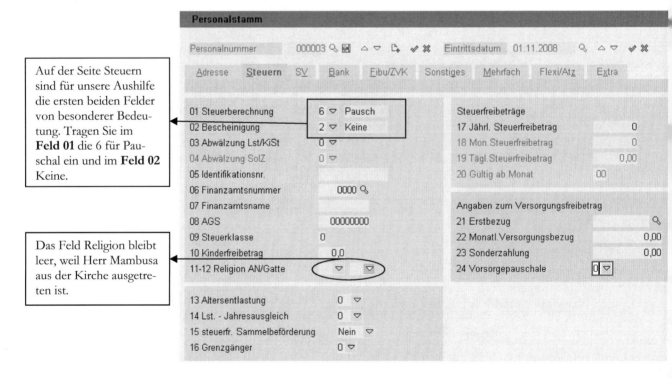

STEUERN. Bei Aushilfen bis 400 EUR ist das Einkommen pauschal zu versteuern; eine Lohnsteuerkarte wurde nicht vorgelegt. Seit dem 01.04.2003 gilt die einheitliche Pauschalsteuer.

Unter SV im Personalstamm tragen Sie in der **Personengruppe** den Schlüssel **109** für geringfügig Beschäftigte ein.

Legen Sie in den Grundlagen einen neuen Tätigkeitsschlüssel 793 Hausmeister an oder tragen Sie einfach hier im Personalstamm die Werte ein.

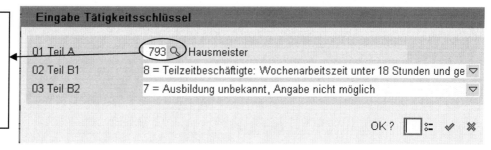

TÄTIGKEITSSCHLÜSSEL. Im Teil B1 des Tätigkeitsschlüssels wird die 8 eingetragen für Teilzeit.

In der Version 2009 müssen Sie den Tätigkeitsschlüssel nicht mehr manuell erfassen.

Im Teil B1 wählen Sie Teilzeitbeschäftigter und für Teil B2 liegen keine weiteren Informationen vor.

Seit 01.04.2003 sind alle Aushilfen bei der Bundesknappschaft zu melden, bei uns die Nummer 002.

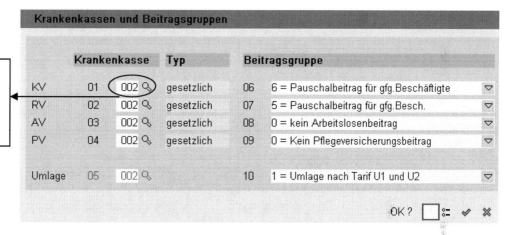

KRANKENKASSEN UND BEITRAGSGRUPPEN. Für die Kranken- und Rentenversicherung gelten jetzt die Pauschalbeiträge für geringfügig Beschäftigte.

Beachten Sie bei der Kranken- und Rentenversicherung die Eintragung Pauschalbeitrag für geringfügig Beschäftigte. Für die Arbeitslosen und Pflegeversicherung sind keine Beiträge zu entrichten. Für die Umlage bitte die Unterscheidung zwischen Arbeitern und Angestellten beachten, deshalb hier die Umlage nach **U1 und U2**.

Auf Grund der fehlenden Sozialversicherungsnummer sind zusätzliche Meldeangaben für die SV-Meldung zu erfassen:

- Geburtsland

- Geburtsort

- Geburtsname

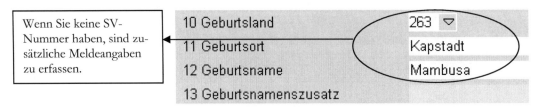

Wenn Sie keine SV-Nummer haben, sind zusätzliche Meldeangaben zu erfassen.

10 Geburtsland	263 ▽
11 Geburtsort	Kapstadt
12 Geburtsname	Mambusa
13 Geburtsnamenszusatz	

ZUSÄTZLICHE MELDEANGABEN. Wenn keine SV-Nummer vorliegt, sind zusätzliche Meldeangaben erforderlich..

Geburtsname

Die Eingabe des Geburtsnamens ist auch bei Namensänderungen (z.B. bei Heirat) erforderlich, da der Anfangsbuchstabe des Familiennamens Bestandteil der SV-Nummer ist und abgeprüft wird.

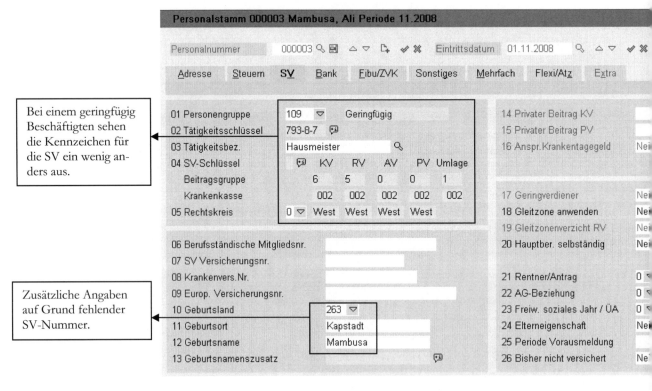

Bei einem geringfügig Beschäftigten sehen die Kennzeichen für die SV ein wenig anders aus.

Zusätzliche Angaben auf Grund fehlender SV-Nummer.

PERSONALSTAMM -SV. Zur Kontrolle noch die komplette Seite mit den SV-Angaben im Überblick.

Die Meldung an die Krankenkassen erfolgt neuerdings auch für Aushilfen im Rahmen der Monats-DEÜV. Die dafür benötigten zusätzlichen Meldeangaben haben wir bereits erfasst, so dass wir im Anschluss an die Erfassung der Personalstammdaten unmittelbar keine Kontrollmeldung mehr drucken müssen.

Auf Grund der Tatsache, dass die Gehaltszahlung in bar erfolgt und keine weiteren Verträge vorliegen, brauchen wir nur noch die Seite Sonstiges. Legen Sie sich den Mitarbeiter auf Grund der befristeten Aufenthaltsgenehmigung und der befristeten Arbeitserlaubnis ca. 4 Wochen vor Ablauf am 30.06.09 auf Termin um ihn an die Verlängerung seiner Papiere zu erinnern. Alternativ können Sie den 30.06.09 unter Sonstiges im Feld 27 befristet bis eintragen. Damit wäre zumindest sichergestellt, dass ohne vorherige Prüfung im Juli 2009 keine Abrechnung mehr erfolgt.

Folgende Beiträge sind für einen geringfügig Beschäftigten (bis 400,-- Euro monatlich) abzuführen:

Beitrag zur Rentenversicherung: 15%

Beitrag zur Krankenversicherung: 13%

Einheitliche Pauschalsteuer für geringfügig Beschäftigte: 2%

Die Summe der zu bezahlenden Beiträge beträgt insgesamt 30%.

Ergänzen Sie hier die Berufsgenossenschaft und die Gefahrtarifstelle.

Geben Sie einfach unter befristet bis das Ende der Arbeitserlaubnis bzw. der Aufenthaltsgenehmigung ein.

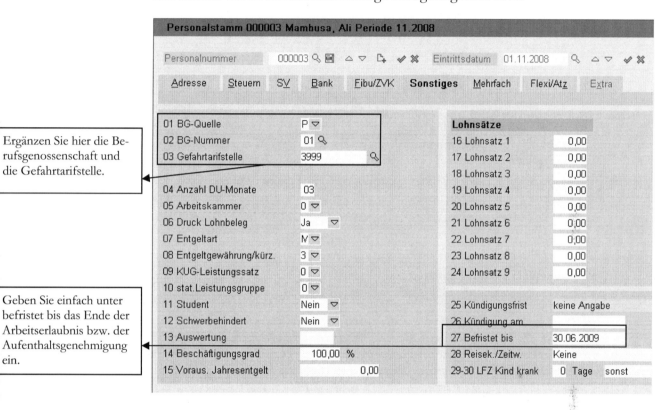

PERSONALSTAMM SONSTIGES. Hier sind noch die Angaben zur Berufsgenossenschaft und die Entgeltart zu ergänzen. Optional können Sie den Ablauf der Aufenthaltsgenehmigung im Feld 27 Befristet bis eintragen..

Wichtig

Da es sich bei diesem Mitarbeiter um einen ausländischen Mitarbeiter handelt, sind vom Arbeitgeber die **Aufenthaltsgenehmigung** und die **Arbeitserlaubnis** zu überwachen. Wenn Sie einen Mitarbeiter ohne gültige Arbeitserlaubnis beschäftigen, dann handelt es sich um illegale Beschäftigung, die mit hohen Geldbußen geahndet werden kann. Deshalb ist tragen Sie sich den Ablauf der Arbeitserlaubnis/Aufenthaltsgenehmigung unter Sonstiges im Feld 27 ein und machen Sie Ihren Mitarbeiter frühzeitig darauf aufmerksam, wenn eine Verlängerung der Papiere erforderlich ist.

Bei Aushilfen ist eine Erfassung der Vortragswerte nicht erforderlich; Ausnahme: es handelt sich um einen Wiedereintritt, d.h. der Mitarbeiter war im laufenden Jahr schon einmal bei Ihnen beschäftigt.

Einmalzahlung und Direktversicherung

Einmalzahlungen werden, wie der Name bereits sagt, nicht monatlich, sondern einmalig geleistet. Sie sind nach der Jahrestabelle zu versteuern. Die häufigsten Einmalzahlungen sind: Urlaubsgeld und Weihnachtsgeld. Die Erfassung erfolgt über eine eigene Lohnart, die häufig auch in die Finanzbuchhaltung auf ein eigenes Konto übergeben wird. Die Erfassung erfolgt unter variablen Lohndaten.

Viele Mitarbeiter nutzen Ihr Weihnachtsgeld, um davon Beiträge für eine Direktversicherung zu bezahlen. Dabei handelt es sich um eine Sonderform der Lebensversicherung, bei der ein Vertrag zwischen dem Arbeitgeber und der Versicherung zu Gunsten des Arbeitnehmers geschlossen wird. Der Vertrag dient der Altersversorgung und darf deshalb nicht vor Vollendung des 59. Lebensjahres zur Auszahlung fällig sein.

Vorteil für den Arbeitnehmer bei Abschluss einer Direktversicherung: Die Beiträge zur Direktversicherung unterliegen nicht der normalen Steuerprogression sondern werden pauschal versteuert (mit 20%). Wird der Beitrag zur Direktversicherung von einer Einmalzahlung geleistet, so unterliegt dieser Beitrag auch nicht der SV-Pflicht. In der Regel übernimmt der Arbeitgeber die pauschale Lohnsteuer und damit kann der Mitarbeiter den Beitrag von seinem Bruttogehalt zahlen, statt von seinem Nettogehalt. Er spart sich also je nach Einkommen und persönlichem Steuersatz im Idealfall bis zu 50% (in der Regel sind es 20 – 30 %) des Beitrages.

Es gibt bei der Direktversicherung verschiedene Ausprägungen und deshalb werden wir beispielhaft nur folgende Variante der Direktversicherung[61] durchspielen:

Es liegt ein sog. Einzelversicherungsvertrag vor; die Beitragszahlung erfolgt im November vom Weihnachtsgeld und die pauschale Steuer wird vom Arbeitgeber übernommen.

Der Direktversicherungsvertrag wird im Personalstamm unter Verträge hinterlegt. Insbesondere bei älteren Mitarbeitern kann es vorkommen, dass es für einzelne Mitarbeiter mehrere Direktversicherungsverträge gibt.[62]

In unserem Beispiel schließt unsere Mitarbeiterin Frau Gruber zum 01.11.2008 einen neuen Direktversicherungsvertrag ab. Die Prämie in Höhe von EUR 1.200,-- wird im November vom Weihnachtsgeld (1 Monatsgehalt) einbehalten und direkt an die Versicherung überwiesen. Hier die vollständigen Vertragsdaten:

Allianzversicherung, Vertragsnummer 336633, Einzelvertrag, Vertragsbeginn 01.11.2008, Beitrag: EUR 1.200,00, jährliche Einmalzahlung im November.

Bay. Landesbank München, BLZ 700 500 00, Konto 589241.

---

[61] In diesen Bereich spielt auch die Riesterrente mit rein, so dass es hier eine ganze Reihe von zusätzlichen Spielarten gibt. Allerdings gebe ich an dieser Stelle zu bedenken: der einzige, der von den Versicherungen wirklich profitiert, ist der jeweilige Versicherungskonzern.

[62] Der Hintergrund ist folgender: Über die Jahre wurde die Höchstgrenze für den Beitrag zur Direktversicherung mehrfach erhöht. In vielen Fällen wurde dann ein weiterer Direktversicherungsvertrag geschlossen in Höhe der Differenz.

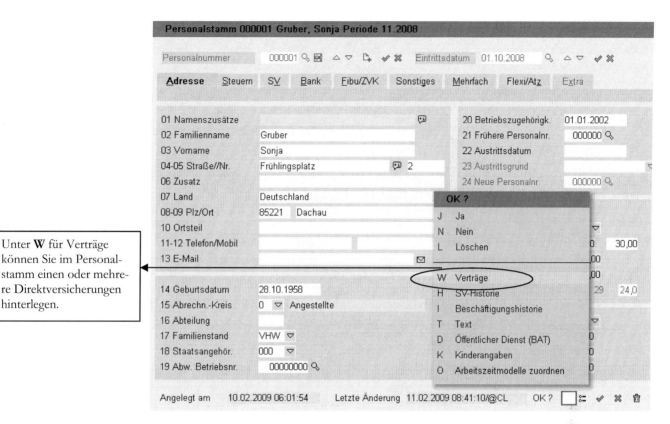

Unter **W** für Verträge können Sie im Personalstamm einen oder mehrere Direktversicherungen hinterlegen.

PERSONALSTAMM. Mit **F2** kommen Sie in die Auswahl und können mit **W** in die Maske Verträge wechseln.

Sie können seit der Version 2007 bis zu 999 Verträge pro Mitarbeiter verwalten (Direktversicherung, Pensionskasse, VL, Arbeitsvertrag, Sonstige). In der Regel werden die Beiträge zur Direktversicherung von den Versicherungen per Bankeinzug abgebucht, so dass die Bankverbindung dann bei der Erfassung des Vertrages im Personalstamm nicht immer erforderlich ist.

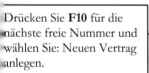

Drücken Sie **F10** für die nächste freie Nummer und wählen Sie: Neuen Vertrag anlegen.

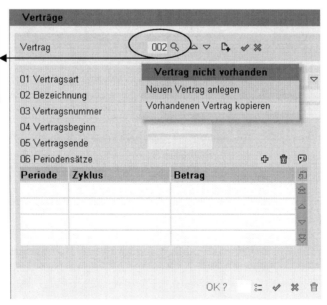

VERTRÄGE. Mit **F10** vergeben Sie die nächste freie Nummer (zur Erinnerung: mit der Nummer 1 haben wir bei Frau Gruber bereits einen VL-Vertrag angelegt).

Wählen Sie: Neuen Vertrag anlegen.

Wählen Sie unter Vertragsart Zukunftssicherung aus und geben Sie Bezeichnung und Vertragsnummer ein.

Tragen Sie als Vertragsbeginn den 01.11.08 ein. Das Vertragsende können Sie auch offen lassen.

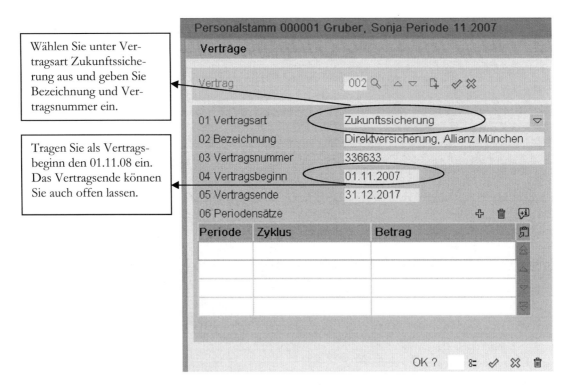

DIREKTVERSICHERUNG. Geben Sie hier den Vertrag zur Direktversicherung mit Vertragsnummer ein und klicken Sie auf das Pluszeichen, um einen neuen Zyklus anzulegen und die Bankverbindung zu erfassen.

Wenn Sie die Vertragsarten erfasst haben, bestätigen Sie, bis der Cursor im Feld Periode steht. Dann klicken Sie mit der Maus auf das Pluszeichen oder drücken Sie **F3**, um einen neuen Zyklus anzulegen.

Zunächst kommt der folgende Hinweis:

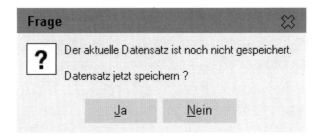

FRAGE. Wählen Sie ja, um den Vertrag zu speichern. Jetzt können Sie die weiteren Vertragsdetails erfassen.

In den periodenabhängigen Daten können Sie neben der Bankverbindung den Zyklus der Zahlungen erfassen. Durch die freie Eingabemöglichkeit können an dieser Stelle alle denkbaren Zahlungskombinationen problemlos erfasst werden. Die häufigsten sind:

- jährlich (Einmalzahlung),

- halbjährlich vom Urlaubs- und Weihnachtsgeld (Einmalzahlung) oder

- monatlich (monatlicher Beitrag, nicht von der SV befreit, wenn in Kombination mit Gehaltsverzicht).

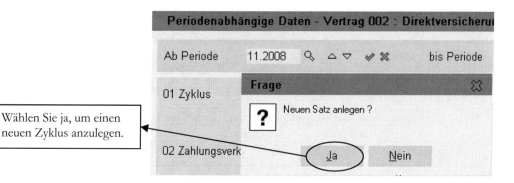

Wählen Sie ja, um einen neuen Zyklus anzulegen.

DIREKTVERSICHERUNG – PERIODENABHÄNGIGE DATEN. Prüfen Sie, ob die richtige Periode eingetragen ist und bestätigen Sie die Abfrage mit ja.

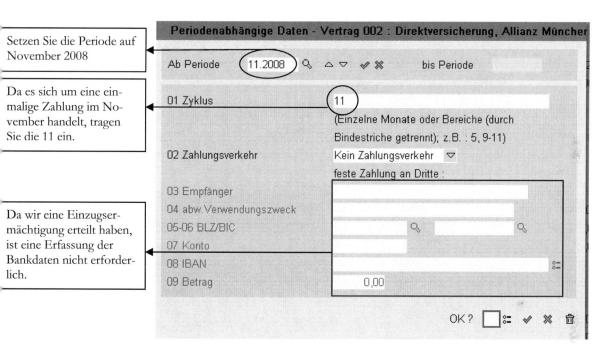

Setzen Sie die Periode auf November 2008

Da es sich um eine einmalige Zahlung im November handelt, tragen Sie die 11 ein.

Da wir eine Einzugsermächtigung erteilt haben, ist eine Erfassung der Bankdaten nicht erforderlich.

DIREKTVERSICHERUNG – PERIODENABHÄNGIGE DATEN. Geben Sie hier die Bankverbindung und den Betrag ein und speichern Sie Ihre Eingabe.

Um die für die Direktversicherung erforderlichen Lohnarten direkt mit dem Vertrag zu verknüpfen, haben Sie die Möglichkeit, in der OK-Abfrage mit **P** für **P**ositionen direkt in die Lohndatenerfassung zu verzweigen:

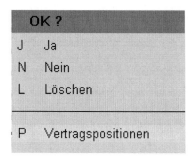

VERTRAGSPOSITIONEN. Optional können Sie die Lohnarten für die Direktversicherung gleich direkt über diesen Vertrag erfassen.

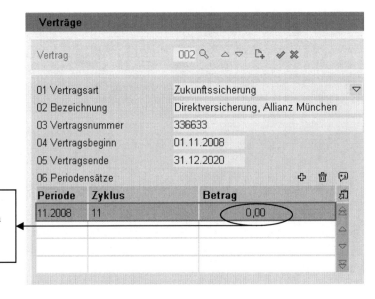

Vertragspositionen	Mitarbeiter 000001 (01.10.2008) Gruber, Sonja						
Feste Lohnarten		**Kst**	**Ktr**	**Betrag**	**Std/Tag**	**%-Satz**	**Gesamt**
250 🔍 💬	Direktvers. Überw.			1.200,00			1.200,(
254 🔍 💬	jähr. DV-Br.-Abzug			1.200,00			1.200,8
270 🔍 💬	Einz-DV1 jähr/SV-fre			1.200,00			1.200,(
🔍 💬							

LOHNARTEN ZUR DIRKETVERSICHERUNG. Wenn Sie Ihre Lohnarten gleich im Vertrag mit erfassen, reicht es später, im Vertrag ein Enddatum einzutragen und mit Vertragsende fallen automatisch alle beim Vertrag hinterlegten Lohndaten aus der Abrechnung.

Für die Abrechnung der Direktversicherung als Barlohnumwandlung brauchen Sie 3 verschiedene Lohnarten:

Jähr. DV-Br. Abzug: Mit dieser Lohnart wird das steuer- und SV-pflichtige Brutto vom Einmalbezug gekürzt.

Einz-DV1 jähr./SV-frei: Beitrag zur Direktversicherung, Arbeitgeber übernimmt die pauschale Steuer.

Direktvers. Überweisung: Nettoabzug; der Überweisungsbetrag wird vom Netto abgezogen; die Zahlung der Versicherung erfolgt durch den Arbeitgeber.

Wenn Sie alle 3 Lohnarten erfasst haben, speichern Sie den Vertrag ab.

Verträge		
Vertrag	002 🔍 △ ▽ 🗋 ✔ ✖	
01 Vertragsart	Zukunftssicherung	▽
02 Bezeichnung	Direktversicherung, Allianz München	
03 Vertragsnummer	336633	
04 Vertragsbeginn	01.11.2008	
05 Vertragsende	31.12.2020	
06 Periodensätze		✚ 🗑 💬
Periode	**Zyklus**	**Betrag**
11.2008	11	0,00

DIREKTVERSICHERUNG - ÜBERSICHT. Prüfen Sie abschließend nochmals Ihre Eingaben, insbesondere den Zyklus, bevor Sie den Personalstamm wieder verlassen.

Da wir im Vertrag keine Bankverbindung hinterlegt haben, konnten wir leider auch keinen Betrag erfassen. Alternativ können Sie auch Überweisung einstellen, den Betrag erfassen und die Bankverbindung leer lassen, um zu verhindern, dass der Beitrag zur DV überwiesen wird.

Bitte beachten Sie, das die in diesem Schulungshandbuch dargestellte Variante einer Direktversicherung nur eine von verschiedenen Möglichkeiten darstellt. Hauptaufgabe an dieser Stelle ist ja auch mehr, Sie mit dem Programm vertraut zu machen, als mit allen möglichen Arten einer Direktversicherung.

Bei den Direktversicherungen gibt es bereits eine ganze Reihe von Varianten, wie z.B. monatlich oder jährlich, Einzel- oder Gruppenvertrag, mit oder ohne Gehaltsverzicht. Ein Teil der Varianten ist SV-pflichtig, ein Teil nicht. Bitte prüfen Sie deshalb jede Konstellation, die in Ihrem Hause abgerechnet wird, ganz genau.

Dazu kommen jetzt noch verschiedene Möglichkeiten der Pensionskasse, die teilweise anders zu behandeln sind, als die Direktversicherungen. Sie haben im neuen Demomandanten für einige Varianten Beispiele. Sollten Sie noch Zweifel haben, stimmen Sie bitte offene Fragen mit der Versicherung oder der Krankenkasse ab.

Die Fehlzeitenerfassung

Das letzte Kapitel in unserer laufenden Lohnbuchhaltung ist die Fehlzeitenerfassung. Bevor wir zu den verschiedenen Möglichkeiten der Erfassung kommen, ein paar erklärende Worte, warum eine Fehlzeit in der Lohnabrechnung einzupflegen ist und eine Karteikarte für die Verwaltung von Fehlzeiten bei elektronischer Lohn- und Gehaltsabrechnung nicht ausreicht.

Es gibt neben dem Urlaub eine ganze Reihe von Fehlzeiten, die SV-rechtlich von Bedeutung sind, wie z.B. Krankheit, Mutterschutz und viele andere. Sie haben unter **Lohn & Gehalt → Erweiterte Stammdaten → Fehltagekennzeichen** die Möglichkeit, so genannte Fehlzeitenschlüssel anzulegen. Wir haben für unseren Mandanten die Schlüssel aus dem Demomandanten kopiert, so dass bei uns bereits alle erforderlichen Fehlzeiten eingepflegt sind. Dabei haben die Fehlzeiten nicht nur Einfluss auf die Kürzung des Gehaltes, sondern führen unter Umständen auch zu einem Eintrag in der Lohnsteuerkarte (U für Unterbrechung).

Wir haben Ihnen nachfolgend einen Teil der Fehlzeiten angedruckt, damit Sie einmal ein Gefühl für die Möglichkeiten bekommen.

Auch hier geht es in erster Linie um das Prinzip der Fehlzeitenerfassung und die Möglichkeiten, eigene Fehlzeiten anzulegen. Es gibt hier deutliche Unterschiede in den Anforderungen der einzelnen Firmen, so dass es gerade im Bereich der Fehlzeiten auch sehr viele individuelle Lösungen gibt.

Fehlzeitenschlüssel

Schlüsselauswahl

Lfd. Nr	Fehlzeit	SV-Kz.	Kürzung	EFZ
01	Urlaub	00	0	0
02	LFZ Krankheit	00	0	1
03	Krankengeld	04	1	0
04	Kr.-tagegeld privat	02	1	0
05	Krank ohne LFZ u. KG	02	1	0
06	Mutt.-geld mit Zusch	04	1	0
07	Mutt.-geld ohne Zu.	04	1	0
08	Erziehungsurlaub	05	1	0
09	Verletztengeld	04	1	0
10	Versorgungskrankeng.	04	1	0
11	Wehrübung < 3 Tage	00	1	0
12	Wehrübung > 3 Tage	06	1	0
13	Wehrdienst	06	1	0
14	Zivildienst	06	1	0
15	Streik, rechtmäß.	03	1	0

In der Spalte SV-KZ. Sehen Sie, ob eine Fehlzeit eine besondere Kennzeichnung für die Sozialversicherung hat.

FEHLZEITENSCHLÜSSEL. Hier sehen Sie eine Auswahl der möglichen Fehlzeitenschlüssel und Ihre Kennzeichnung.

Wenn Sie die Kennzeichen im Einzelnen studieren möchten, können Sie den jeweiligen Schlüssel auswählen und sich die Details anschauen.

Zur Erfassung der Fehlzeiten für einzelne Mitarbeiter wählen Sie: **Lohn & Gehalt → Abrechnung und Erfassung → Fehlzeiten**. Wichtig dabei: die Fehlzeitenerfassung besteht aus 2 Komponenten, der informativen Erfassung von der Fehlzeit in der Fehlzeitenerfassung und der Erfassung von entsprechenden Lohnarten, um die Information an den Mitarbeiter und, soweit erforderlich, an die Krankenkasse zu übermitteln und einen Eintrag auf der Lohnsteuerkarte zu machen.

Da Sie mittlerweile alle Meldungen in elektronischer Form abgeben müssen und zukünftig auf der Lohnsteuerbescheinigung auch die Anzahl der tatsächlich geleisteten Arbeitstage gemeldet werden muss, sehe ich für die Zukunft keine Möglichkeit mehr, die Fehlzeitenerfassung in der Classic Line auch einzusetzen.

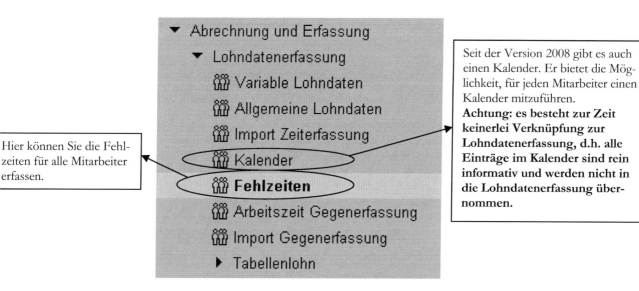

Hier können Sie die Fehlzeiten für alle Mitarbeiter erfassen.

Seit der Version 2008 gibt es auch einen Kalender. Er bietet die Möglichkeit, für jeden Mitarbeiter einen Kalender mitzuführen.
Achtung: es besteht zur Zeit keinerlei Verknüpfung zur Lohndatenerfassung, d.h. alle Einträge im Kalender sind rein informativ und werden nicht in die Lohndatenerfassung übernommen.

ERFASSUNG FEHLZEITEN - PROGRAMMAUFRUF.

Das ist eine der Möglichkeiten, die Fehlzeitenerfassung aufzurufen.

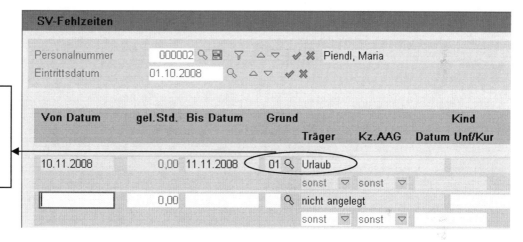

Zu jeder Fehlzeit wird der Grund eingetragen. In der Fehlzeit selbst ist festgelegt, ob eine SV-Meldung erforderlich ist. Urlaub ist nicht meldepflichtig.

SV-FEHLZEITEN SEITE 1. Tragen Sie hier jeweils den ersten und den letzten Tag der Fehlzeit und den Grund der Fehlzeit ein.

Ist das Ende der Fehlzeit nicht bekannt, so lassen Sie das Ende einfach offen, bis Sie wissen, wann der Mitarbeiter seine Tätigkeit wieder aufnimmt. Wir tragen in unserem Beispiel für Frau Piendl (Personalnummer 2) Urlaub ein vom 10.11. – 11.11.2008.

Neu

Neu in der Fehlzeitenerfassung seit der Version 2007 ist die Spalte Kind. Sie können jetzt bei den Fehlzeiten unterscheiden, ob der Mitarbeiter selbst krank war, oder ob er gefehlt hat, weil sein Kind krank war.

Eine weitere Möglichkeit, Fehlzeiten zu erfassen, ist der Aufruf der SV-Fehlzeiten direkt aus der Erfassung der variablen Lohndaten über **Optionen → SV-Fehlzeiten oder Strg+S**.

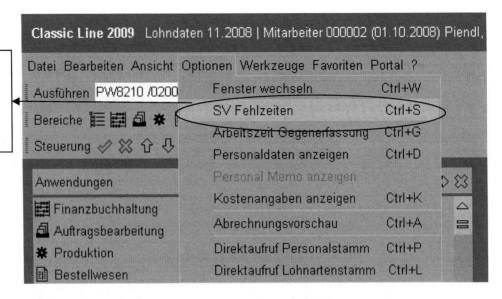

Über die Optionen oder den Kurzbefehl **Strg.+S** können Sie auch direkt aus der Lohndatenerfassung heraus die Fehlzeiten eingeben.

AUFRUF SV-FEHLZEITEN. Sie können auch direkt aus der Lohndatenerfassung heraus in die Fehlzeitenerfassung verzweigen.

Zusätzlich zur Erfassung der Fehlzeit werden jetzt in der Lohndatenerfassung im Bereich variable Lohndaten die dazugehörigen Lohnarten erfasst.

📖 Praxistipp

Da Sie für die meisten Fehlzeiten auch noch Lohnarten erfassen müssen, ist es in der Regel einfacher, wenn Sie die Fehlzeiten aus der Lohndatenerfassung heraus eingeben. Dann können Sie auch die Lohnarten gleich mit erfassen und den Vorgang komplett abschließen.

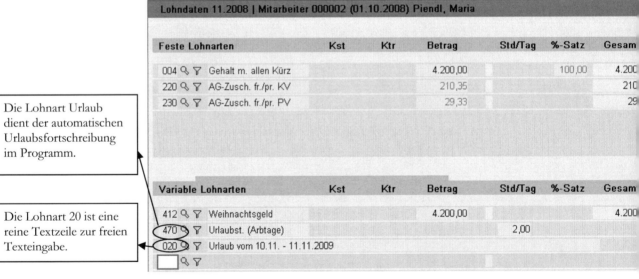

Die Lohnart Urlaub dient der automatischen Urlaubsfortschreibung im Programm.

Die Lohnart 20 ist eine reine Textzeile zur freien Texteingabe.

LOHNDATENERFASSUNG MIT FEHLZEIT. Für die einzelnen Fehlzeiten gibt es unterschiedliche Lohnarten.

Die Lohnart 20 ist eine Textzeile, mit der Sie beliebige Informationen in den Lohnbeleg drucken können. In unserem Beispiel haben wir auf diese Weise die erfasste Fehlzeit eingetragen, damit der Mitarbeiter die Daten prüfen kann. Über die zur Fehlzeit erfasste Lohnart Urlaubstage wird die Zahl der Urlaubstage im Programm entsprechend gekürzt, so dass Sie jederzeit einen Überblick über die Zahl der Resturlaubstage haben.

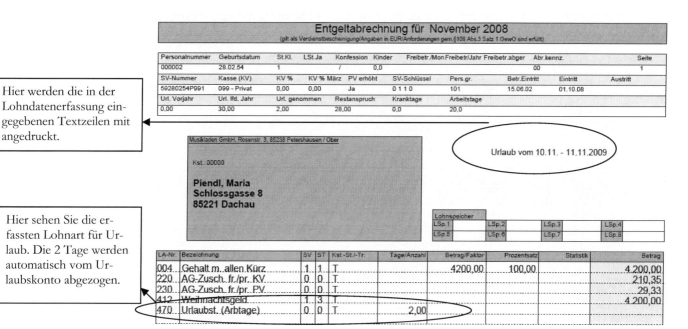

Hier werden die in der Lohndatenerfassung eingegebenen Textzeilen mit angedruckt.

Hier sehen Sie die erfassten Lohnart für Urlaub. Die 2 Tage werden automatisch vom Urlaubskonto abgezogen.

LOHNBELEG INKL. URLAUB. In dieser Gehaltsabrechnung sehen Sie, welche Informationen aus der Fehlzeitenerfassung mit Hilfe der zugehörigen Lohnarten an den Mitarbeiter weitergegeben werden.

Bitte beachten Sie, dass wir in der Fehlzeitenerfassung nur einen kleinen Teil der Möglichkeiten durchgespielt haben. Lesen Sie im Bedarfsfall bitte unbedingt die entsprechenden Kapitel im Handbuch Lohn und Gehalt nach und orientieren Sie sich an den Beispielen im aktuellen Demomandanten der Classic Line 2007.

Lernzielkontrolle

Testen Sie Ihr

Wissen

1) Bei welcher Krankenkasse sind seit 01.04.2003 alle geringfügig Beschäftigten zu melden?

2) Welche zusätzlichen Angaben sind erforderlich, wenn ein neuer Mitarbeiter noch keine Sozialversicherungsnummer hat?

3) Was versteht man unter Urlaubsautomatik?

4) Welche Beiträge sind für einen geringfügig Beschäftigten aktuell abzuführen?

5) Was versteht man unter Einmalbezug? Nennen Sie Beispiele.

6) Wie wird ein Einmalbezug in der Lohndatenerfassung eingegeben?

7) Was versteht man unter dem Begriff "Direktversicherung"?

8) Wie viele Lohnarten brauchen Sie, um eine jährliche Direktversicherung mit Gehaltsverzicht richtig abzurechnen?

9) Welcher Eintrag im Personalstamm wird bei einer Direktversicherung gemacht?

10) Wofür benötigen Sie Fehlzeiten?

11) Welche Fehlzeiten kennen Sie?

12) Wie können Sie Fehlzeiten in der Lohnabrechnung erfassen?

13) Warum erfassen Sie Ihre Fehlzeiten nicht ausschließlich über den neuen Kalender im Lohnprogramm?

Praktische Übungen

 Tastaturübungen

1) Legen Sie Ali Mambusa als Aushilfe (Hausmeister) an; verwenden Sie die Angaben aus unserem Beispiel.

2) Ändern Sie die Bezeichnung für den Abrechnungskreis 1 auf Aushilfen.

3) Tragen Sie in der Lohndatenerfassung folgende **zusätzlichen** Werte für November ein:

   Ali Mambusa   EUR 375,-- (Lohnart 111, Aushilfslohn fest mit 2 Stunden täglich)

   Sonja Gruber   Weihnachtsgeld: EUR 2.600,--, Jährliche Direktversicherung mit Gehaltsverzicht in Höhe von EUR 1.200,--

   Maria Piendl   Weihnachtsgeld: EUR 4.200,--

4) Erfassen Sie für Maria Piendl folgende Fehlzeiten im November: Urlaub vom 10.11. – 11.11.2008

5) Führen Sie die Abrechnung für November durch und stimmen Sie das Lohnjournal ab.

6) Drucken Sie alle erforderlichen Auswertungen und übergeben Sie den Buchungsbeleg in die Finanzbuchhaltung.

7) Machen Sie die Monats-DEÜV.

8) Erfassen Sie für Frau Gruber für Dezember 8 Überstunden a 15,50 inkl. 25% Überstundenzuschlag.

9) Erfassen Sie für Ali Mambusa im Dezember anteilig das Weihnachtsgeld[63] für 3 Monate.

10) Führen Sie die Abrechnung für Dezember durch. Prüfen Sie ihre Ergebnisse an Hand des nachfolgenden Buchungsjournals. Übergeben Sie den Buchungsbeleg in die Finanzbuchhaltung.

---

[63] Die Problematik mit den Aushilfen ist folgende: Aushilfen sind fest angestellten Mitarbeitern gleich zu stellen, d.h. bekommen Ihre Mitarbeiter Weihnachtsgeld, so haben auch die Aushilfen Anspruch auf anteiliges Weihnachtsgeld. Würden wir jetzt Ali Mambusa EUR 400,00 im Monat zahlen, käme er im Folgejahr mit Weihnachtsgeld über die Grenze von EUR 400,00 und wäre in der Gleitzone und damit sv-pflichtig. Und das würde uns als Arbeitgeber bei einer Betriebsprüfung rückwirkend richtig Geld kosten.

Lohnjournal November, nach Periodenabschluss.

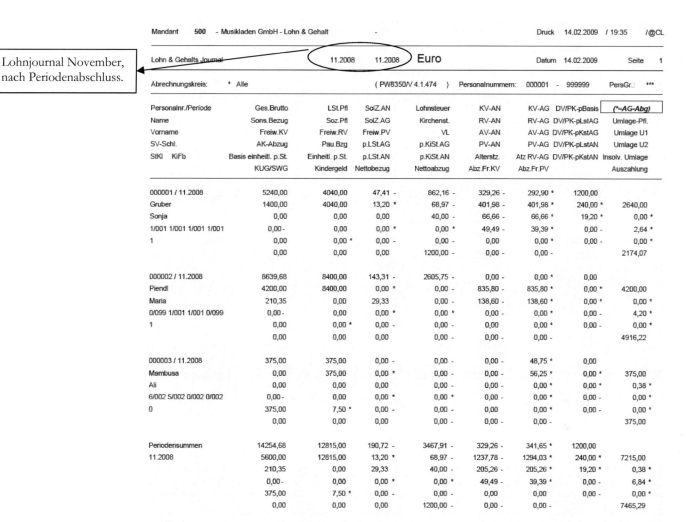

Personalnr./Periode	Ges.Brutto	LSt.Pfl	SolZ.AN	Lohnsteuer	KV-AN	KV-AG	DV/PK-pBasis	(*=AG-Abg)
Name	Sons.Bezug	Soz.Pfl	SolZ.AG	Kirchenst.	RV-AN	RV-AG	DV/PK-pLstAG	Umlage-Pfl.
Vorname	Freiw.KV	Freiw.RV	Freiw.PV	VL	AV-AN	AV-AG	DV/PK-pKstAG	Umlage U1
SV-Schl.	AK-Abzug	Pau.Bzg	p.LSt.AG	p.KiSt.AG	PV-AN	PV-AG	DV/PK-pLstAN	Umlage U2
StKl KiFb	Basis einheitl. p.St.	Einheitl. p.St.	p.LSt.AN	p.KiSt.AN	Alterstz.	Atz RV-AG	DV/PK-pKstAN	Insolv. Umlage
	KUG/SWG	Kindergeld	Nettobezug	Nettoabzug	Abz.Fr.KV	Abz.Fr.PV		Auszahlung
000001 / 11.2008	5240,00	4040,00	47,41 -	862,16 -	329,26 -	292,90 *	1200,00	
Gruber	1400,00	4040,00	13,20 *	68,97 -	401,98 -	401,98 *	240,00 *	2640,00
Sonja	0,00	0,00	0,00	40,00 -	66,66 -	66,66 *	19,20 *	0,00 *
1/001 1/001 1/001 1/001	0,00-	0,00	0,00 *	0,00 *	49,49 -	39,39 -	0,00 -	2,64 *
1	0,00	0,00 *	0,00 -	0,00 -	0,00	0,00 *	0,00 -	0,00 *
	0,00	0,00	0,00	1200,00 -	0,00 -	0,00 -		2174,07
000002 / 11.2008	8639,68	8400,00	143,31 -	2605,75 -	0,00 -	0,00 *	0,00	
Piendl	4200,00	8400,00	0,00 *	0,00 -	835,80 -	835,80 *	0,00 *	4200,00
Maria	210,35	0,00	29,33	0,00 -	138,60 -	138,60 -	0,00 *	0,00 *
0/099 1/001 1/001 0/099	0,00-	0,00	0,00 *	0,00 *	0,00 -	0,00 *	0,00 -	4,20 *
1	0,00	0,00 *	0,00 -	0,00 -	0,00	0,00 *	0,00 -	0,00 *
	0,00	0,00	0,00	0,00 -	0,00 -	0,00 -		4916,22
000003 / 11.2008	375,00	375,00	0,00 -	0,00 -	0,00 -	48,75 *	0,00	
Mambusa	0,00	375,00	0,00 *	0,00 -	0,00 -	56,25 *	0,00 *	375,00
Ali	0,00	0,00	0,00	0,00 -	0,00 -	0,00 *	0,00 *	0,38 *
6/002 5/002 0/002 0/002	0,00-	0,00	0,00 *	0,00 *	0,00 -	0,00 *	0,00 -	0,00 *
0	375,00	7,50 *	0,00 -	0,00 -	0,00	0,00 *	0,00 -	0,00 *
	0,00	0,00	0,00	0,00 -	0,00 -	0,00 -		375,00
Periodensummen	14254,68	12815,00	190,72 -	3467,91 -	329,26 -	341,65 *	1200,00	
11.2008	5600,00	12815,00	13,20 *	68,97 -	1237,78 -	1294,03 *	240,00 *	7215,00
	210,35	0,00	29,33	40,00 -	205,26 -	205,26 *	19,20 *	0,38 *
	0,00-	0,00	0,00 *	0,00 *	49,49 -	39,39 *	0,00 -	6,84 *
	375,00	7,50 *	0,00 -	0,00 -	0,00	0,00	0,00 -	0,00 *
	0,00	0,00	0,00	1200,00 -	0,00 -	0,00 -		7465,29

LOHNJOURNAL NOVEMBER. Mit dem Lohnjournal vom November können Sie Ihre Abrechnung abstimmen.

Mit den beiden Lohnjournalen für November und Dezember können Sie Ihre Daten abstimmen und erforderliche Korrekturen vornehmen.

| Lohn & Gehalts Journal | | 12.2008 | 12.2008 | Euro | | | Datum 14.02.2009 | | Seite |

Abrechnungskreis: * Alle   (PW8350/V 4.1.474   )   Personalnummern: 000001 - 999999   PersGr.:

Personalnr./Periode	Ges.Brutto	LSt.Pfl	SolZ.AN	Lohnsteuer	KV-AN	KV-AG	DV/PK-pBasis	(*=AG-Ab(
Name	Sons.Bezug	Soz.Pfl	SolZ.AG	Kirchenst.	RV-AN	RV-AG	DV/PK-pLstAG	Umlage-Pfl
Vorname	Freiw.KV	Freiw.RV	Freiw.PV	VL	AV-AN	AV-AG	DV/PK-pKstAG	Umlage U1
SV-Schl.	AK-Abzug	Pau.Bzg	p.LSt.AG	p.KiSt.AG	PV-AN	PV-AG	DV/PK-pLstAN	Umlage U2
StKl KiFb	Basis einheitl. p.St.	Einheitl. p.St.	p.LSt.AN	p.KiSt.AN	Alterstz.	Atz RV-AG	DV/PK-pKstAN	Insolv. Umlage
	KUG/SWG	Kindergeld	Nettobezug	Nettoabzug	Abz.Fr.KV	Abz.Fr.PV		Auszahlung

000001 / 12.2008	2795,00	2795,00	26,64 -	484,41 -	227,79 -	202,64 *	0,00	
Gruber	0,00	2795,00	0,00 *	38,75 -	278,10 -	278,10 *	0,00 *	2795,0(
Sonja	0,00	0,00	0,00	40,00 -	46,12 -	46,12 *	0,00 *	0,0(
1/001 1/001 1/001 1/001	0,00 -	0,00	0,00 *	0,00 *	34,24 -	27,25 *	0,00 -	2,8(
1	0,00	0,00 *	0,00 -	0,00 -	0,00	0,00 *	0,00 -	0,0(
	0,00	0,00	0,00	0,00 -	0,00 -	0,00 -		1618,9(

000002 / 12.2008	4439,68	4200,00	46,46 -	843,56 -	0,00 -	0,00 *	0,00	
Piendl	0,00	4200,00	0,00 *	0,00 -	417,90 -	417,90 *	0,00 *	4200,0(
Maria	210,35	0,00	29,33	0,00 -	69,30 -	69,30 *	0,00 *	0,0(
0/099 1/001 1/001 0/099	0,00 -	0,00	0,00 *	0,00 *	0,00 -	0,00 *	0,00 -	4,2(
1	0,00	0,00 *	0,00 -	0,00 -	0,00	0,00 *	0,00 -	0,0(
	0,00	0,00	0,00	0,00 -	0,00 -	0,00 -		3062,4(

000003 / 12.2008	375,00	375,00	0,00 -	0,00 -	0,00 -	48,75 *	0,00	
Mambusa	0,00	375,00	0,00 *	0,00 -	0,00 -	56,25 *	0,00 *	375,0(
Ali	0,00	0,00	0,00	0,00 -	0,00 -	0,00 *	0,00 *	0,3(
6/002 5/002 0/002 0/002	0,00 -	0,00	0,00 *	0,00 *	0,00 -	0,00 *	0,00 -	0,0(
0	375,00	7,50 *	0,00 -	0,00 -	0,00	0,00 *	0,00 -	0,0(
	0,00	0,00	0,00	0,00 -	0,00 -	0,00 -		375,0(

Periodensummen	7609,68	7370,00	73,10 -	1327,97 -	227,79 -	251,39 *	0,00	
12.2008	0,00	7370,00	0,00 *	38,75 -	696,00 -	752,25 *	0,00 *	7370,0(
	210,35	0,00	29,33	40,00 -	115,42 -	115,42 *	0,00 *	0,3(
	0,00 -	0,00	0,00 *	0,00 *	34,24 -	27,25 *	0,00 -	7,0(
	375,00	7,50 *	0,00 -	0,00 -	0,00	0,00	0,00 -	0,0(
	0,00	0,00	0,00	0,00 -	0,00 -	0,00 -		5056,4(

LOHNJOURNAL DEZEMBER. Mit dem Lohnjournal vom Dezember können Sie Ihre Abrechnung abstimmen.

Der Jahresabschluss

*In diesem Kapitel führen wir den Jahresabschluss
durch und drucken alle erforderlichen Auswertungen.*

Bevor wir mit den Jahresabschlussarbeiten beginnen, erstellen Sie bitte eine Datensicherung.

Was passiert beim Jahresabschluss? Mit einem Jahresabschlussprotokoll wird geprüft, ob im laufenden Jahr Fehler in der Lohnbuchhaltung aufgetreten sind, die Einfluss auf unsere Meldungen haben könnten. Anschließend werden alle erforderlichen Listen und Auswertungen für den Jahresabschluss gedruckt. Beim Jahresabschluss selbst werden die festen Lohndaten der Mitarbeiter, die Beitragssätze der Krankenkassen und die Lohnkonstanten auf das neue Jahr fortgeschrieben. Optional können dabei bereits ausgeschiedene Mitarbeiter gelöscht werden.

An dieser Stelle ein wichtiger Hinweis für die elektronische Betriebsprüfung: Im Lohn können derzeit nur 2 Jahre verwaltet werden. Wenn Sie in einer laufenden Lohnbuchhaltung einen Jahresabschluss von 2007 auf 2008 durchführen, wird das Jahr 2006 automatisch gelöscht. Bitte prüfen Sie deshalb vor dem Jahresabschluss, ob Sie

- eine Datensicherung per 31.12.2007 archiviert haben,

- und ob Sie bereits einen IDEA-Export für die Datenträgerüberlassung für 2007 erstellt haben.

Beides ist nach dem Jahresabschluss 2008 auf 2009 nicht mehr möglich.

Für viele unserer Kunden erstelle ich jedes Jahr alle erforderlichen Datenexporte und CDs, so dass sie in der Lage sind, im Falle einer Prüfung mit einem Handgriff die erforderlichen Daten für den Prüfer zur Verfügung zu stellen.[64]

Praxistipp

Bitte prüfen Sie vor dem Jahresabschluss, ob das neue Lohnupdate zum Jahreswechsel bereits verfügbar ist und installieren Sie es idealer Weise, bevor Sie den Jahresabschluss durchführen (die Auswertungen können Sie ja bereits vorher drucken).

---

[64] Ab sofort bin ich auch in der Lage, Ihnen die IDEA-Software von Audicon, mit der auch die Prüfer vom Finanzamt arbeiten, live mit Ihren eigenen Daten vorzuführen. So können Sie sich ein optimales Bild davon machen, wie ein Prüfer an so eine Prüfung herangeht und welche neuen Möglichkeiten diese Software zur Prüfung bietet. Selbstverständlich können Sie diese Software auch selbst erwerben und für Auswertungen im eigenen Betrieb einsetzen.

Das Jahresabschlussprotokoll

Das Jahresabschlussprotokoll muss gedruckt werden, da sonst der Jahresabschluss nicht durchgeführt werden kann.

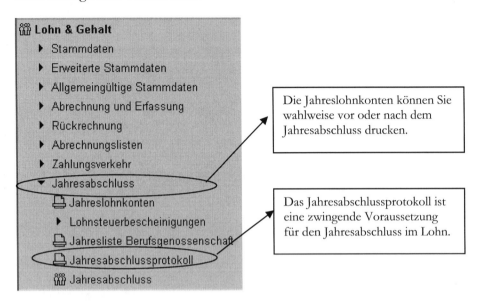

Die Jahreslohnkonten können Sie wahlweise vor oder nach dem Jahresabschluss drucken.

Das Jahresabschlussprotokoll ist eine zwingende Voraussetzung für den Jahresabschluss im Lohn.

JAHRESABSCHLUSSPROTOKOLL - AUFRUF.

In der Selektion können Sie auswählen, ob ausgeschiedene Mitarbeiter berücksichtigt werden sollen. Da Sie bei Austritt eines Mitarbeiters während des Jahres ohnehin bereits alle erforderlichen Meldungen und Auswertungen erstellt haben, können wir an dieser Stelle darauf verzichten. Das optional angebotene Erläuterungsblatt bietet Ihnen eine Legende der möglichen Fehlermeldungen. Es ist vor allem für Neulinge im Bereich Lohn & Gehalt eine große Hilfe.

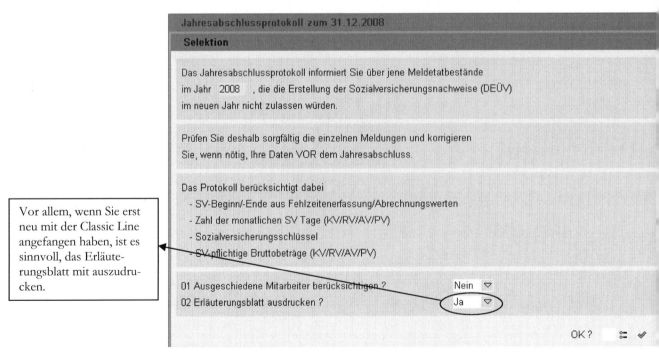

Vor allem, wenn Sie erst neu mit der Classic Line angefangen haben, ist es sinnvoll, das Erläuterungsblatt mit auszudrucken.

JAHRESABSCHLUSSPROTOKOLL – SELEKTION.

Mandant	500	Musikladen GmbH - Lohn & Gehalt				Druck	15.02.2009 / 05:49 / @CL

Meldeprotokoll zum Jahresabschluss von 31.12.2008	(Version: 4.1.473)	Datum	15.02.2009	Seite	1

Pers.Nr.	Name, Vorname	Austritt	SV-Ende	Nr. Meldung / Hinweise

Diese Meldung stellt den Idealzustand dar.

Die Daten für den Jahresabschluss sind OK

JAHRESABSCHLUSSPROTOKOLL. Die Daten sind OK..

Der Ausdruck vom Jahresabschlussprotokoll muss auch durchgeführt werden, damit das Druckkennzeichen auch gesetzt wird. Sonst kann anschließend der Jahresabschluss nicht durchgeführt werden. Wenn Sie keinen Drucker zur Verfügung haben, können Sie auch unter **Datei → Druckeinstellungen "Druck in Datei"** auswählen oder Sie richten sich alternativ einen PDF-Drucker ein. Auch hier wird das Druckkennzeichen korrekt gesetzt. Als nächstes werden die Jahreslohnkonten gedruckt[65].

Erläuterungen zum Meldeprotokoll	Datum 15.02.2009	Seite	2

Mitarbeiter, die im obigen Protokoll mit einer Fehlernummer aufgeführt sind, erhalten im Folgejahr keinen maschinellen Sozialversicherungsnachweis (DEÜV).

Offene Fehlzeiten werden zu Informationszwecken protokolliert. Sie werden beim Jahresabschluss automatisch auf das nächste Jahr vorgetragen.

0 - Der Mitarbeiter ist ausgeschieden

Ausgeschiedene Mitarbeiter (Austritt bis einschließlich 31.12. 2008) können beim Jahresabschluss von Ihnen gelöscht werden.
Überprüfen Sie gegebenenfalls das Austrittsdatum.

1 - Es ist ein Sozialversicherungsende eingetragen

Sie haben bereits für diesen Mitarbeiter eine manuelle Entgeltmeldung (Sozialversicherungsnachweisheft) beim Versicherungsträger abgegeben.

2 - Die SV-Tage (KV/RV/AV) fehlen in beitragspfl. Zeit im Monat nn

Im Monat nn wurde für den Mitarbeiter 0 SV-Tage abgerechnet. Bitte überprüfen Sie falls nötig die manuellen Entgeltmeldungen und ändern ggf. die SV-Fehlzeitenerfassung.

3 - Kein SV-pflichtiges Entgelt im Monat nn

Im Monat nn haben Sie für den Mitarbeiter kein sozialversicherungspflichtiges Entgelt abgerechnet. Bitte überprüfen Sie falls nötig die manuellen Entgeltmeldungen und ändern ggf. die SV-Fehlzeitenerfassung.

4 - Laufender Bezug in beitragsfreier Zeit im Monat nn

Im Monat nn war für den Mitarbeiter ein SV-Ende eingetragen. Der Mitarbeiter hat aber ein laufendes Entgelt erhalten. Bitte überprüfen Sie falls nötig die manuellen Entgeltmeldungen und ändern ggf. die SV-Fehlzeitenerfassung.

ERLÄUTERUNGEN ZUM PROTOKOLL. Hier sehen Sie informativ die ersten Fehlerbeschreibungen.

Wenn Sie im Jahresabschlussprotokoll Fehlermeldungen haben, lassen sich die Fehler in der Regel nur mit Hilfe einer Rückrechnung korrigieren.

---

[65] Sie finden am Ende des Skriptes eine Checkliste zum Jahresabschluss 2007 auf 2008, mit allen Arbeiten, die erforderlich sind. Hier wird auch auf die wichtigsten gesetzlichen Änderungen zum Jahreswechsel und den damit in der Classic Line verbundenen Eingaben / Änderungen eingegangen.

Das Jahreslohnkonto

Das Jahreslohnkonto sollte grundsätzlich für alle Mitarbeiter gedruckt werden. Es enthält neben den wichtigsten Kennzeichen aus dem Personalstamm und allen abgerechneten Lohndaten auch alle Werte aus Rückrechnungen. D.h. mit dem Jahreslohnkonto können alle Abrechnungen des Mitarbeiters inkl. der dazugehörigen Arbeitgeberzuschüsse lückenlos dokumentiert werden. Wahlweise können die Jahreslohnkonten für alle oder auch nur für einzelne Mitarbeiter gedruckt werden unter **Lohn & Gehalt → Jahresabschluss → Jahreslohnkonten**.

Sie können die Jahreslohnkonten auch nach dem Jahresabschluss noch drucken. Das kann z.B. bei einer Rückrechnung ins alte Jahr erforderlich werden.

Neu sind die Felder 09 und 10. Bei Datenquelle können Sie wählen, ob Sie die Abrechnung oder die Schätzabrechnung zu Grunde legen wollen. Neu auch die Option, der Sortierung mit 6 verschiedenen Optionen.

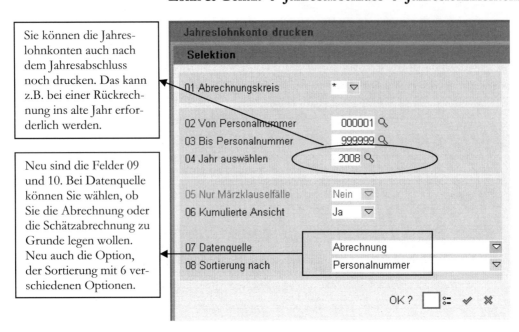

JAHRESLOHNKONTO - SELEKTION. Geben Sie hier die gewünschten Optionen ein.

Im **Feld 05** haben Sie die Möglichkeit, die Mitarbeiter auszuwählen, die unter die Märzklausel fallen. Die Märzklausel besagt: Fliessen einem Mitarbeiter in der Zeit vom 1. Januar bis zum 31. März Einmalbezüge zu, so sind diese für die Sozialversicherung, soweit möglich, dem alten Jahr zuzurechnen. In diesem Fall ist also zu prüfen, ob im alten Jahr die Beitragsbemessungsgrenze bereits erreicht war, oder welcher Betrag noch aufgefüllt werden kann. Diese Option steht erst nach der Januarabrechnung des Folgejahres zur Verfügung.

Praxistipp

Aus diesem Grund empfehlen wir Ihnen, ohne zwingende Notwendigkeit in den ersten drei Monaten des Jahres generell auf Einmalzahlungen zu verzichten. Im Zweifel dann lieber einen Vorschuss zahlen und den Einmalbezug erst im April abzurechnen.

Im **Feld 06** können Sie festlegen, ob Sie zu den Jahreslohnkonten auch eine Legende drucken möchten, mit allen im Jahrslohnkonto aufgeführten Abkürzungen.

Im **Feld 09** können Sie wählen, ob Sie als Datenquelle auf die Abrechnung oder die Schätzabrechnung zurückgreifen wollen.

Im **Feld 10** gibt es neuerdings die Möglichkeit, verschiedene Sortierkriterien für die Reihenfolge beim Ausdruck der Jahreslohnkonten auszuwählen. Drücken Sie F2 für die Auswahl.

Mandant 500 Musikladen GmbH - Lohn & Gehalt : Druck 15.02.2009 / 06:06 / @CL

Jahreslohnkonto 2008 Datum 15.02.2009 Seite 1

Gruber Sonja			
Frühlingsplatz 2			
85221 Dachau			

Personalnr. : 000001	Geburtsdatum : 28.10.1958	Eintrittsdatum : 01.10.2008	Staatsang. : 000
Abrechnungskreis : 0	vorige Personalnr. : 000000	SV-Eintrittsdatum : 01.10.2008	ZVK-Variante : 00/00
Kostenstelle : 00000	folgende Personalnr. : 000000	Austrittsdatum :	U1,U2/Kasse : 2/000
Kostenträger : 00000	SV Nummer : 19281058G990	Tätigkeit : Buchhalterin	LSt-Jahresausgl. : 0/N
			Arbeitskammer : 0
			ZVK-Nr. :

Euro

Vortragswerte aus dem Zeitraum : 01.01.2008-30.09.2008

Steuer		SV			SV Brutto	SV Tage
Steuerpflichtiges Brutto	: 23.580,00	Rechtskreis	:	KV :	23.580,00	270
Einbehaltene Lohnsteuer	: 7.280,90			RV : 0	23.580,00	270
Einbehaltener Solidaritätsz.	: 400,41	Pauschalbasis §40b EStG	:	AV : 0,00	23.580,00	270
Einbehaltene Kirchensteuer	: 582,39			PV :	23.580,00	270
StKl-Wechsel/KUG	: 0			ZVK :	0,00	0
Letzter Kindergeldmonat	: 00	Berechnung AG-Zuschuß SV				
Pensionsbeitrag steuerfrei	: 0,00	KV Differenz : 0,00		KV : 0,00		
Anzahl nicht beschein. Monate	: 00	PV Differenz : 0,00		PV : 0,00		

BG 1/Entgelt : 00 00 0,00 BG 2/Entgelt : 00 0,00

SV-Historie:	Art	Datum	Bezeichnung
	SV Beginn:	01.10.2008	Eintritt

	Januar	Februar	März	April	Mai	Juni	Juli	August	September	Oktober	November	Dezember	** Gesamt
Gesamtbrutto	0,00	0,00	0,00	0,00	0,00	0,00	0,00	0,00	0,00	2736,88	5240,00	2795,00	10771,88
Steuerbrutto	0,00	0,00	0,00	0,00	0,00	0,00	0,00	0,00	0,00	2736,88	4040,00	2795,00	9571,88
KV-pflichtiges Brutto bis BBG	0,00	0,00	0,00	0,00	0,00	0,00	0,00	0,00	0,00	2736,88	4040,00	2795,00	9571,88
RV-pflichtiges Brutto bis BBG	0,00	0,00	0,00	0,00	0,00	0,00	0,00	0,00	0,00	2736,88	4040,00	2795,00	9571,88
AV-pflichtiges Brutto bis BBG	0,00	0,00	0,00	0,00	0,00	0,00	0,00	0,00	0,00	2736,88	4040,00	2795,00	9571,88
PV-pflichtiges Brutto bis BBG	0,00	0,00	0,00	0,00	0,00	0,00	0,00	0,00	0,00	2736,88	4040,00	2795,00	9571,88
Lohnsteuer	0,00	0,00	0,00	0,00	0,00	0,00	0,00	0,00	0,00	466,50	862,16	484,41	1813,07
Kirchensteuer	0,00	0,00	0,00	0,00	0,00	0,00	0,00	0,00	0,00	37,32	68,97	38,75	145,04
Solidaritätszuschlag	0,00	0,00	0,00	0,00	0,00	0,00	0,00	0,00	0,00	25,65	47,41	26,84	99,70

JAHRESLOHNKONTO. Auf der ersten Seite im Jahreslohnkonto finden Sie alle wichtigen Daten des Mitarbeiters und alle Bezüge. Für die Erklärung der Abkürzungen können Sie optional eine Legende drucken.

Neben den Be- und Abzügen des Mitarbeiters sehen Sie im Jahreslohnkonto auch die Arbeitgeberanteile zur Sozialversicherung. Auf den folgenden Seiten finden Sie dann noch Angaben zu Direktversicherungen und Pensionszusagen, so wie Stammdaten aus dem Personalstamm, wie z.B. monatliche Steuerfreibeträge und Ähnliches. Ebenfalls gedruckt werden Rückrechnungen, soweit vorhanden. Leider wird das Jahreslohnkonto nur noch im Querformat gedruckt.

Die Berufsgenossenschaftsliste

Die Jahresliste Berufsgenossenschaft dient der Berufsgenossenschaft als Basis zur Erhebung Ihrer Beiträge. Gemeldet werden dabei: Das beitragspflichtige Entgelt je Mitarbeiter und die geleisteten Stunden. Außerdem ist die Gefahrenklasse je Mitarbeiter einzutragen. Sie finden die Liste unter: **Lohn & Gehalt** → **Jahresabschluss** → **Jahresliste Berufsgenossenschaft**.

Mandant: **500** Musikladen GmbH - Lohn & Gehalt			Druck 15.02.2009 / 06:16 / @		
Berufsgenossenschaftsliste		Währung: Euro Datum 15.02.2009			Seite
BG-Nr.: 01 Verwaltungs-Berufsgenossensc		Perioden: 10.2008 - 12.2008 Mitgl.Nr.:			
Deelbögenkamp 4 22297 Hamburg					
Pers. Nummer	Name	Vorname	Gefahren- klasse	Jahres- stunden	Jahre bru
000001	Gruber	Sonja		13,00	9571
000002	Piendl	Maria		0,00	16800
000003	Mambusa	Ali		4,00	750
*** GK	Zwischensumme ***	Anzahl Mitarbeiter: 3	*****	17,00	27121
**** Berufsgenossenschaft 01 Gesamt ****				17,00	27121

> In unserem Beispiel fehlen die Stunden der Gehaltsempfänger. Auch die Stunden beim Aushilfslohn werden nicht korrekt hochgerechnet.

BERUFSGENOSSENSCHAFTSLISTE. In unserer Liste sind noch Korrekturen erforderlich.

Sie sehen an unserem Beispiel einen kleinen Fehler. Das zeigt Ihnen zum Einen, wie wichtig es ist, bei Eingaben in den Lohndaten sorgfältig zu arbeiten, zum Anderen, dass im Demomandant nicht immer alle Lohnarten optimal angelegt sind. Die Stunden der Gehaltsempfänger werden nicht berechnet, wir zeigen Ihnen, warum.

Im Lohnartenstamm haben Sie auf der Seite 2 die Möglichkeit, ein Kennzeichen einzutragen, wie die Lohnart für die Ermittlung der Beiträge zur Berufsgenossenschaft heranzuziehen ist. Dabei wurde im Gehalt eingetragen: beitragspflichtig mit Betrag. Das ist aber nicht korrekt. Richtig wäre beitragspflichtig mit Stunden und Betrag. Dann würde das Programm automatisch die im Mitarbeiterstamm eingetragenen monatlichen Stunden mit berücksichtigen.

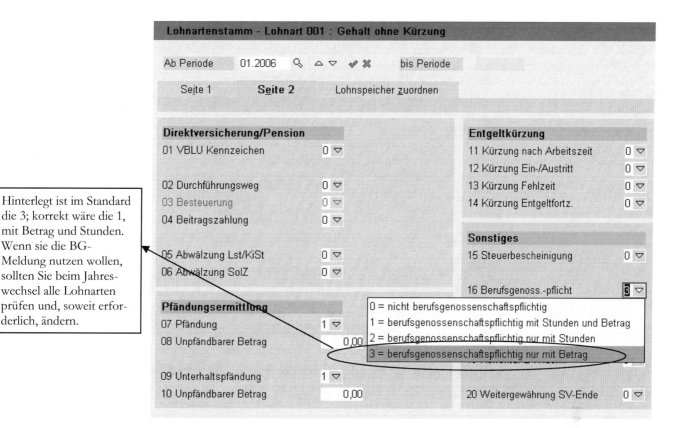

Hinterlegt ist im Standard die 3; korrekt wäre die 1, mit Betrag und Stunden. Wenn sie die BG-Meldung nutzen wollen, sollten Sie beim Jahreswechsel alle Lohnarten prüfen und, soweit erforderlich, ändern.

BERUFSGENOSSENSCHAFTSKENNZEICHEN IN DER LOHNART. Hier legen Sie fest, wie diese Lohnart zur Ermittlung der Beiträge heranzuziehen ist.

Eine nachträgliche Korrektur wäre nur über eine Rückrechnung möglich. In diesem Fall ist es sinnvoller, die Meldung manuell zu korrigieren und die Daten im Lohnartenstamm für das nächste Jahr zu ändern.

Wichtig

Lohnartenstamm

Wenn Sie die Lohnarten aus dem Demomandaten in Ihren eigenen Mandanten übernehmen, liegt es in Ihrer Verantwortung, die Lohnarten, die Sie für Ihre Abrechnung verwenden, im einzelnen zu prüfen. Dabei geht es nicht allein um die Frage richtig oder falsch, sondern oft einfach nur um die Frage: Welche möglichen Funktionen möchten Sie für einzelne Lohnarten nutzen. Das fängt bei der Erfassung der Lohnart (manuelle Eingabe oder Betragsermittlung durch eine Formel) an und hört zu guter Letzt bei der Weitergewährung nach SV-Ende auf.

Die Lohnsteuerbescheinigung

Bei Austritt eines Mitarbeiters und am Jahresende wurden bisher (letztmalig zum 31.12.2004) Lohnsteuerkartenaufkleber gedruckt, um dem Mitarbeiter seine Bezüge für seine Lohn- oder Einkommenssteuererklärung zu bescheinigen. Dabei werden verschiedene Lohnarten in der Lohnsteuerkarte separat ausgewiesen. Die Kennzeichnung, in welcher Position auf der Steuerkarte eine Lohnart ausgewiesen wird, erfolgt im Lohnartenstamm. Seit dem 01.01.2005 wird die Lohnsteuerbescheinigung per Elster elektronisch an das Finanzamt übertragen. Erst nach Eingang des Protokolls vom Finanzamt ist es im Programm möglich, für den Mitarbeiter eine amtliche Lohnsteuerbescheinigung zu drucken.

Der Infodruck ist jederzeit möglich. Die Amtliche Bescheinigung können Sie erst drucken, nachdem Sie vom Finanzamt die Protokolldatei eingelesen haben.

Unter Erstellen können Sie gleich auswählen: Erstellen und versenden. Dann wird der Versand unmittelbar im Anschluss automatisch gestartet.

▼ Jahresabschluss
　🖨 Jahreslohnkonten
　▼ Lohnsteuerbescheinigungen
　　👪 Erstellen
　　👪 Versenden
　　👪 Protokoll anfordern
　　🖨 Amtliche Bescheinigung drucken
　　🖨 Infodruck

LOHNSTEUERBESCHEINIGUNG. Wählen Sie hier das gewünschte Programm aus. Machen Sie zur Kontrolle vorab einen Infodruck und kontrollieren Sie die Daten, bevor Sie die Bescheinigungen elektronisch ans Finanzamt übertragen.

📖 **Praxistipp**

Unter **Lohn & Gehalt → Jahresabschluss → Lohnsteuerbescheinigungen** finden Sie alle Programmaufrufe zu diesem Thema. Sinnvoll ist es, vorab einen Infodruck zu erstellen und an Hand dieser Auswertung die Daten zu prüfen. Als nächstes werden dann die Daten versendet[66].

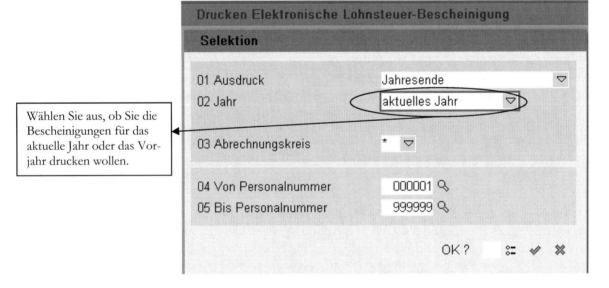

Wählen Sie aus, ob Sie die Bescheinigungen für das aktuelle Jahr oder das Vorjahr drucken wollen.

LOHNSTEUERBESCHEINIGUNG. Wählen Sie hier die gewünschten Optionen.

Sie können die Lohnsteuerbescheinigungen zum Jahresende drucken und für monatliche Austritte. Zusätzlich haben Sie als Selektionsmöglichkeiten noch den Abrechnungskreis, die Personalnummer und das Jahr. Beim Jahr können Sie das aktuelle Jahr oder das Vorjahr wählen, so dass das Versenden der Lohnsteuerbescheinigungen auch nach dem Jahreswechsel erfolgen kann. Stichtag ist hier der 28. Februar.

---

[66] Obwohl die Daten elektronisch übermittelt werden, können Sie das Protokoll nicht sofort im Anschluss abrufen. Dazu kurz die Info, was passiert im Hintergrund: Ihre Datei mit den Lohnsteuerbescheinigungen wird nicht direkt an Ihr zuständiges Finanzamt übertragen, sondern an eine zentrale Clearingstelle. Von dort werden die Daten weitergeleitet. Je nach Datenaufkommen (es melden inzwischen fast alle Firmen elektronisch, kann das einige Zeit (Stunden oder auch mal Tage) in Anspruch nehmen. Die Protokolldatei wird erst zur Verfügung gestellt, wenn die Daten beim zuständigen Finanzamt angekommen sind.

Lohnsteuerbescheinigung für das Kalenderjahr 2008
Infodruck : Kein Nachweis über maschinelle Übermittlung an die Finanzverwaltung !!

Abt.: PersonalNr.: 000001 Kst.: 00000

Frau
Gruber, Sonja
Frühlingsplatz 2
85221 Dachau

eTIN:	GRBRSNJA58J28C
Identifikationsnr:	
Personalnummer:	000001
Geburtsdatum:	28.10.1958
Transferticket:	
Datum:	

Bei der amtlichen Bescheinigung ist unter dem Geburtsdatum noch der Eintrag des Transfertickets, mit dem die Daten an die Finanzverwaltung übertragen wurden.

Dem Lohnsteuerabzug wurden zugrunde gelegt:

Steuerklasse:	vom - bis
1	01.10.-31.12.

Zahl der Kinderfreibeträge:	vom - bis
0,0	01.10.-31.12.

Steuerfreier Jahresbetrag:	vom - bis
0,00	01.10.-31.12.

Hinzurechnungsbetrag:	vom - bis
0,00	01.10.-31.12.

Kirchensteuermerkmale:	vom - bis
ev / --	01.10.-31.12.

AGS: 09174115

Anschrift des Arbeitgebers:
Musikladen GmbH
Rosenstr. 3
85238 Petershausen / Oberbay

		vom - bis	
1.	Dauer des Dienstverhältnisses	01.10.-31.12.	
2.	Zeiträume ohne Anspruch auf Arbeitslohn	Anzahl "U": 0	
	Großbuchstaben (S, B, V, F)		

		EUR	Ct.
3.	Bruttoarbeitslohn einschl. Sachbezüge ohne 9. und 10.	9571	88
4.	Einbehaltene Lohnsteuer von 3.	1813	07
5.	Einbehaltener Solidaritätszuschlag von 3.	99	70
6.	Einbehaltene Kirchensteuer des Arbeitnehmers von 3.	145	04
7.	Einbehaltene Kirchensteuer des Ehegatten von 3. (nur bei konfessionsverschiedener Ehe)	0	00
8.	In 3. enthaltene steuerbegünstigte Versorgungsbezüge	0	00
9.	Steuerbegünstigte Versorgungsbezüge für mehrere Kalenderjahre	0	00
10.	Ermäßigt besteuerter Arbeitslohn für mehrere Kalenderjahre (ohne 9.) und ermäßigt besteuerte Entschädigungen	0	00
11.	Einbehaltene Lohnsteuer von 9. und 10.	0	00
12.	Einbehaltener Solidaritätszuschlag von 9. und 10.	0	00
13.	Einbehaltene Kirchensteuer des Arbeitnehmers von 9. und 10.	0	00
14.	Einbehaltene Kirchensteuer des Ehegatten von 9. und 10. (nur bei konfessionsverschiedener Ehe)	0	00
15.	Kurzarbeitergeld, Zuschuss zum Mutterschaftsgeld, Verdienstausfallentschädigung (Infektionsschutzgesetz), Aufstockungsbetrag und Altersteilzeitzuschlag	0	00
16.	Steuerfreier Arbeitslohn nach — Doppelbesteuerungsabkommen	0	00
	— Auslandstätigkeitserlass	0	00
17.	Steuerfreie Arbeitgeberleistungen für Fahrten zwischen Wohnung und Arbeitsstätte	0	00
18.	Pauschalbesteuerte Arbeitgeberleistungen für Fahrten zwischen Wohnung und Arbeitsstätte	0	00
19.	Steuerpflichtige Entschädigungen und Arbeitslohn für mehrere Kalenderjahre, die nicht ermäßigt besteuert wurden - in 3. enthalten	0	00
20.	Steuerfreie Verpflegungszuschüsse bei Auswärtstätigkeit	0	00
21.	Steuerfreie Arbeitgeberleistungen bei doppelter Haushaltsführung	0	00
22.	Arbeitgeberanteil zur gesetzlichen Rentenversicherung und an berufsständische Versorgungseinrichtungen	952	40
23.	Arbeitnehmeranteil zur gesetzlichen Rentenversicherung und an berufsständische Versorgungseinrichtungen	952	40
24.	Steuerfreie Arbeitgeberzuschüsse zur Krankenversicherung und zur Pflegeversicherung	0	00
25.	Arbeitnehmeranteil am Gesamtsozialversicherungsbeitrag (ohne 23. und 24.)	1055	31
26.	Ausgezahltes Kindergeld	0	00
27.	Bemessungsgrundlage für den Versorgungsfreibetrag zu 8.	0	00
28.	Maßgebendes Kalenderjahr des Versorgungsbeginns zu 8. und/oder 9.		
29.	Zu 8. bei unterjähriger Zahlung: Erster und letzter Monat, für den Versorgungsbezüge gezahlt wurden		
30.	Sterbegeld; Kapitalauszahlungen/Abfindungen und Nachzahlungen von Versorgungsbezügen - in 3. und 8. enthalten	0	00

Finanzamt, an das die Lohnsteuer abgeführt wurde (Name und dessen vierstellige Nr.)

Dachau	9107

LOHNSTEUERBESCHEINIGUNG. Auf der Lohnsteuerbescheinigung werden alle Bezüge des Arbeitnehmers ausgewiesen.

Wenn Sie den Infodruck kontrolliert haben, erstellen und versenden Sie die Meldungen. Dafür ist eine Internetverbindung erforderlich. Die amtliche Lohnsteuerbescheinigung wird dem Mitarbeiter gegeben. Die Lohnsteuerkarte bleibt am Jahresende bei der Firma. Nur wenn ein Mitarbeiter im Laufenden Jahr ausscheidet, bekommt er seine Lohnsteuerkarte mit. Bitte lassen Sie sich den Erhalt der Bescheinigung vom Mitarbeiter schriftlich quittieren.

Wählen Sie hier den Datenlieferer aus. Im Bereich Mandanten sehen Sie alle zum versenden bereitgestellten Mandanten.

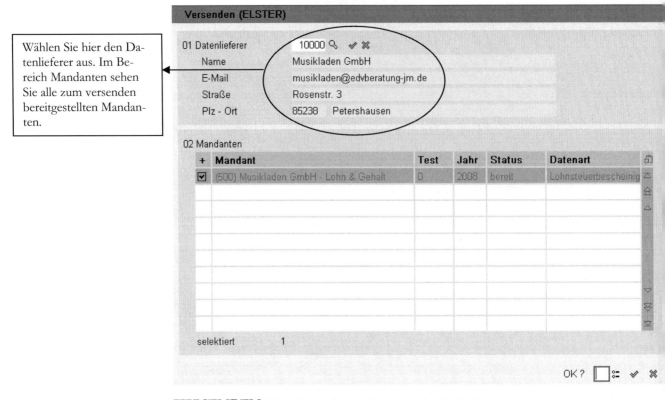

VERSENDEN. Die Lohnsteuerbescheinigungen werden als Datei versendet.

Den Datenlieferer können Sie unter **Grundlagen → Anwendungsübergreifende Grundlagen → Elektronische Meldungen → Datenlieferer (ELSTER)** anlegen. Dabei ist ab Januar 2009 ein Sicherheitszertifikat zu hinterlegen.

Beim Versenden werden als erstes die für die Versendung erforderlichen Programme und Module aktualisiert. Nach dem erfolgreichen Versenden können Sie unter Protokoll anfordern die Protokolldatei vom Finanzamt anfordern. Erst danach ist es möglich, für Ihre Mitarbeiter die amtlichen Bescheinigungen zu drucken.

📖 **Praxistipp**

Sollten Sie für das Vorjahr die Meldungen noch nicht verschickt haben und eine entsprechende Meldungen bekommen (es sind noch Meldedaten für 2007 vorhanden, diese müssen erst verschickt werden), dann gibt es folgende Möglichkeit: Löschen Sie im Mandantenverzeichnis die Datei **02LSTB.XML** und erstellen Sie die Meldung neu. Beantworten Sie die Frage: Wollen Sie die Meldungen für 2007 erzeugen? Mit nein und es geht mit 2008 los.

Die Jahresmeldungen für die Krankenkassen können erst nach der Januarabrechnung gedruckt werden. Im Hinblick auf die Märzklausel wurde ein vorheriger Ausdruck gesperrt.

Der Jahrsabschluss

Vor dem Jahresabschluss ist eine Datensicherung zwingend erforderlich. Seit 01.01.2002 sind Sie auf Grund der Änderungen in der AO (Abgabenordnung) verpflichtet, die Daten elektronisch zu archivieren. Das Programm verwaltet derzeit aber nur 24 Monate, d.h. die Datensicherung am Jahresende ist zu archivieren (10 Jahre). Nach der Datensicherung muss das Jahresabschlussprotokoll gedruckt werden[67].

Der Jahresabschluss sollte erst durchgeführt werden, nachdem das Jahresupdate für den Lohn installiert wurde.

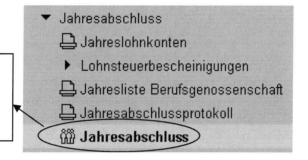

JAHRESABSCHLUSS - PROGRAMMAUFRUF.

Als erstes kommt eine Hinweismeldung, ob eine Datensicherung gemacht und die Jahresabschlusslisten gedruckt wurden.

Bitte beantworten Sie die Frage nur mit ja, wenn Sie auch wirklich gesichert haben. Bei einem Programmabbruch ist der Datenbestand unter Umständen nicht mehr verwendbar.

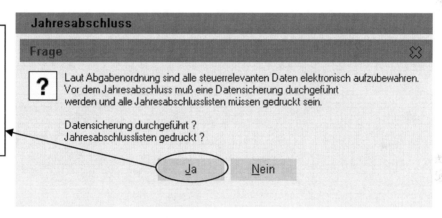

HINWEIS ZUM JAHRESABSCHLUSS.

Als nächstes haben Sie verschiedene Optionen, welche Informationen im Programm fortgeschrieben und welche Informationen gelöscht werden sollen. Nachdem Sie ja eine Datensicherung erstellt haben, sollten Sie alle Daten löschen, die sie nicht mehr für Ihre Abrechnung benötigen.

---

[67] Das haben wir in unserem Beispiel bereits gemacht. Parallel zur Datensicherung bietet sich an dieser Stelle an, auch gleich den Datenexport über die IDEA-Schnittstelle zu machen, dann haben Sie auch gleich einen Datenträger für die Datenüberlassung im Rahmen der Betriebsprüfung.

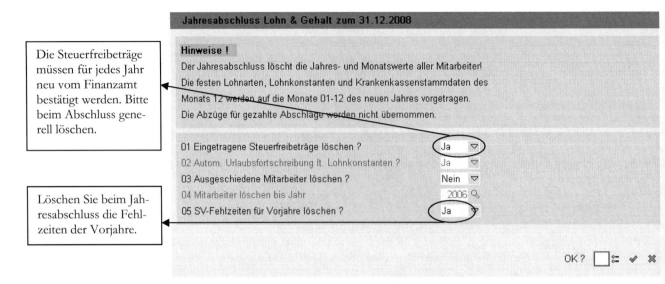

Die Steuerfreibeträge müssen für jedes Jahr neu vom Finanzamt bestätigt werden. Bitte beim Abschluss generell löschen.

Löschen Sie beim Jahresabschluss die Fehlzeiten der Vorjahre.

JAHRESABSCHLUSS. Wählen Sie die gewünschten Optionen.

Beim Jahresabschluss bitte die eingetragenen Steuerfreibeträge löschen und den Urlaub fortschreiben. Ob Sie die ausgeschiedenen Mitarbeiter löschen oder nicht, können Sie individuell entscheiden. Es ist nur dann sinnvoll, Sie im System zu lassen, wenn Sie davon ausgehen, dass der eine oder die andere später wieder eingestellt wird.

Die SV-Fehlzeiten der Vorjahre sollten ebenfalls gelöscht werden weil Sie sonst irgendwann keinen Platz mehr haben, neue Fehlzeiten zu erfassen. Die Fehlzeiten des laufenden Jahres bleiben dabei erhalten.

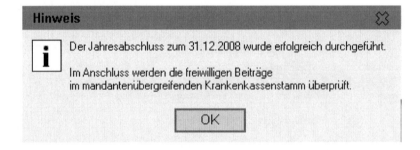

ERFOLGSMELDUNG. Anschließend kommt die Bestätigung, dass der Jahresabschluss erfolgreich durchgeführt wurde.

Im Anschluss prüft das Programm, ob bereits neue Beitragssätze zum Einlesen vorhanden sind. Außerdem wird geprüft, ob auf Grund von Änderungen bei den Beitragsbemessungsgrenzen eine Neuberechnung der freiwilligen Beiträge zur gesetzlichen Krankenversicherung erforderlich ist.

Je nach angelegten Krankenkassen kann es an dieser Stelle zu ganz unterschiedlichen Meldungen kommen. Diese sind allerdings in der Regel selbsterklärend, so dass es ausreicht, die Meldungen aufmerksam zu lesen, **bevor** sie bestätigt werden.

Lernzielkontrolle

1) Warum ist die Datensicherung vor dem Jahresabschluss so wichtig?

2) Wofür benötigen Sie das Jahresabschlussprotokoll?

3) Was ist eine Legende?

4) Welche Informationen finden Sie im Jahreslohnkonto?

5) In welchen Formaten können Sie die Lohnsteuerkartenaufkleber drucken?

6) Welche Daten werden an die Berufsgenossenschaft gemeldet?

7) Woran kann es liegen, wenn die Arbeitstunden der Mitarbeiter in der Meldung an die Berufsgenossenschaft nicht korrekt angeben sind?

8) Welche Daten sollten beim Jahresabschluss gelöscht werden?

9) Welche Daten werden auf das neue Jahr vorgetragen?

Praktische Übungen

1) Erstellen Sie eine Datensicherung.

2) Drucken und prüfen Sie ein Jahreslohnkonto.

3) Drucken Sie die Jahresmeldung zur Berufsgenossenschaft.

4) Legen Sie die Firma Musikladen als Datenlieferer an.

5) Erstellen Sie die Lohnsteuerbescheinigungen.

6) Drucken Sie das Jahresabschlussprotokoll.

7) Führen Sie den Jahresabschluss durch.

8) Kontrollieren Sie im Januar 2009 die Lohndatenerfassung aller Mitarbeiter.

Datenpflege

Im Bereich Datenpflege finden Sie eine Reihe von Hilfsprogrammen, die wir kurz vorstellen möchten.

Generell sollten Sie bei Arbeiten mit Programmen aus dem Bereich der Datenpflege immer vorher eine Datensicherung erstellen. Es gibt in diesem Bereich keinerlei Möglichkeit, ausgeführte Arbeiten rückgängig zu machen. Alternativ dazu können Sie auch den Mandanten auf eine neue Nummer kopieren und in der Kopie testen.

Hier sehen Sie auf einen Blick den aktuellen Stand Ihrer Lohnbuchhaltung.

Hier können Sie die statistische Leistungsgruppe und den AGS-Schlüssel ändern.

Der Assistent unterstützt Sie bei der Einrichtung /Aktualisierung der Berufsgenossenschaften und Gefahrtarifstellen.

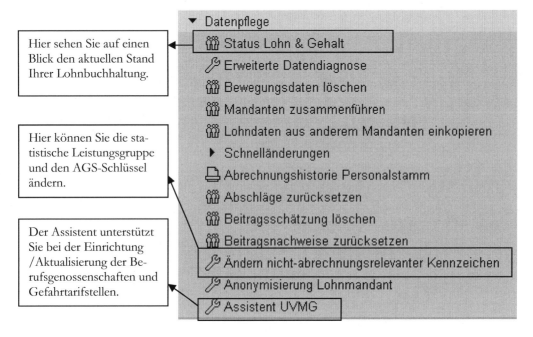

DATENPFLEGE. Alle Programme der Datenpflege im Überblick.

Status Lohn & Gehalt

Der erste Punkt in der Datenpflege ist der Status Lohn & Gehalt. Hier sehen Sie auf einen Blick, welchen Stand der Abrechnung der Lohnmandant hat.

In unserem Beispiel sehen Sie jetzt, dass wir uns im Jahr 2009 befinden, d.h. der Jahresabschluss 2008 wurde bereits durchgeführt. Im aktuellen Jahr wurden noch keine Monatsmeldungen gemacht.

Status Lohn und Gehalt

| Aktuelles Abrechnungsjahr | 2009 (nach Jahresabschluss 2008) |
| Rückrechnung | Keine Offen |

Abrechnungskreis	Abgeschlossen bis	zurückgesetzt	letzter DEÜV-Lauf	Buchungsüb. durchgeführt
0 Angestellte	12.2008	Nein	31.12.2008	Nein
1 Aushilfen	12.2008	Nein	31.12.2008	Nein
2	12.2008	Nein	31.12.2008	Nein
3	12.2008	Nein	31.12.2008	Nein
4	12.2008	Nein	31.12.2008	Nein
5	12.2008	Nein	31.12.2008	Nein
6	12.2008	Nein	31.12.2008	Nein
7	12.2008	Nein	31.12.2008	Nein
8	12.2008	Nein	31.12.2008	Nein
9	12.2008	Nein	31.12.2008	Nein

Lohnsteueranmeldung	Dezember 2008, Betrag 1.439,82 Euro
Letzter Beitragsnachweis	12.2007
Letzte Buchungsübergabe	Nicht durchgeführt

OK? ☐

Hier sehen Sie, bis zu welcher Periode die einzelnen Abrechnungskreise bereits abgeschlossen sind.

*Mit **F2** öffnen Sie die Auswahl für weitere Informationen.*

STATUS LOHN & GEHALT. Hier sehen Sie den Stand Ihrer Lohn- und Gehaltsabrechnung auf einen Blick.

Beim Status Lohn und Gehalt handelt es sich also um ein reines Infofenster. Wenn Sie in der OK-Abfrage **F2** drücken, erhalten Sie noch weitere Auswertungsmöglichkeiten. So finden Sie z.B. unter Personalstand eine Übersicht, wie viele Mitarbeiter im Januar in Ihrem Lohnprogramm aktiv sind. Bei Bedarf können Sie auch die komplette Abrechnung für einzelne Abrechnungskreise zurücksetzen.

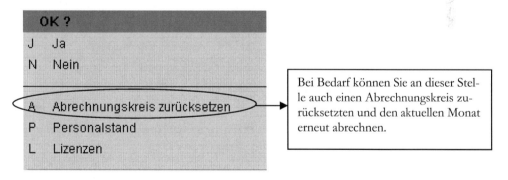

OK ?

J	Ja
N	Nein
A	Abrechnungskreis zurücksetzen
P	Personalstand
L	Lizenzen

Bei Bedarf können Sie an dieser Stelle auch einen Abrechnungskreis zurücksetzten und den aktuellen Monat erneut abrechnen.

OK-ABFRAGE. Mit **F2** haben Sie einen Überblick über die Funktionen, die an dieser Stelle verfügbar sind.

Bitte beachten Sie, dass ein mehrmaliges zurücksetzen der Abrechnungskreise innerhalb einer Periode zu Fehlern in der Datenbank führen kann.

Erweiterte Datendiagnose

Die erweiterte Datendiagnose führt eine Überprüfung Ihrer erfassten Lohndaten durch. Dabei werden verschiedene Bereiche der Stammdaten und auch die Abrechnungsdatei an Hand von definierten Plausibilitätsprüfungen geprüft. Sie erhalten ein Fehlerprotokoll in dem Unstimmigkeiten aufgelistet werden und haben anschließend die Möglichkeit, Fehler, soweit möglich, vom Programm korrigieren zu lassen.

In aller Regel jedoch handelt es sich um Fehler, die einer manuellen Korrektur bedürfen. Sie sollten das Fehlerprotokoll daher sorgfältig studieren und alle erforderlichen Korrekturen vornehmen.

Am Ende der Datendiagnose haben Sie dann die Möglichkeit, die Verkettung der Dateien neu aufzubauen. Dabei werden leere Schlüsseleinträge gelöscht und die einzelnen Dateien komprimiert. Bei größeren Datenbeständen bietet es sich an, diese Prüfungen regelmäßig (z.B. monatlich) machen.

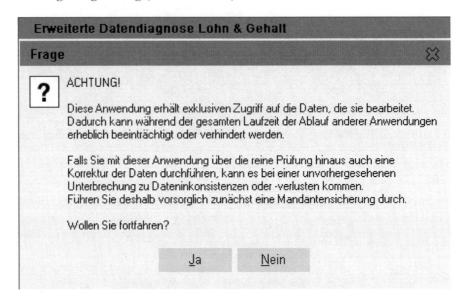

DATENDIAGNOSE. Hier werden unter Umständen Daten verändert, deshalb ist eine vorherige Datensicherung unverzichtbar.

Wurde die Datendiagnose früher bereits einmal aufgerufen, kommt zunächst die Frage, ob Sie die vorhandene Fehlerdatei löschen möchten. Sie können diese Frage generell mit ja beantworten, weil ohnehin wieder alle noch vorhandenen Fehler in der Fehlerliste ausgegeben werden.

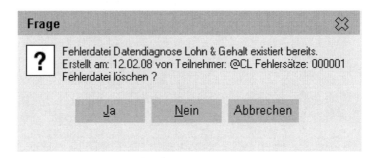

FRAGE, OB DIE VORHANDENE FEHLERDATEI GELÖSCHT WERDEN KANN.

Jetzt öffnet sich die Maske der erweiterten Datendiagnose Lohn & Gehalt. Sie sehen auf der linken Seite die Dateien, die überprüft werden können und haben die Möglichkeit, einzelne Dateien zur Überprüfung auszuwählen.

Sie sollten generell alle Dateien überprüfen und deshalb einfach in der OK-Abfrage ein J eingeben und bestätigen.

Bitte drucken Sie anschließend in jedem Fall den Fehlerreport und prüfen Sie zumindest am Bildschirm, um was für Fehler es sich handelt. Dabei gibt es folgende Unterscheidung:

Warnung: Es ist ein Hinweis auf fehlende Daten und eine Korrektur ist nicht unbedingt erforderlich.

Fehler: Es sind gravierende Unstimmigkeiten, die korrigiert werden sollten.

Die leeren Positionen können zu Fehlern führen (u.U. wird ein nachfolgender Datensatz nicht gefunden).

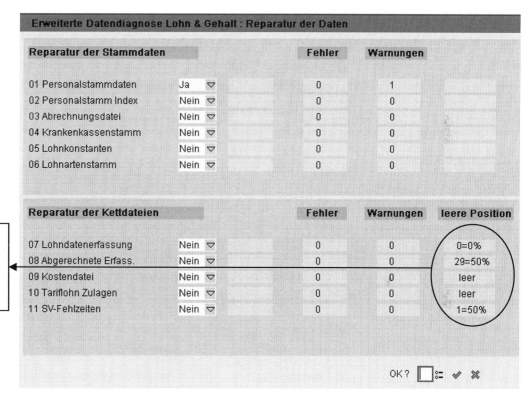

ERWEITERTE DATENDIAGNOSE. Bitte drucken Sie anschließend den Fehlerreport.

Es wird zwischen Fehlern und Warnungen unterschieden.

Mit Hilfe des Schlüssels erkennen Sie, welcher Datensatz fehlerhaft oder unvollständig ist.

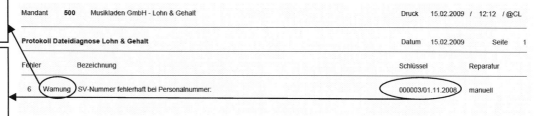

FEHLERPROTOKOLL DATENDIAGNOSE. Prüfen Sie die Fehler und nehmen Sie die erforderlichen Korrekturen vor.

In unserem Beispiel gibt es im Grunde nur 1 Warnung: Bei unserem Mitarbeiter mit der Personalnummer 3 fehlt die SV-Nummer. Sie können bei Herrn Mambusa die SV-Nummer nachtragen, sobald Sie die Daten von der AOK bekommen.

Die meisten Warnmeldungen beziehen sich auf fehlende oder fehlerhaft erfasste Stammdaten. Durch den automatischen Import der Krankenkassen hat sich die Zahl der Fehler in den meisten Fällen deutlich verringert.

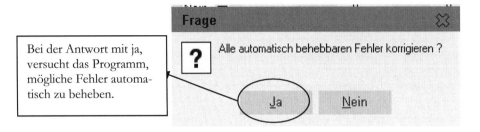

Bei der Antwort mit ja, versucht das Programm, mögliche Fehler automatisch zu beheben.

ABFRAGE. Bitte beantworten Sie diese Frage immer mit ja.

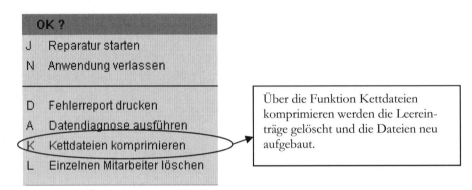

Über die Funktion Kettdateien komprimieren werden die Leereinträge gelöscht und die Dateien neu aufgebaut.

KETTDATEIEN KOMPRIMIEREN. Mit F2 in der OK-Abfrage können Sie weitere Optionen auswählen.

Nach der automatischen Fehlerkorrektur sollten Sie unbedingt die Kettdateien neu aufbauen. Jedes Mal, wenn Sie in der Lohndatenerfassung eine Position löschen, wird in der Kettdatei ein Satz gelöscht und es entsteht ein sog. Leerschlüsseleintrag. Diese Einträge blähen die Größe der Datei unnötig auf und sollten deshalb regelmäßig gelöscht werden.

KETTDATEIEN. Markieren Sie die einzelnen Bereiche mit der Maus oder der Leertaste.

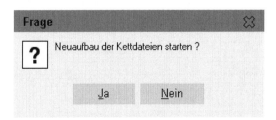

NEUAUFBAU STARTEN. Ja.

Sie sollten diese Datenprüfung regelmäßig, alle 2-3 Monate durchführen.

Reparatur der Kettdateien			Fehler	Warnungen	leere Position
07 Lohndatenerfassung	Nein ▽		0	0	0=0%
08 Abgerechnete Erfass.	Nein ▽		0	0	leer
09 Kostendatei	Nein ▽		0	0	leer
10 Tariflohn Zulagen	Nein ▽		0	0	leer
11 SV-Fehlzeiten	Nein ▽		0	0	1=50%

> So sieht dieser Bereich nach dem Neuaufbau der Dateien aus. Die Fehlzeiten sind im Komprimierungslauf noch nicht integriert.

MASKE NACH DEM NEUAUFBAU.

Weitere Funktionen im Überblick

Folgende weitere Funktionen noch kurz im Überblick:

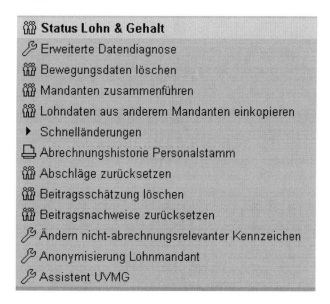

👭 **Status Lohn & Gehalt**
🔧 Erweiterte Datendiagnose
👭 Bewegungsdaten löschen
👭 Mandanten zusammenführen
👭 Lohndaten aus anderem Mandanten einkopieren
▶ Schnelländerungen
🖨 Abrechnungshistorie Personalstamm
👭 Abschläge zurücksetzen
👭 Beitragsschätzung löschen
👭 Beitragsnachweise zurücksetzen
🔧 Ändern nicht-abrechnungsrelevanter Kennzeichen
🔧 Anonymisierung Lohnmandant
🔧 Assistent UVMG

ÜBERSICHT WEITERE FUNKTIONEN.

Bewegungsdaten löschen: Hier haben Sie die Möglichkeit, die Bewegungsdaten zu löschen; die erfassten Personaldaten bleiben erhalten, auf Wunsch ebenso die Lohndatenerfassung, Freibeträge und SV-Fehlzeiten. Diese Funktion ist nur bei Neuanfang mit dem Lohnprogramm sinnvoll, wenn Sie erst einmal getestet haben.

Daten zweier Lohnmandanten zusammenführen: Hier haben Sie die Möglichkeit, zwei unterschiedliche Lohnmandanten in einem zusammenzufassen (z.B. zwei Betriebstätten einer Firma, die bisher getrennt abgerechnet wurden).

Lohndaten aus einem anderen Mandanten einkopieren: Mit dieser Funktion ist es möglich, die kompletten Lohndaten aus einem anderen Mandanten zu kopieren. Das kann z.B. sinnvoll sein, wenn Sie bisher die Buchhaltung und den Lohn in 2 unterschiedlichen Mandanten hatten und diese beiden Mandanten jetzt zu einem zusammenfassen wollen. Bei dieser Funktion werden bereits vorhandene Lohndaten im Zielmandanten überschrieben.

Beitragsschätzung löschen: mit dieser Funktion können Sie eine bereits erzeugte Beitragsschätzung wieder löschen.

Beitragsnachweise zurücksetzen: Hier haben Sie die Möglichkeit, bereits erstellte Beitragsnachweise zurückzusetzen, um die Meldungen neu zu machen.

Anonymisierung Lohndaten: Hier haben Sie die Möglichkeit, in einer Kopie ihres Mandanten die Lohndaten anonym zu machen, um Sie z.B. wegen Fehlern im Datenbestand an den Support weiterzuleiten.

Die Rückrechnung

Die Rückrechnung dient der Korrektur von bereits abgeschlossenen Perioden. Mögliche Ursachen können unter anderem rückwirkende gesetzliche Änderungen sein, wie jetzt Anfang 2009 die Änderung der Lohnsteuerfreibeträge, fehlerhafte Abrechnungsdaten oder rückwirkende Gehaltserhöhungen. Für die Rückrechnung gibt es eine eigene Welt mit allen Auswertungen.

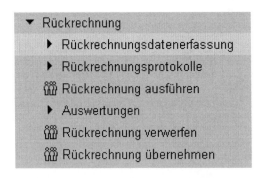

RÜCKRECHNUNG. Im Falle einer Rückrechnung haben Sie ein eigenes Menü, das Sie analog zur regulären Abrechnung Schritt für Schritt von oben nach unten durcharbeiten..

Die Rückrechnung ist sowohl im Handbuch, als auch in der Hilfe sehr gut dokumentiert. Deshalb an dieser Stelle nur einige Hinweise:

- Sobald eine Rückrechnung begonnen wurde, ist die reguläre Abrechnung gesperrt. Und zwar so lange, bis die Rückrechnung übernommen oder verworfen wurde.

- Die geänderten Werte aus der Rückrechnung werden in der auf die Rückrechnung folgenden, regulären Abrechnung korrigiert. Das betrifft die Krankenkassenbeiträge und die Nettodifferenzen.

- Nicht automatisch korrigiert wird die Lohnsteueranmeldung. Hier im Falle einer Rückrechnung für jeden einzelnen betroffenen Monat eine entsprechend berichtigte Anmeldung abzugeben.

Sonstiges

Druck Lohnbeleg vor Periodenabschluss ohne Wasserzeichen Infodruck: Das geht über den manuellen Programmaufruf PW8310/00W00.

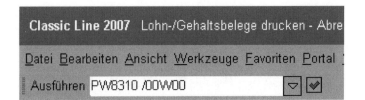

MANUELLER PROGRAMMSTART. Mit diesem manuellen Programmaufruf können Sie die Gehaltsbelege auch schon vor dem Periodenabschluss drucken.

Die Beitragsschätzung

In diesem Kapitel wird das Thema Beitragsschätzung im groben Ablauf erklärt.

Neben der Beitragsschätzung besteht nach wie vor die Möglichkeit, so zeitnah abzurechnen, dass eine Beitragsschätzung nicht erforderlich ist (z.B. Abrechnung zum 25. des Monats oder früher). Alternativ haben viele unserer Kunden eine Vereinbarung mit den Krankenkassen getroffen, dass die Kassen grundsätzlich bei Fälligkeit die Beiträge vom Vormonat abbuchen. Auch bei dieser Konstellation kann auf eine Schätzabrechnung verzichtet werden.

Die Beitragsschätzung

Achtung: Die Kapitel zur Beitragsschätzung wurden unverändert aus der Version 3.4 übernommen, weil es hier keine tiefgreifenden Änderungen gibt.

Seit dem 01.01.2006 sind die Beiträge zur Sozialversicherung bereits zum 3. letzten Arbeitstag des Monats fällig und nicht mehr zum 10. des Folgemonats. Um diese neue Regelung umzusetzen, wurde das Verfahren der Beitragsschätzung[68] eingeführt, denn Firmen, die auf Stundenbasis abrechnen, sind nicht in der Lage, die laufende Lohn- und Gehaltsabrechnung bereits am 25. des Monats fertig zu stellen.

Bei der Beitragsschätzung werden die Beiträge zur Sozialversicherung an Hand der Daten aus dem Vormonat geschätzt. Die Differenz zu den tatsächlichen Beiträgen der laufenden Abrechnung werden dann im Folgemonat berücksichtigt. Um bereits bekannte Abweichungen (z.B. Urlaubsgeld, Weihnachtsgeld) zu erfassen, wurden so genannte Schätzlohnarten eingeführt, mit deren Hilfe bei der Schätzabrechnung Sonderzahlungen berücksichtigt werden können. Der Mehraufwand für die Firmen ist erheblich.

Praxistipp

Einige unserer Kunden haben hier eine elegante Lösung umgesetzt: Sie haben mit den Krankenkassen vereinbart, dass diese zum 27. des Monats die Beiträge in Höhe des Vormonats abbuchen. Die Abrechnung erfolgt, wie bisher, mit Meldung der tatsächlichen Beiträge zum 10. des Folgemonats. Differenzen werden bei der nächsten Abbuchung berücksichtigt. Das reduziert die Mehrarbeit auf ein Minimum.

---

[68] Bei der Beitragsschätzung wird die voraussichtliche Beitragsschuld für die Sozialversicherung ermittelt und an die Krankenkassen gemeldet und bezahlt. Kommt es bei der eigentlichen Abrechnung zu Differenzen im Vergleich zu Schätzung, so werden diese Differenzen erst im Folgemonat berücksichtigt. Eine Korrektur der abgegebenen Schätzung im laufenden Monat erfolgt nicht.

Die Januarabrechnung mit Beitragsschätzung

Nach dem Jahreswechsel 2007 auf 2008 sind erst einmal die neuen Beitragssätze der Krankenkassen zu importieren und in die Lohnmandanten zu übertragen.

Wenn Sie eine Schätzabrechnung machen wollen, müssen Sie die für die Beitragsschätzung erforderlichen Lohnarten und Lohnformeln anzulegen. Die Lohnformeln finden Sie unter den erweiterten Stammdaten.

Für die Schätzung benötigen Sie die Lohnformel SV Differenzen. Wenn Sie bisher noch keine eigenen Lohnformeln angelegt haben, kopieren Sie die Lohnformeln einfach aus dem neuen Demomandanten.

LOHNFORMELN. Wählen Sie die Lohnformel aus, die Sie bearbeiten möchten.

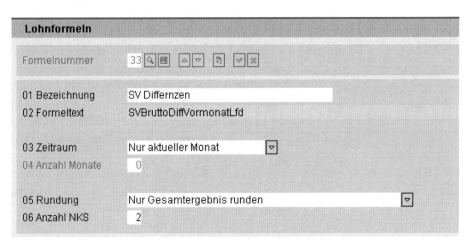

LOHNFORMEL SV DIFFERENZEN. So sieht die Formel im Detail aus.

Am einfachsten ist es, den gesamten Formelstamm aus dem neuen Demomandanten 2008 einfach zu kopieren. **Das geht aber nur, wenn Sie nicht schon eigene Formeln angelegt haben**, die dabei überschrieben werden. In diesem Fall hilft nur die manuelle Anlage.

Jetzt benötigen Sie noch neue Lohnarten für die Schätzung. Sie können die Lohnarten aus dem neuen Demomandanten ausdrucken und dann manuell anlegen. Eine Übernahme des kompletten Lohnartenstammes ist im laufenden Betrieb nicht sinnvoll, denn dann ist keine Rückrechnung mehr ins alte Jahr möglich und Sie müssen nicht nur in der Lohndatenerfassung alle Lohnarten prüfen/tauschen, sondern auch den Buchungsbeleg überarbeiten bzw. die Zuordnung der Lohnarten zu den einzelnen Buchungszeilen.

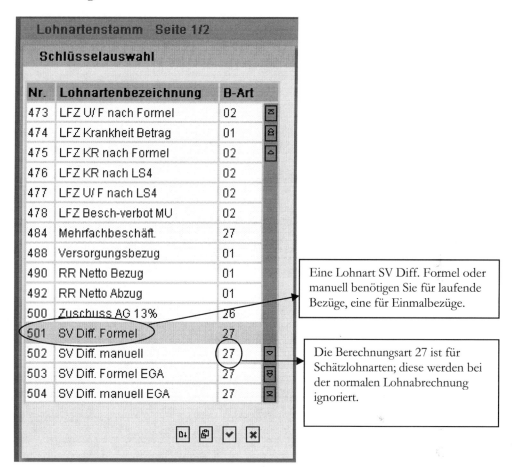

Lohnartenstamm   Seite 1/2

Schlüsselauswahl

Nr.	Lohnartenbezeichnung	B-Art	
473	LFZ U/ F nach Formel	02	⊠
474	LFZ Krankheit Betrag	01	🖼
475	LFZ KR nach Formel	02	△
476	LFZ KR nach LS4	02	
477	LFZ U/ F nach LS4	02	
478	LFZ Besch-verbot MU	02	
484	Mehrfachbeschäft.	27	
488	Versorgungsbezug	01	
490	RR Netto Bezug	01	
492	RR Netto Abzug	01	
500	Zuschuss AG 13%	26	
501	SV Diff. Formel	27	
502	SV Diff. manuell	27	▽
503	SV Diff. Formel EGA	27	🖼
504	SV Diff. manuell EGA	27	⊠

Eine Lohnart SV Diff. Formel oder manuell benötigen Sie für laufende Bezüge, eine für Einmalbezüge.

Die Berechnungsart 27 ist für Schätzlohnarten; diese werden bei der normalen Lohnabrechnung ignoriert.

LOHNARTEN FÜR SCHÄTZUNG. Sie können die SV Diff. Manuell eingeben oder über eine Formel automatisch berechnen.

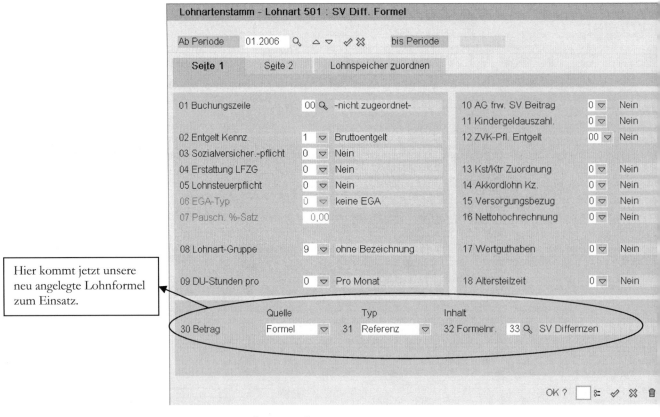

Hier kommt jetzt unsere neu angelegte Lohnformel zum Einsatz.

LOHNART FÜR SCHÄTZUNG. Bei der Berechnung der Lohnart wird auf unsere Lohnformel zurückgegriffen.

Ergänzen Sie in der Lohndatenerfassung die Lohnart 501 SV Diff. Formel. Diese Lohnart ist erforderlich, um die Differenzen in der Sozialversicherung zwischen Schätzabrechnung und regulärer Abrechnung auszuweisen. Ob Sie dabei den Weg über **Stammdaten → Personal → Feste Lohndaten** wählen oder lieber **Abrechnung und Erfassung → Lohndatenerfassung → Variable Lohndaten**, spielt keine Rolle.

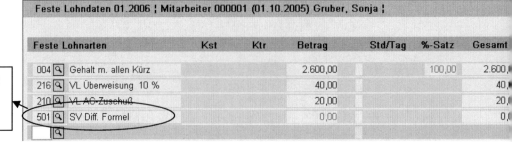

Ergänzen Sie die Lohnart 501 in den festen Lohndaten.

LOHNDATENERFASSUNG. Ergänzen Sie die Lohnart 501 SV Diff. Formel bei allen Mitarbeitern.

Neben der Einzelerfassung gibt es alternativ die Möglichkeit, allgemeine Lohndaten zu erfassen und für alle Mitarbeiter zu übernehmen. Diese Art der Erfassung ist immer dann sinnvoll, wenn alle Mitarbeiter dieselbe Lohnart mit demselben Betrag bekommen[69], oder eine Lohnart, deren Wert automatisch ermittelt wird, so wie in unserem Beispiel.

---

[69] Wie z.B. bei Porsche, wo jeder Mitarbeiter zum Jahreswechsel eine Prämie in Höhe von EUR 5.000,00 bekam, als Beteiligung am guten Geschäftsergebnis.

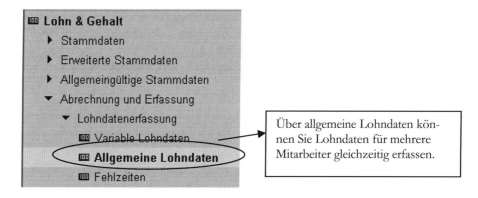

Über allgemeine Lohndaten können Sie Lohndaten für mehrere Mitarbeiter gleichzeitig erfassen.

LOHNDATENERFASSUNG. Ergänzen Sie die Lohnart 501 SV Diff. Formel bei allen Mitarbeitern.

Wenn Sie, wie in unserem Beispiel, die erfassten Lohndaten auch gleich auf die Folgemonate übertragen wollen, wechseln Sie mit **Strg+W** in den Bereich Feste Lohnarten.

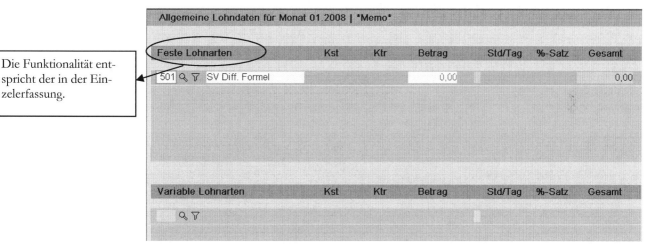

Die Funktionalität entspricht der in der Einzelerfassung.

ALLGEMEINE LOHNDATEN. Tragen Sie hier die Lohnarten ein, die Sie auf die Mitarbeiter übernehmen wollen..

Wenn Sie alle Lohnarten erfasst haben, wählen Sie **ESC** und Allgemeine Lohnarten übertragen. Jetzt kommen Sie in die Maske **Übertragen der allgemeinen Lohnarten**. Geben Sie hier ein, auf welche Mitarbeiter die Daten übertragen werden sollen.

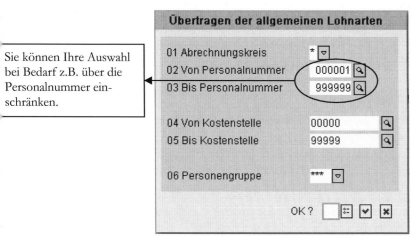

Sie können Ihre Auswahl bei Bedarf z.B. über die Personalnummer einschränken.

LOHNDATENERFASSUNG. Ergänzen Sie die Lohnart 501 SV Diff. Formel bei allen Mitarbeitern.

ÄNDERUNGEN ÜBERTRAGEN. Da wir eine feste Lohnart erfasst haben, kommt die Abfrage, auf welche Perioden Sie die Werte übertragen wollen.

Wie bei der Einzelerfassung der festen Lohndaten kommt auch hier die Abfrage, auch welche Monate Sie die erfassten Werte Übertragen wollen.

Für die Beitragsschätzung gibt es neu im Bereich **Abrechnungslisten → Krankenkassenbeiträge** einen Ordner **"Voraussichtliche Beitragsschuld ermitteln"**. Hier können Sie Ihre Schätzabrechnung durchführen.

Hier können Sie eine Schätzabrechnung durchführen und anschließend das Schätzprotokoll drucken.

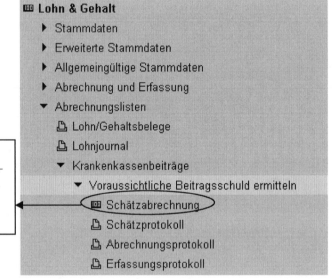

SCHÄTZABRECHNUNG. Die Schätzabrechnung läuft, wie ein normale Abrechnung.

Damit gilt natürlich auch für die Schätzabrechnung: vor der Abrechnung bitte eine Datensicherung erstellen.[70]

---

[70] Bitte überlegen Sie sich das mit der Schätzabrechnung sehr genau: einmal schätzen, immer schätzen. Auf Grund der laufenden Differenzen ist es sehr schwierig, aus diesem Kreislauf wieder rauszukommen.

Schätzprotokoll

Selektion

01 Periode	01.2008 🔍	
Letzte Schätzung	14.02.2008 06:54:42/@CL	
02 Abrechnungskreis	* ▽	
03 Von Personalnummer	000001 🔍	
04 Bis Personalnummer	999999 🔍	
05 Von Betriebsnummer	00000000 🔍	
06 Bis Betriebsnummer	99999999 🔍	
07 Nur Gesamtsummen	Nein ▽	
08 Nur Differenzen	Nein ▽	

OK ?   ▤ ✓ ✗

PROTOKOLL. Prüfen Sie die Daten mit Hilfe des Schätzprotokolls.

Mandant	500	Musikladen GmbH - Lohn & Gehalt					Druck	14.02.2008 / 06:56 / @CL

Schätzprotokoll   01.2008   (14.02.2008 06:54:42/@CL)   Datum 14.02.2008   Seite 1

Abrechnungskreis: * Alle   Von Personalnr.: 000001   Von Betriebsnr.: 00000000
Bis Personalnr.: 999999   Bis Betriebsnr.: 99999999

Kassenbezeichnung Personalnr. Name				Eintrittsdatum		Austrittsdatum					
	Gesamtbeitrag Vormonat				Schätzung lfd. Monat			Differenz zum Vormonat			
SV-Tage	lfd.	EGA	Summe	SV-Tage	lfd.	EGA	Summe	lfd.	EGA	Summe	

AOK Bayern Die Gesundheitskasse Betriebsnr. KK: 87540905 Betriebsnr. AG: 11221113 Rechtskreis: West
000001 Gruber, Sonja 01.10.2007

	30	1155,80	0,00	1155,80	30	1128,05	0,00	1128,05	-27,75	0,00	-27,75
000002	Piendl, Maria			01.10.2007							
	30	1020,60	0,00	1020,60	30	978,60	0,00	978,60	-42,00	0,00	-42,00
		2176,40	0,00	2176,40		2106,65	0,00	2106,65	-69,75	0,00	-69,75

Knappschaft Betriebsnr. KK: 98000006 Betriebsnr. AG: 11221113 Rechtskreis: West Minijobs
000003 Mabusa, Ali 01.11.2007

| | 30 | 120,40 | 0,00 | 120,40 | 30 | 120,40 | 0,00 | 120,40 | 0,00 | 0,00 | 0,00 |
| | | 120,40 | 0,00 | 120,40 | | 120,40 | 0,00 | 120,40 | 0,00 | 0,00 | 0,00 |

Gesamtsumme aller Kassen

| | | 2296,80 | 0,00 | 2296,80 | | 2227,05 | 0,00 | 2227,05 | -69,75 | 0,00 | -69,75 |

> In der mittleren Spalte sehen Sie jetzt die Schätzwerte. Die Ermittlung erfolgt auf Basis der festen Lohndaten des Vormonats.

SCHÄTZPROTOKOLL. Hier sehen Sie die Werte des Vormonats und die geschätzten Werte.

Im Schätzprotokoll sehen Sie die Werte des Vormonats und die geschätzten Werte. Als Basis dienen dabei die festen Lohndaten des Vormonats. Wenn im laufenden Monat Einmalzahlungen erfolgen, sind diese für die Schätzabrechnung über eine manuelle Schätzlohnart zu erfassen.

Nach der Schätzung können Sie Ihre Krankenkassenbeiträge melden. Dabei werden jetzt die in der Schätzabrechung ermittelten Beiträge an die Krankenkasse gemeldet und auch bezahlt.

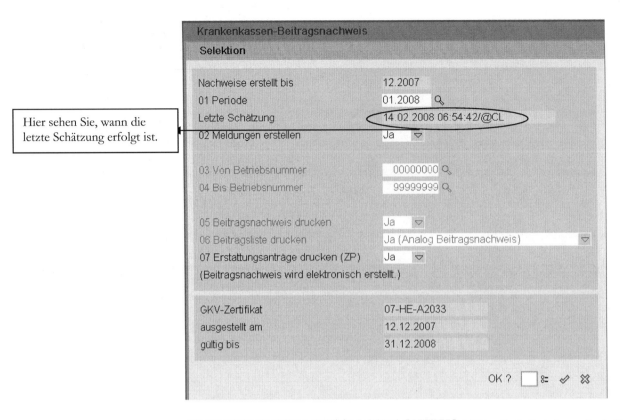

Hier sehen Sie, wann die letzte Schätzung erfolgt ist.

KRANKENKASSEN-BEITRAGSNACHWEIS. Wählen Sie die Periode aus, für die Sie die Meldungen erstellen wollen.

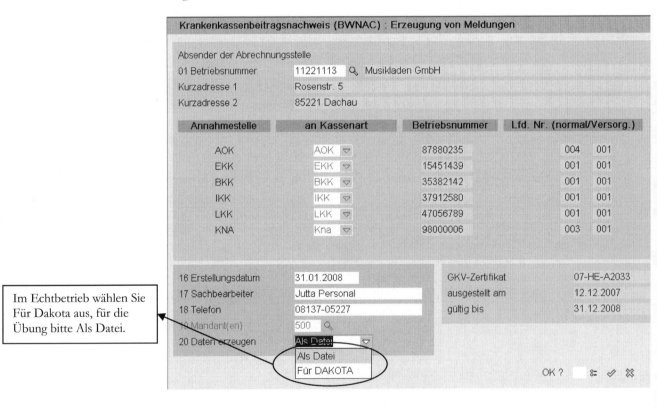

Im Echtbetrieb wählen Sie Für Dakota aus, für die Übung bitte Als Datei.

KRANKENKASSEN-BEITRAGSNACHWEIS. Erstellen Sie den Beitragsnachweis für den elektronischen Versand (zum Üben als Datei, in der Praxis für Dakota).

Nach Bestätigung in der OK-Abfrage erfolgt der Ausdruck der Protokolle. Bitte prüfen Sie, ob alle Kassen und alle Mitarbeiter vollständig sind.

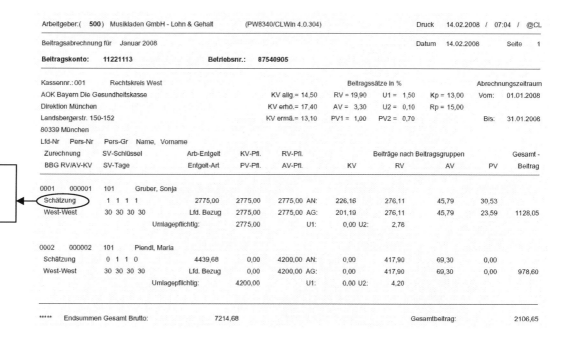

Hier sehen Sie, dass es sich um eine Schätzung handelt.

BEITRAGSNACHWEIS. Im Beitragsnachweis sehen Sie, dass es sich um eine Schätzung handelt. Der Versand ist identisch, wie bei einer echten Abrechnung.

Wenn die Werte stimmen, können Sie die nachfolgende Meldung mit ja bestätigen und die Meldungen per Dakota übertragen.

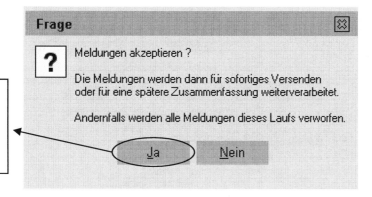

Wählen Sie ja, um die Meldungen zu versenden. Die Meldungen stehen anschließend in Dakota zum Versand bereit.

SCHÄTZPROTOKOLL. Hier sehen Sie die Werte des Vormonats und die geschätzten Werte.

Jetzt folgt die ganz normale Abrechnung, wie bereits bekannt, mit allen Auswertungen.

Es gibt noch zwei Besonderheiten zu beachten:

- Die SV-Beiträge werden im Buchungsbeleg nur ausgewiesen, wenn Sie die Beitragsmeldungen an die Krankenkasse zumindest akzeptiert haben.

- Wenn Sie die Buchungszeilen nicht aus dem Demomandanten übernommen haben, sind neue Buchungszeilen für die Schätzlohnarten anzulegen, damit eine spätere Abstimmung der Daten in der Finanzbuchhaltung möglich ist.

Abkürzungsverzeichnis

Zum Abschluss noch ein Verzeichnis der wichtigsten im Lohn verwendeten Abkürzungen:

AOK	Allgemeine Orts Krankenkasse
AG	Arbeitgeber
AK	Arbeitskammer
Alterstz.	Altersteilzeit
AN	Arbeitnehmer
AV	Arbeitslosenversicherung
BAT	Beamten Angestellten Tarif
BBG	Beitragsbemessungsgrenze
BG	Berufsgenossenschaft
BK	Bundesknappschaft
BKK	Betriebskrankenkasse
BNW	Beitragsnachweis
BR	Brutto
BRK	Berufsständische Krankenkasse
DAK	Deutsche Angestellten Krankenkasse
DRK	Deutsche Rentenkasse
DU-Monate	Durchschnitts-Monate (Zahl der Monate, die zur Berechnung von Lohnarten nach der Durchschnittswertmethode)
DV	Direktversicherung
EV	Evangelisch
FB	Freibetrag
KiSt	Kirchensteuer
KuG	Kurzarbeiter Geld
KV	Krankenversicherung
LS	Lohnsatz
LST	Lohnsteuer
Pau.Bzg	Pauschal versteuerter Bezug
PK	Pensionskasse
PKV	Private Krankenversicherung
PV	Pflegeversicherung
RK	Römisch Katholisch
RV	Rentenversicherung
SO	Sonderzahlung (Einmalbezug)
SolZ	Solidaritätszuschlag
STB	Steuerpflichtiges Brutto, umgangssprachlich: Steuerberater
SV	Sozialversicherung
SVB	Sozialversicherungsbrutto
TKK	Techniker Krankenkasse
U1	Umlage U1
U2	Umlage U2
VJ	Vorjahr
VL	Vermögenswirksame Leistungen, früher VWL
ZVK	Zusatzversorgungskasse

Checkliste zum Jahreswechsel 2007 / 2008[71]

Folgende Arbeiten müssen zum Jahresabschluss 2008 (Dezember) durchgeführt werden:

☐ **Schätzabrechnung bzw. Abrechnung zur Erzeugung der Beitragsnachweise durchführen.**

- Die Fälligkeit der Nachweise ist bereits der 19.12.2008 (Eingang BNW/ /Zahlung der Beiträge zum 23.12.)
- Versand per Dakota und Zahlung der Beiträge (bzw. Lastschrift)

☐ **Endgültige Abrechnung durchführen für Monat 12/2008, ggf. mit Lohnsteuer-Jahresausgleich. Für den Jahresabschluss müssen alle Mitarbeiter abgerechnet sein.**

- Unterbrechungszeiträume (LST Unterbrechungs-Zeiträume) für 2008 ggf. nachtragen. Bitte verwenden Sie die hier für die Lohnart 466 aus dem Demomandant. Lohnart „variabel" erfassen (Periode ist ohne Bedeutung) und ins Datumsfeld „von/bis-Daten" der Unterbrechung/en eintragen (wichtig für die LSt.-Bescheinigungen = dies muss zusätzlich zu erfassten SV-Fehlzeiten erfolgen!)
- Periodenabschluss 12/08 durchführen
- Rückrechnungen 2008 durchführen (besser vor dem Jahresabschluss wegen größerer Rückrechnungstiefe bis 01/2008!)

☐ **Deüv-Monatsmeldungen 12/08 erzeugen und per Dakota versenden.**

- Wichtiger Hinweis: Die „Jahresmeldungen 2008 = Meldegrund 50" werden erst **nach** der Abrechnung 01/2009 automatisch erzeugt!

☐ **Daten sichern und dauerhaft aufbewahren!**

- Die Sicherung sollte nicht überschrieben werden können Wir empfehlen zusätzlich den/die verwendeten Mandant/en zu kopieren und als Jahresendsicherung 2008 zu benennen. Datenprüfungen durchführen! (Datendiagnose etc.)

☐ **Jahreslohnkonten drucken und prüfen (zusätzliche Empfehlung: Jahreslohnjournal für 2008)**

- Die Jahreslohnkonten können ggf. auch im neuen Jahr ausgedruckt werden (im Pkt. Jahresabschluss unter Vorjahr). Der Druck ist längs oder quer einstellbar
- Jahreslohnjournal drucken (Lohnjournal für gesamten Zeitraum 01.-12.2008 mit Einstellung „nur Gesamtsummen")

☐ **Jahresliste für die Berufsgenossenschaft/en drucken**

- Die Unterteilung erfolgt nach Gefahrenklassen. Sollte die BG-Liste nicht vollständig oder falsch sein, müssen Sie vor der 1.Abrechnung 2009 alle Einstellungen überprüfen und korrigieren

---

[71] Mit freundlicher Unterstützung von Anja Cerro, www.cerro-edv.de .

- **NEU!** Falsche oder fehlende Zuordnungen (BG, Gefahrentarif etc) können nun auch für das laufende Jahr korrigiert werden unter [Lohn&Gehalt/ Datenpflege/Änderung nicht abrechnungsrelevante KZ]
- **Bitte prüfen Sie 2008 besonders gründlich, ob Ihre BG-Liste plausibel ist!** Folgende Punkte sind besonders in Hinblick auf das neue Jahr (UVMG Reform) wichtig: **sind alle AN vorhanden, alle Gefahrentarife korrekt, alle Jahresstunden wirklich plausibel?**
- Die BG-Meldung 2008 können Sie aber noch „manuell" überarbeiten, die elektronische Übermittlung wird erst ab 2009 Pflicht (daher ist eine Rückrechnung für das laufende Jahr nicht zwingend vorgeschrieben!)

☐ **LiveUpdate für Classic Line Version 2009 per LiveUpdate durchführen! Das Jahreswechsel-Liveupdate ist ca. ab dem 18.12.08 online für Sie verfügbar!**

Bitte keinesfalls einen Jahresabschluss ohne das Jahreswechsel-Update durchführen!
Grundvoraussetzung für dieses Update ist die Installation der Classic Line Version 2009

- Das Jahreswechsel-Update kommt nur noch via LiveUpdate. Sollten Sie aufgrund technischer Probleme evtl. doch eine CD/DVD benötigen, melden Sie sich bitte rechtzeitig bei uns.
- Alle neuen Grenzwerte (Lohn), gesetzliche Änderungen und Formulare für das Jahr 2009 sind enthalten, die Vorgaben und Änderungen sind in der Classic Line pünktlich und erfolgreich umgesetzt worden
- Besonderheit: Die mitgeführten Kalenderjahre werden nicht mehr gelöscht, denn auch der Lohn soll (stufenweise) auf 10 Jahre erweitert werden! Das heißt konkret, das die Jahre ab 2007 datenmäßig erhalten bleiben. Nutzbar ist dies z.B. für WinIDEA-Prüfungen und demnächst auch für Auswertungen.

Teil 2 der Jahresabschlussarbeiten:

☐ **Jahresabschlussprotokoll drucken und Fehler und Hinweise prüfen und ggf. korrigieren.**

- Erläuterungsblatt mit drucken (Auswahl „ja")
- Wichtig: Unterscheidung zwischen Fehler oder nur Hinweis!
- Meldung „Weder Entgelt noch Fehlzeit" bedeutet, dass es einen ungeklärten Abrechnungszeitraum gibt. Bitte prüfen und ggf. eine Fehlzeit oder aber das korrekte Entgelt per RR eingeben.
- SV-relevante Fehlzeiten (bei Gelegenheit) prüfen, damit Meldungen korrekt erstellt werden können

☐ **Jahresabschluss durchführen (LiveUpdate mit anschließender Konvertierung durchgeführt?)**

- Alle Punkte wie vorgegeben bestätigen, bitte nutzen Sie an dieser Stelle die Möglichkeit alte, ausgetretene Mitarbeiter zu löschen. Löschung ist möglich bis Austritt in 2007 (auswählbarer Punkt!)
- Optional: Freibeträge und Resturlaub fortschreiben
- Automatische Prüfung der Bemessungsgrenzen für die freiwillige KV (Protokoll bei Überschreitung)
- Lohnkonstanten 2009 (neue Bemessungsgrenzen etc.) werden hinterlegt

☐ **Win IDEA Datenexport, um die Daten für eine Betriebsprüfung aufzubereiten**

Betriebsprüfungen finden nun in der Regel nur noch „elektronisch" statt und der Lohn-steuer-Prüfer fordert eine CD von Ihnen, was ist zu tun? (wahlweise können Sie diesen Punkt natürlich auch später machen!)

- Im Menüpunkt der Classic Line unter „Dienstprogramme" den „IDEA-Datenexport" aufrufen.
- Bestehendes Verzeichnis auswählen, in das die Daten exportiert werden sollen. (Nicht C:\benutzen, da vor Export Daten im Verzeichnis gelöscht werden).
- Bereich auswählen (Feld 05 für Lohnbuchhaltungsdaten – ab diesem Jahr sind 4 Jahre wählbar), der exportiert werden soll (Weitere Auswahl: Finanzbuchhaltung mit bis zu 10 Jahren)
- IDEA: Importpfad suchen und/oder ggf. neu anlegen. Festlegung, wohin exportiert werden soll (Dateinamen sinnvoll benennen, z.B. Mandant/Jahr/Bereich)
- Dateien werden im gewünschten Verzeichnis abgelegt (in CD-Größe)
- Datenträger (CD-Rom brennen) erstellen, der Betriebsprüfen kann diese nun direkt einlesen!

☐ **Grundsätzliche Klärungen für 2009 , die Sie pro Mandant wissen sollten:**
- Ist mein Betrieb berufsgenossenschaftspflichtig und wie lautet die Betriebsnummer der zuständigen BG bzw. BG´s? (Bitte aktuellen BG-Schriftverkehr beachten bzw. direkt nachfragen)
- Muss ich ab 2009 Sofortmeldungen (DEÜV-Anmeldung am 1.Tag/ Meldegrund 20) machen? (z.B. für Branchen: Bau; Gaststätten; Speditionen; Schausteller; Messebau; Fleischwirtschaft usw.)
- Bin ich umlagepflichtig für die Insolvenzgeldumlage (UVMG-Reform 2009)? Grundsätzlich sind alle AG umlagepflichtig, Ausnahmen sind nur AG der öffentliche Hand und Privathaushalte!

Eigene Notizen zum Jahresabschluss 2008:

Folgende Arbeiten sollten Sie zum Jahresanfang bzw. vor und nach der ersten Abrechnung 2009 durchführen:

☐ **Daten erneut sichern und aufbewahren! (Stand 01/2009 vor 1.Abrechnung)**

☐ **Überprüfung der Lohnkonstanten 2009, Höchstgrenzen, Kirchensteuereinstellung etc.**
(unter Erweiterte Stammdaten/Lohnkonstanten)

- Neue Einstellungen (2.Seite/Lohnkonstanten) prüfen bzw. einmalig eingeben für BG und Gefahrentarifstelle, Pflicht zur Sofortmeldung, Insolvenzgeld etc.

☐ **Lohnsteuerkarten für 2009 prüfen und/oder Änderungen im Bereich „Mitarbeiter" im Personalstamm durchführen, wie z. B:**

- Geänderte Lohnsteuerklassen bzw. Änderungen von der LSt-Karte eingeben
- Neue Identifikations-Nr. im Personalstamm eingeben unter Reiter [Steuern/Feld 5]. Diese Nummer ist auf der LSt-Karte (rechts oben) zu finden, die Angabe ist (noch) freiwillig!
- Lohnsteuer-Freibeträge prüfen bzw. ändern
- Gemeindeschlüssel zugeordnet oder geändert? (wichtig für die LST-Bescheinigung 2008)
- Sie können den Gemeindeschlüssel in der CL automatisch zuordnen und prüfen:
  Elster-Assistent starten (unter Datenpflege/Schnelländerung AGS)
- Fehlende Schlüssel (Gemeindeschlüssel auf LSt-Karte) bitte manuell nachtragen
- Durch Gemeindereformen können mitunter neue AGS-Schlüssel gelten (bitte abgleichen)

☐ **Überprüfung der Personal- und Lohndaten, Änderungen für 2009 einpflegen, wie z.B.**

- Lohnsatzerhöhungen 2009 (Im Register „Sonstiges" im Personalstamm oder über die Schnelländerung)
- Gehaltsänderungen 2009 (Eingabe periodenbezogen in feste Lohndaten oder als Vertrag)
- Kassenwechsel/Wechsel Personengruppe
- Gleitzone bzw. Minijob - Fällt ein MA (noch oder neu) unter diese Regelung?
- Prüfung der Jahresarbeitsentgeltgrenze (JAE) auf Unterschreitung oder Überschreitung (freiwillige/private KV). Hat sich die Beurteilung geändert? (3 Jahre prüfen)

☐ **Berufsgenossenschaftseinstellungen prüfen und Umstellungsassistent BG verwenden!**
  Vorbereitende Fragen, die Sie wissen sollten:
1. Ist mein Betrieb BG-pflichtig? Wenn ja, dann weiter..
2. Welches ist meine BG-Nummer (Betriebsnummer der Berufsgenossenschaft):
  _____
3. Welche und wie viele Gefahrentarifstellen treffen für meinen Betrieb zu?

  _____ _____ _____ _____

- Gefahrenklasse und BG-Zuordnung im Personalstamm überprüfen (da Voraussetzung!)
- Import der Berufsgenossenschaften (Grundlagen/Mandantenübergreifende Grundlagen/Datei Download und Import) ohne Aktualisierung des Mandanten

- Zuordnung der Betriebsnummer (in Stammdaten/BG) und Einkopieren der Gefahrentarifschlüssel
- UVMG-Assistent (Datenpflege/Assistent UVMG) ausführen **für 2009** (nicht für 2008!) und den Haupt-Gefahrentarifschlüssel (GTS) in den Lohnkonstanten zuordnen bzw. manuell nachbessern
- Mandantenaktualisierung für die BG ausführen (Allgemeingültige Stammdaten/Berufsgenossenschaftsstamm/BG in Mandanten aktualisieren
- Zuordnung im Personalstamm/Reiter Sonstiges prüfen bzw. ändern. Es kann entschieden werden zwischen **P** = aus **P**ersonalstamm; **L** = aus **L**ohnkonstanten und **K** = **K**ostenstellen
- Bei Verwendung von Kostenstellen und Verwendung von unterschiedlichen Gefahrentarifen beim selben Mitarbeiter erfolgt die Zuordnung (%) direkt über die MA-Kostenstellen
- Überprüfung der Lohnarten im Bereich BG-Pflicht und/oder Neuanlage von Arbeitszeitmodellen zur Ermittlung der korrekten BG-Stunden (z.B. auch bei Gehaltsempfängern)
- Entscheidung, ob ein Mitarbeiter nach zugeordneter Arbeitszeit oder mit vorgegeben Werten einfließt
- Evtl. Zuordnung einer Lohnart (LA 507) zur echten Ermittlung von BG-Stunden (bei Gehaltsempfängern, Festlöhnern) auch bei Unterbrechungen (Krankengeld/Mutterschutz etc.)

☐ **Monatliche Arbeiten SV/Abrechnung für Januar 2009 vorbereiten:**
- Prüfung der Krankenkassenfusionen und ggf. Umschlüsselung auf neue Kasse (im Personalstamm).
- Löschung von „alten" Krankenkassen, die bereits 2008 nicht verwendet worden (Eingabe „L")
- Lohndatenerfassung für Januar 2009
- Beitragssatzdatei importieren/aktualisieren (jetzt unter Grundlagen/ Mandantenübergreifende Grundlagen/Datei Download und Import (alles anhaken!)
- Schätzabrechnung/Abrechnung durchführen
- Beitragsnachweise 01/2009 erzeugen/versenden/bezahlen (für Rückrechnungen/Schätzdifferenzen aus 2008 erhalten Sie ab 2009 automatisch einen elektronischen Korrekturbeitragsnachweis)
- Periodenabschluss 01/2009
- Buchungsübergabe/Druck der Abrechnungslisten etc./Zahlungsverkehr/ Lohnsteueranmeldung

☐ **Monatsmeldung/DEÜV 2009 (Versand per DAKOTA)**
- Dakota (neue Version 4.1) installiert? Die Annahmestellen sollten ab und an aktualisiert werden.
  Daher „Stammdatenupdate" in Dakota durchführen und über das Internet-Symbol herunterladen
- Die Jahresmeldungen für 2008 (Meldegrund 50) werden automatisch mit dem monatlichen DEÜV-Lauf 01/2009 erzeugt, Fristsetzung zur Abgabe ist der 15.04.2009, Sie können die Daten aber bereits früher übermitteln.
- Bitte prüfen Sie DEÜV-Fehlerprotokolle genau und „akzeptieren" Sie nur korrekte Daten

☐ **Druck und Erzeugung der Lohnsteuerbescheinigung 2008 (=COALA) bis zum <u>28.02.09</u>**
Achtung ELSTER-Authentifizierung ab 2009 notwendig!

- Spätestens jetzt sollten Sie in Ihrem Datenlieferer „ELSTER" die Authentifizierung (Elster-Basis oder Elster-Stick) in die Classic Line eingebunden haben (Grundlagen/Anwendungsübergreifende Grundlagen/Elektronische Meldungen/Datenlieferer/Eingabe „S" in die OK-Abfrage).

- Lohnsteuerbescheinigungen erzeugen und Protokoll prüfen, LSt-Bescheinigungen versenden (PIN!)

- Nach erfolgreicher Protokollanforderung und Prüfung der Ausdrucke (enthält ETIN usw.) können die „amtlichen" Lohnsteuer-Bescheinigungen an Mitarbeiter ausgegeben werden

- Karte 2008 verbleibt beim Arbeitgeber oder kann alternativ auch vernichtet werden

- Im Punkt „Amtliche Bescheinigung drucken" finden Sie nochmals alle endgültigen Drucke (nach Transferticket oder Personalnummer sortiert)

- Ab ca. 09/2009 haben alle Personen/Mitarbeiter eine ID-Nummer (P ID.) zugeteilt   bekommen.
Diese können Sie bereits jetzt im Bereich Personalstamm/Steuer eintragen. Eine Pflicht besteht zwar noch nicht, die zukünftigen Änderungen (ELSTAM) werden aber ab 2011 endgültig wirksam

Eigene Notizen zum Jahresanfang 2009:

_____
_____
_____
_____
_____

Für Fragen und Tipps & Tricks stehen wir Ihnen als Ihr Ansprechpartner immer gern zur Verfügung. Wir versuchen Ihnen mit unseren Checklisten eine sinnvolle Anleitung an die Hand zu geben, nützliche Hilfen und Erklärungen finden Sie auch direkt in der Classic-Line-Hilfe [**F1**]. Wir empfehlen aufgrund der vielen Änderungen in diesem Jahr aber besonders unsere Jahreswechsel-Seminare im Januar zu besuchen, denn nicht alles kann auf schriftliche Weise anschaulich und gut erläutert werden!

Nachwort

Wir haben diese Seminarunterlagen mit sehr viel Freude und Sorgfalt erstellt. Sollten sich Fehler eingeschlichen haben, so freuen wir uns über Ihre Hinweise unter:

info@neue-welt-verlag.de

Selbstverständlich freuen wir uns auch über Lob, Anregungen, Wünsche und Kritik. Wir werden Ihre Wünsche und Anregungen dann, soweit möglich, in der nächsten überarbeiteten Auflage umsetzen.

Unter www.neue-welt-verlag.de eine Übersicht über weitere Schulungsunterlagen inkl. Erscheinungstermin und können dort auch unser aktuelles Bestellformular herunterladen. Dort finden Sie auch alle Schulungsunterlagen ab der Classic Line 2007.

Folgende Titel wird es für die Classic Line 2009 geben:

Sage Classic Line 2009 Finanzbuchhaltung
ISBN 978-3-937957-41-8   EAN 9783937957418

Sage Classic Line 2009 Auftragsbearbeitung
ISBN 978-3-937957-47-0   EAN 9783937957470

Sage Classic Line 2009 Bestellwesen
ISBN 978-3-937957-48-7   EAN 9783937957487

Sage Classic Line 2009 Produktion
ISBN 978-3-937957-53-1   EAN 9783937957531

Sage Classic Line 2009 Lohn & Gehalt
ISBN 978-3-937957-49-4   EAN 9783937957494

CD mit Lösungsmandanten Version 2009.

Alle Bücher können direkt beim Verlag oder über den Buchhandel bestellt werden. Kopierlizenzen (für Fachhändler und Schulen) gibt es nur direkt über den Verlag unter: www.neueweltverlag.de oder per Mail an info@neueweltverlag.de.

Die CD mit den Lösungsmandanten gibt es ebenfalls nur direkt beim Verlag.

Neuerscheinung:

IDEA von Audicon – Auf Augenhöhe mit den Prüfern

Im Schulungshandbuch für IDEA 7 lernen Sie die Einsatzgebiete und den Aufbau der Software kennen. An Hand von Musterdaten werden Sie dabei aus der Sicht eines Anwenders/Prüfers Schritt für Schritt durch das Programm geführt, vom ersten Programmstart, bis zur fertigen Auswertung.
Sie importieren Daten aus unterschiedlichen Quellen, in unserem Beispiel:
- Sage Classic Line 2008
- Lexware financial office pro 2008.

Dabei bekommen Sie einen Einblick in die Arbeit mit unterschiedlich strukturierten Daten.
Es werden sowohl Daten aus der Finanzbuchhaltung, als auch Daten aus der Lohnbuchhaltung eingelesen und ausgewertet. Am Ende jedes Kapitels finden Sie Fragen und Übungsaufgaben zur Lernzielkontrolle.

Zum Abschluss gibt es einen Ausblick auf die weiteren Möglichkeiten der Auswertung mit Hilfe von Makros. Dazu wird es ein weiteres Schulungshandbuch geben.

Im Buch enthalten ist eine CD mit den in unseren Übungen verwendeten Datenbeständen und einigen ausgewählten Vorträgen von der Audiconale 2008 in Köln, unter anderem von Bernhard Lindgens (Bundeszentralamt für Steuern, Bonn), Martin Henn (OFD Rheinland) und Stefan Groß (Peters, Schönberger und Partner).

ISBN 978-3-937957-84-5
EAN 9783937957845

Preis: EUR 39,90